本成果得到江苏省社会科学基金项目：现代汉语紧缩构式的多维研究（10YYB013）资助

现代汉语紧缩构式的多维研究

皇甫素飞 著

中国社会科学出版社

图书在版编目（CIP）数据

现代汉语紧缩构式的多维研究 / 皇甫素飞著 . —北京：
中国社会科学出版社，2015.12
　ISBN 978-7-5161-7375-6

　Ⅰ.①现…　Ⅱ.①皇…　Ⅲ.①现代汉语-语法-研究
Ⅳ.①H146

　中国版本图书馆 CIP 数据核字（2015）第 313157 号

出 版 人	赵剑英	
责任编辑	杨晓芳	
责任校对	张爱华	
责任印制	王　超	

出　　　版	中国社会科学出版社	
社　　　址	北京鼓楼西大街甲 158 号	
邮　　　编	100720	
网　　　址	http://www.csspw.cn	
发 行 部	010-84083685	
门 市 部	010-84029450	
经　　　销	新华书店及其他书店	

印刷装订	三河市君旺印务有限公司
版　　次	2015 年 12 月第 1 版
印　　次	2015 年 12 月第 1 次印刷

开　　本	710×1000　1/16
印　　张	25.75
插　　页	2
字　　数	409 千字
定　　价	95.00 元

序

皇甫素飞博士的《现代汉语紧缩构式的多维研究》一书是以她的博士学位论文为基础修改而成，是一部既有深刻的理论见解，又有丰富的语言事实支持的的学术专著，具有一定的开拓性和创新性。

素飞2008年秋考入南京师范大学攻读博士学位，此前她在华东师范大学师从著名语言学家刘大为先生攻读硕士学位，打下了扎实的语言学基础。读博期间，她勤奋好学，刻苦努力，善于思考，思路敏捷，成绩优秀，荣获"校长特别奖学金"，其学位论文被答辩委员会评为优秀博士论文。博士毕业后，她又进入上海师范大学博士后流动站，跟随著名语法学家张谊生先生从事博士后研究。期间，她在这一领域继续拓展、深化、生发，成绩斐然。

21世纪开始，汉语语法研究更呈多元态势。作者善于捕捉最新的研究动向，推陈出新，迎难而上，在语法领域新辟了一片天地，选择了"紧缩构式"这一具有挑战性的前沿课题作为博士毕业论文选题，我以为是很难得的，也是有独到学术眼光的。

全书对现代汉语紧缩构式进行了新探索，具有以下特色：

一 理论新颖，视角独特

本书最大特色是紧扣语法研究的学术前沿，开拓理论视野，突破传统研究模式，大胆引进国外新的语法理论方法，并运用到汉语研究中，显示出可贵的理论探索勇气与学术追求。

构式语法是近20多年发展起来的一种新的语言学思潮，国内外语言学界都对它做了积极的研究，取得了丰硕的成果。这一理论比较符合中国人的认知心理，用它来分析汉语中的特异现象，确实能起到已有的语法理论方法无法起到的作用。作者敏锐地注意到这一研究热点，把汉语中的特殊复核关系结构——紧缩结构纳入构式体系，将其导向"紧缩构式"的研究。本书综合运用构式语法、概念整合、语法化、主观化等多种认知理论方法，对传统语法很难分析的紧缩现象进行了多维度的研究，为汉语语法研究提供了崭新的理论视角和解释途径，具有语言类型学方面的重要意义。

二 创获颇丰，有所突破

全书在借鉴西方语言学理论成果基础上多有理论创新和修正。一切从汉语的语言事实出发，不拘泥于国外理论，敢于创造性转化，进而熔铸出新观点，显示出作者深刻的思辨能力和宽厚的理论功底。

构式语法研究仍处于理论的完善阶段，构式理论在中国可能有"水土不服"的现象，不可能完全适用于汉语。不同的语言存在着共性和个性，紧缩构式恰恰体现了汉语的个性特点。本书将构式理论方法与汉语实际紧密结合起来，对它进行完善、改造，使之更适合汉语的构式研究。

本书对构式的研究范围作了限制，认为单一成分的语言单位不具有构式资格，一般句式和常规结构也不需从构式角度去研究，构式是一种不规则的特殊表达形式。书中首次提出了"紧缩构式""紧缩构式群"概念，区分紧缩构式与紧缩结构、构式义和构式体义，确立了紧缩构式系统，具有开创性。作者细致描写了紧缩构式的形式标记类型与框架构成模式，探讨了其内部实际的语义配置：凸显主观性构式义，建立了完整的语义系统，阐述了其篇章衔接、链接与管界功能。还从语境、凸显、意合、语义压制、整合、隐喻和转喻、重新分析、类推等语用、认知角度对紧缩构式产生的动因、机制作出新解释，分析了构式义及构式体义形成过程中的整合类型。其中，关于认知机制的整合解释及具体分类探讨尤为出色。

三 系统性强，方法多样

过去对紧缩构式的研究多为单个构式零散举例，缺乏整体把握，鲜有从构式角度成类成群、成范畴的研究。本书以全新的构式视角对紧缩构式展开大规模、成系统、多角度的专题研究。书中通过个案描写与总体概括相结合方式，把典型个案放入整个系统，从共时、历时交织角度论证"爱X不X"类紧缩构式群发展演化的家族理据传承与变异关系，构建紧缩构式群的多重语义承继关系网络。对典型构式群的系统研究，可把一些看似不相干的句式联系起来，合理地解释汉语句式的产生演变过程，反映出作者宽广的学术视野和对汉语现象的认识高度。

本书在注重理论探讨的同时，对语言事实进行细致挖掘，展开深入具体的实证研究。全书基于语料库的大量真实语料，采用定性描写和定量分析相联系方法，对大规模语料作穷尽性统计分析，保证了结论的可靠性。紧缩构式标记形式复杂，很难检索。作者花费大量时间，通过计算机检索和人工筛选方式，在浩如烟海的语料库中爬梳剔抉，对有效语料进行处理提取。例如，为了清楚地了解紧缩构式的关联标记使用情况，作者对语料库中常见偶标、疑问准标紧缩构式关联标记类型进行了封闭性的检索；为了展现"爱X不X"类紧缩构式群内部构式化演变过程及承继关系，作者对相关构式的不同时代语料使用情况进行了统计。这体现了作者严谨认真的治学态度。

本书采用形式和意义、结构和功能、描写和解释、静态和动态、共时和历时相结合的方法，从多维视角对紧缩构式的句法、语义、语用、认知、构式化及承继等方面展开了全面系统研究，这种多元立体交叉研究拓展了汉语语法研究的新视域，很有方法论意义。比如，本书打破共时、历时壁垒，从语法化、词汇化的新视角来考察紧缩构式的构式化、主观化、标记化、修辞化的过程，探寻跨层语法化等多元模式，建构从普通句法结构到紧缩构式的由自由到凝固的构式化连续统，揭示关联标记由实到虚的语法化层级系统。横向静态描写与纵向动态分析使紧缩构式研究更加丰富多彩，使所得出的结论更有解释力。

当然，本书还存在一些不足。比如，对紧缩构式构式化、语法化演变过程考察不够；对紧缩构式群的个案考察还需进一步拓展研究领域。但总体而言，本书选题前沿，观点新颖，语料详实，论证充分，方法多样，体系缜密，是一部理论色彩浓厚、很有学术分量、颇具新意的构式语法研究力作。

衷心祝贺皇甫素飞博士的著作付梓出版，作为导师，欣然写出一些感想，为她的长足进步、不断超越而高兴。同时，也希望她以此为新起点，坚持不懈，不断创新，在学术道路上更上层楼；也期待能在不久的将来，看到她有新的成果问世。

段业辉

2015 年秋于金陵寓中

摘　要

　　紧缩构式是汉语中一种常见而又颇具特色的口语化句法结构。本书在大规模语料统计基础上，采用多平面和多角度研究方法，以认知语言学为理论指导，综合运用认知构式语法、语块、语体语法、概念整合及语法化、主观化等多种理论方法，全面系统研究了现代汉语紧缩构式的句法、语义特点及语用语篇功能，考察了紧缩构式的动态构式化、语法化过程、特点及紧缩关联标记的多层次省缩规律与语法化层级系统，对其生成动因、机制作了语用、认知解释，并将历时演变和共时变异相结合，探寻相关紧缩构式之间的承继链接和理据性关联，构建紧缩构式群内部的语义承继关系网络。

　　首先，从构式的性质入手，提出"紧缩构式"这一概念，限定了本书的研究范围，以形式和语义等方面标准对紧缩构式进行界定，从紧缩结构中分离出紧缩构式，区分了紧缩构式与同形异构紧缩结构，建构起紧缩构式范畴；揭示了紧缩构式具有的性质及其形式语义特征。

　　其次，细致描写了紧缩构式的句法结构特征，包括语块构成、形式标记类型、关联标记构成特点、框架构成模式、句法结构关系类型、句法功能分布等句法表现。紧缩构式由两个语块构成，分成有标、准标、隐标三类。有标类分为偶标和单标两种。紧缩构式的框架构成模式有前嵌、中嵌、后嵌、分嵌式四种。

第三，集中分析了紧缩构式的内部语义配置关系。在考察了紧缩构式潜在的表层逻辑语义关系基础上，区分构式的两种意义：构式义和构式体义，深入探讨了其凸显的深层构式义。紧缩构式内部实际的语义配置已不再是表层施受、配价、逻辑等语义关系，而是凸显整体主观性构式义。从"情态"和"量"两个维度出发，将紧缩构式的语义类型划分为两大次类：表主观情态、表主观量，建立起紧缩构式表现主观范畴的两大类7小类的完整语义系统。

第四，深入挖掘了构式与成分、构式义和词汇义之间的互动选择关系。具体探讨了紧缩构式对词汇的句法、语义、韵律选择和制约，紧缩构式的特殊共现词，构式义对词汇义的选择和压制及词汇义对构式义的反作用。框架对嵌入成分有语义规约性，常项、变项对构式义亦有制约与影响。紧缩构式还具有超常搭配功能。

第五，阐述了紧缩构式独特的语用篇章功能，揭示紧缩构式使用的规律性。分析了紧缩构式的话题选择、焦点建构及对句类的选择，讨论了紧缩构式的篇章衔接、链接与管界功能。具体分析了紧缩构式与先行句、后续句的多重映现关系及篇章链接结构类型，还从语体、人称、表达视角等方面考察了紧缩构式对篇章的选择及主观选择限制，探讨了认知域（行域、知域、言域）的转移。

第六，在共时研究基础上，从历时变化角度对紧缩构式的源流进行探索，发现各类紧缩构式出现时间不平衡，得出其两个来源，并系统勾勒了紧缩构式由松散的分析型双小句、事件链框架不断缩并、演变成粘聚型的紧缩式的动态构式化与语法化、词汇化、主观化、标记化、修辞化的历程及特征，建立紧缩模型。分析了紧缩度与透明度、构式度、标记度的关系，揭示紧缩构式形成与发展过程中关联标记的多层次省缩规律及由实到虚的语法化层级系统，探寻不同来源紧缩构式语法化的不同路径和跨层语法化等多元模式。

第七，从语用、认知等角度对紧缩构式的生成动因、内在机制及深层语义来源进行了解释，建立整合的认知语义观，揭示其整体深层主观构式义的来源。首先用语用上的语言经济原则、信息原则、语境感染及使用频率作用，认知上的凸显、完形心理投射、汉语意合性等因素分析紧缩构式的形成动因，然后从省缩、语义压制、构式整合、隐喻和转喻、重新分析、类推等视角解释紧缩构式的认知发生机制，对构式义及构式体义的整合类型进行了研究，总结出紧缩构式的整合度与主观性强弱等级及位序原则。

最后，提出并界定汉语"紧缩构式群"这一概念，从共时、历时交织角度描写、论证不同紧缩度、不同层级的同义近义紧缩构式之间的承继链接关系和平行理据。具体对"爱 X 不 X"类典型紧缩构式群个案演化的承继链条进行了考察，讨论紧缩构式的承继类型，建构紧缩构式群内部的多重语义承继关联系统。

关键词：紧缩构式，构式义，主观性，构式化，概念整合，承继

目 录

绪 论

0.1 研究对象与理论基础

0.1.1 研究对象

本书以汉语"紧缩构式"作为研究对象。紧缩构式是汉语中一种常见而又特殊的复核句法结构，是基于汉语特点、应用范围和概括程度有限的汉语"口语化小句格式"的非体系性的语法现象①，其形式、意义具有不可推导性。它用简练紧凑的形式表达了复杂特殊的语义内容。紧缩构式作为汉语的一种特有现象，体现了汉语的个性特点，西方语言中很少有类似结构。请看下列例句：

我们<u>不见不散</u>。

我<u>非你不嫁</u>。

他<u>越想越不明白</u>。

---

① 李泉：《体系内语法与体系外语法——兼谈大语法教学观》，《国际汉语教学研究》2015年第1期。

他<u>一有空就</u>看书。

你<u>爱信不信</u>。

她<u>说走就走</u>。

<u>去就去</u>，怕啥？

你<u>留也留不住</u>。

你们<u>谁想去谁去</u>。

以上例句划线部分结构紧密精妙，言简意赅，在形式和意义的匹配上与单句和复句都不尽相同，表义上有字面构成成分推导不出的独特含义。我们将所要研究的这类语言形式称为"紧缩构式"。

0.1.2　理论基础

近年来，构式语法、语法化、主观化理论受到汉语语法学界的广泛关注，本书主要以 Goldberg 的认知构式语法及语法化、主观化等理论作为理论基础与研究框架。

0.1.2.1　构式语法理论

（1）构式语法理论简介

"构式语法"[①]（Construction Grammar）理论是 20 世纪 80 年代后期至 90 年代由 C. J. Fillmore（1990）、Paul Kay（1995）、Adele E. Goldberg（1995）等人提出的一种新兴语法理论与研究方法，是在对传统语法和生成语法理论反思批判的基础上产生、发展起来的。它来源于 20 世纪 60 年代的格语法以及 Fillmore（1982，1988，1990）的框架语义学（Frame Semantics），是一个基于认知语言学的理论体系，是认知语法理论的重要发展。构式语法重视语义特异性、非典型结构、新奇用法，重视对构式整体意义的分析，弥补了配价语法和转换生成语法"动词中

[①] 国内学者对它的翻译各不相同，如有译为"句式语法""框架语法""构块式语法""构件语法""架构语法"等，我们采用绝大多数学者的译法"构式语法"。

心论"的不足。

国外构式语法研究主要分为四个流派变体：〈1〉合一构式语法。主要包括 Fillmore 和 Paul Kay 等的构式语法（Construction Grammar），重点论述句法传承性与句法关系；〈2〉认知语法。主要包括 Langacker（1987，1991）的认知语法（Cognitive Grammar），着重论述语义范畴和语义关系；〈3〉激进构式语法（Radical Construction Grammar）。代表人物是 Croft 和 Taylor，集中讨论语言的类型、普遍性及句法范畴；〈4〉认知构式语法。主要包括 Goldberg（1995，2003，2006）和 Lakoff 等的构式语法（Construction Grammar），论述构式的论元关系和构式之间的范畴关系。其中 Goldberg 的构式语法理论在国内影响最大。进入新世纪以后又出现了体验构式语法（Embodied Construction Grammar）、流变构式语法（Fluid Construction Grammar），不过这两种理论影响不大，在我国几乎没有实际应用。2005 年后提出的语篇构式语法（Discourse Construction Grammar），虽未被公认为一个独立的流派，但是在研究范围上有较大的创新，受到了较多的关注，在我国也已经有一些应用型的成果。

Goldberg 是构式语法理论的主要创始人和代表人物。构式语法已引起了人们的广泛关注。

Goldberg（1995）对构式所下的定义是："C 是一个构式当且仅当 C 是一个形式—意义的配对〈Fi，Si〉，且 C 的形式（Fi）或意义（Si）的某些方面不能从 C 的构成成分或其他先前已有的构式中得到完全预测。"[①] 后来 Goldberg（2006）在 1995 年定义的基础上进行了重新定义，内容有所变化："任何格式，只要其形式或功能的某一方面不能通过其构成成分或其他已确认存在的构式预知，就被确认为一个构式。"[②] 目前这一修订的定义是"构式"概念的最新的构式主义阐释。其基本观

---

① ［美］Adele E. Goldberg：《构式：论元结构的构式语法研究》，吴海波译，北京大学出版社 2007 年版，第 4 页。

② Adele E. Goldberg, *Constructions at Work：The Nature of Generalization in Language*. Oxford University Press, 2006：5.

点是：

〈1〉构式是语言中形式与语义的匹配体（pairing of form and meaning）或形式与功能的匹配体（pairing of form and function），是语法、语义和语用、功能的统一体。

〈2〉构式本身具有独立于其组成部分的整体意义及句子中词汇意义的句式意义，构式义并非经由语言各部分或已有的构式中推导得出，从构成成分不能预测整个构式的意义。

〈3〉构式是语言中的基本单位，纵跨语言各个层次，包括语素、词、短语以及部分填充或完全没有填充词汇的短语类型。它们的抽象程度不一，复杂程度迥异。

〈4〉语法是单层次的（monostratal），不存在句式之间的变换关系。语言结构是生成的，不是转换来的。任何所谓转换形式并不是同一底层的不同转换形式，而是不同的构式，分别具有不同的构式意义和语用功能。

〈5〉构式的形式与意义或功能之间并非都是一对一的关系。一个构式可能产生多个意义。构式义是可变的，构式通过派生、语义偏移、多重承继等方式构成一个相似性家族。

〈6〉构式之间具有层级承继关系（inheritance hierarchies），在理据上也互相关联。Goldberg 允许多重承继（multiple inheritance）。

（2）构式语法理论的贡献

过去，人们一直认为构式语法理论是仅为英语语法而创立的。近年来，构式语法理论被应用于其他语言，证明其具有广泛的实用性和强大的理论解释力。

〈1〉构式语法将研究范围从典型中心扩展到非中心，重视语义特异性、非典型结构、新奇用法，全方位地对语言进行研究，可用来解释一些先前传统语法不好解释却更有活力的特殊或边缘性的语言现象。

〈2〉构式语法是一种综合多于分析的自上而下的"综合"研究路向的语法，重视对构式整体意义的分析，对传统以动词为中心的研究方法提出了挑战，可以避免将构式所表示的意义误归到构式中某个词的头上。

〈3〉构式语法理论认为"语法形式无同义"，任何一个表达式都是不可完全推知的。从构式主义视角对表层貌似具有转换关系的句法结构进行比较，找出所谓的同义句在语义语用上的细微差别，可发现形式语法可能忽略的语言形式的细微之处，从而有助于深刻揭示人类语言、思维的本质。

〈4〉构式语法理论强调语言的认知语用理据，使我们从关注语言现象的句法结构形式转向对语言的内在机制的研究。

0.1.2.2 语法化理论

语法化（grammaticaliation）是人类语言发展过程中普遍存在的现象，它既是一种历时变化的动态过程，又存在着共时变化差异。"语法化"这一术语最早由法国语言学家 Meillet 在《语法形式的演化》(1912) 中提出，用来描写一个词汇形式如何演化成一个语法标记。语法化引起国外学术界的普遍重视后被美国功能主义认知语言学派进一步发展，成为一门新兴理论。

语法化理论是对语言演变现象的研究，语法化本质上是一种语义、语用变化。语法化特征有：(1) 历时和共时。(2) 有序性和单向性。(3) 去语法化。(4) 抽象化。

语法化的动因①有认知心理因素（Bybee）（如隐喻）、语言间的接触、语言内部结构、词义变化特点（Bernd，Heine）、语用（Givón，Heine）、认知语用（Heine、熊学亮）影响等。刘丹青还提出了更新、强化和叠加的观点②。

语法化机制包括语义演变机制和句法演变机制。语义演变的机制主要有隐喻和转喻。句法演变的机制主要是重新分析和类推。

---

① 沈家煊：《"语法化"研究综观》，《外语教学与研究》1994 年第 4 期；刘坚、曹广顺、吴福祥：《论诱发汉语词汇语法化的若干因素》，《中国语文》1995 年第 3 期。

② 刘丹青：《语法化中的更新、强化与叠加》，《语言研究》2001 年第 1 期。

语法化是在多种因素共同作用下的一种历时发展过程。语法化研究包括对语言共时的描述和历时的追溯，以推导出语言形式的演变和形成过程。共时的变异是历时演变的现象或结果，共时变异从历时的角度能得到最好的解释，可用于推断历时演变，或预测语言发展的方向。

语法化研究是当前国内外语言学界关注的热点。我国现代意义上的语法化研究最早是从 1994 年沈家煊《"语法化"研究综观》开始的，但中国传统语言学在此之前已有了语法化研究的传统。元代的周伯琦在《六书正譌》中说"今之虚字，皆古之实字"，体现了朴素的语法化思想。中国传统的语言学称语法化为"实词虚化"，主要关注"语法化"过程，即从历时的角度将语法化现象作为语言变化的一种类型来研究，注重词语的历史发展演变。

20 世纪 90 年代以来，国内的汉语语法化研究取得了丰硕的成果，在四个方面取得了巨大进展，即历时与共时研究相结合，语法化与语言类型学研究相结合，普通话与方言语法化研究相结合的思路以及语义地图模型的运用（吴福祥、张敏等的研究）。2001 年以来汉语语法化问题国际学术讨论会还出版了六本《语法化与语法研究》论文集。

0.1.2.3　主观化理论

主观化理论研究始于 20 世纪 80 年代后期，主要有共时和历时两种研究取向。前者以认知语言学理论为背景，从共时的角度探讨一个时期的说话人采用什么样的结构或形式来表现主观性，代表人物是 Langacker（Langacker，1983；1990）；后者从历史语言学角度，考察一个结构或形式所体现的主观性是如何形成的，代表人物是 Traugott（吴福祥，2004）。从研究角度来看，对语言的主观性的探讨主要集中于以下三方面：说话人的视角、说话人的情感和说话人的认识。语言中的韵律变化、语气词、代词、副词、情态动词、重复等手段都可以用来表达情感。"认识"主要跟情态动词和情态副词有关。

0.1.2.4　其他语言理论

本书除了依据上述语法理论，还运用了其他一些语言理论，如借鉴了语块、语篇分析、概念整合等多种理论，并以认知语言学、功能语法等为支撑。

邵敬敏（2003，2009，2011）指出，任何一种理论都无法解释语言中所有的问题，同样构式语法理论也不是万能的，也只能解决语言中的一部分问题。构式语法理论在解释结构式、句式整体语法意义方面有独到之处，但它还年轻，离不开其他语法研究的理论，需要其他理论予以补充。这就需要我们采用开放的态度，兼收并蓄相关语言理论。

0.2 国内外相关问题研究综述

0.2.1 构式语法研究现状

0.2.1.1 研究概况

作为认知语言学研究的一种新理论范式，以 Goldberg 为代表的构式语法目前已成为国际语言学领域关注的热点之一，但真正从一种新理论模式对其进行探究的时间并不长，它在 90 年代中期以后得到了迅猛发展，国外已经在论元结构构式、特定构式以及动词与构式的关系等方面取得丰硕的成果。

Goldberg 1995 年出版的《构式：论元结构的构式语法研究》是其代表作，着重研究了英语的四种构式：动结构式、双及物构式、致使移动构式和 way 构式。2006 年又出版《运作中的构式：语言中概括的本质》一书，主要研究语言的概括过程。Fillmore 和 Kay 对构式语法也有较深入的研究，标记性构式（marked construction）研究是其最突出的方面。他们认为，标记性构式是一种较固定的构式，具有大于构式表层意义的整体意义。构式语法短短 20 年获得了很大发展，对语言结构式的研究在逐步地拓展和深入。

构式语法也引起汉语学界的日益关注。20 世纪 90 年代开始，国内学者对构式语法已有不少介绍与评论。主要有马庆株（1983）、纪云霞（2002）、董燕萍，梁君英（2002）、林书武（2002）、应晨锦（2004）、陆俭明（2004，2008）、李勇忠（2004）、牛保义（2006）、严辰松（2006）、石毓智（2007）、陈香兰（2009）等。

近20年来，我国汉语界已经有意识地运用构式理论方法分析、解释汉语现象，在特殊句式研究上取得了显著成绩，出现了不少研究成果。

0.2.1.2　研究视角

（1）特殊构式语义和论元结构构式研究

学者们将构式语法用于一些特殊句式的分析，包括对双及物构式、"把"字句、存现结构、双数量结构、新被字构式、"没A没B"结构、"在"字句和"给"字句、动宾非常规搭配等的研究（沈家煊1999、张伯江1999、任鹰1999、刘丹青2005、陆俭明2004、袁毓林2004、张旺熹1999、齐沪扬2006、施春宏2010、邵敬敏2011、张国宪2001、吴长安2007等）。

张伯江（1999，2000）将汉语双及物构式"V+N1+N2"的中心意义概括为"有意的给予性转移"，总结出了"把"字句的构式语义，具有开创性。张旺熹（1999）对双数量结构进行构式研究，得出其语义系统。陆俭明（2004，2008）等运用构式理论对汉语的存在句作出了合理的解释。

沈家煊（1999a）在研究"在"字句和"给"字句时提出了"不同的词类序列代表不同的句式"思想。沈家煊（2000）针对配价理论中动词配价的争议问题提出了"句式配价"的观点，句式的配价或论元主要由句式的整体意义决定。

邵敬敏（1988，2008，2009，2010，2011）分别讨论了"非X不Y""连A也/都B""想X就X""没A没B"和"一A一B""半A半B"等的框式化特点、语义增值、贬义倾向及位序原则，并对汉语框式结构和构式语法的关系作了宏观系统阐述。

刘丹青（2005）考察了作为典型构式的非典型"连"字句，将典型的"连"字句和非典型的"连"字句表示的构式语义统一起来。

任鹰（1999、2000）、陆俭明（2004、2006）、叶华（2007）等指出句式语义来源于"句式义"。

邓英树、黄谷（2002）采用了语义场和主观性分析观点揭示"不A不B"不同否定语义理解的制约因素。

李文浩（2009，2010）对"再XP也VP"构式、动词拷贝型"连"字句量词重叠与构式的互动进行了分析。

范晓（2010）讨论了句式意义、句式义的成因，跟构式语法理论观点不同。

蒋遐（2007）从句法、语义和语用角度对"A一量B一量"格式进行全面描写，并运用构式语法理论，分析了格式所表示的"并列、交替、周遍"三种意义。

（2）特殊构式的认知形成机制及构式化研究

学者们从认知角度来解释格式，如对糅合造句、概念叠加、构式整合、同谓双小句的探讨，从历时角度考察特定构式的演变轨迹（洪波2004、沈家煊2006、吴福祥2006、彭睿2007、江蓝生2008、王灿龙2008、张谊生2011、杨永龙2011、郑娟曼2012、雷冬平2013、董正存2013等）。

张伯江（1999）用"隐喻"和"转喻"来解释双及物结构式构式义的扩展基础。徐盛桓（2002）、李勇忠（2005）、许艾明（2006）、张韧（2007）、严辰松（2007）、诸赟（2009）用转喻理论对双及物构式、中动结构等进行分析。

刘辰诞（2008）用生成整体论解释汉语"动宾动词+名宾"构式的生成机制。马玉蕾、陶明忠（2007）结合构式语法、概念整合和类比映射理论对语法隐喻进行认知阐释。

沈家煊（2006，2009）从概念整合角度成功地用"糅合"对"王冕死了父亲"的生成机制、句式义和生成方式加以说明，颇具新意和解释力。

江蓝生（2007）以"爱怎怎""爱谁谁""爱吃不吃"等短语为例，对同谓双小句的探讨说明语言经济原则驱动下的省略和紧缩是汉语构式语法化的一种推力和机制。江蓝生（2008）采用"同义概念叠加"和"构式整合"理论统一解释了正反同义结构的语用动因、生成机制以及肯定否定的不对称性。

施春宏（2004）分析了现代汉语特殊句式的标记度及语序原则。

刘大为（2010），康志峰、邱东林（2009）提出了区分语法构式和修辞构式。刘大为从构式的不可推导性出发，将语法构式和修辞构式分析为一个连续统，力求把修辞学和语法学进行整合，成为一个共同的学科统一体。

周小兵（1996）、甘莅豪（2008）分别从构式化过程的角度对"不A不B"构式进行研究。

（3）构式的多义性及词汇义与构式义互动关系研究

袁毓林（2004、2007）提出题元结构和句式的互动等。张韧（2007）在Langacker的认知语法框架下讨论了词汇与构式的互动问题，认为不能通过构式义来解释一个成分的灵活使用。项开喜（2006）分析了"别+VP"构式的两种句式义。

陆俭明（2004）、王黎（2005）对词语的句法、语义多功能性与构式的关系作了讨论。陆俭明（2004）提出了词的句法、语义多功能性，认为词汇的多义性决定着构式的多样性。王黎（2005）则持相反观点，认为是构式决定了词语的语法、语义多功能性。陆俭明（2009）认为构式并不像Goldberg所说的那样具有多义性，构式具有单义性的特点，没有多义构式（即同形构式），但有同义构式。

徐盛桓（2001，2003）认为构式义也要归结于词项意义，词汇义是由在线（on-line）使用中即时生成的，而不是在词库中提取得来。

毕永峨（2007）对不定量词"闪"和"些"的词义与构式互动进行了分析。此外还有谭景春（2000）、郭锐（2002）等的研究。

目前学界普遍认同构式义及词汇义之间的互动关系，并不像 Goldberg 最初认为的以构式义为核心。

（4）反思和发展

在国内构式语法研究不断深入之际，一些学者如石毓智、应晨锦等对构式语法理论进行了反思和质疑。这表明国内语法界对构式语法理论的研究已经从不成熟到渐趋成熟，经历了"引进介绍—反思质疑—补充完善"过程。

0.2.1.3　研究的薄弱之处

（1）国外构式语法研究大多局限于单句或小句里的句式，很少对双小句复核关系构式进行研究。Bergs&Diewald、Heine、Hopper、Noël、Traugott 等人的语法化研究较注意实词虚化问题，但从构式视角对结构式的产生过程、构式演变加以研究不够。

（2）现代汉语构式语法研究虽然在句式研究上取得了显著成绩，为我们的研究提供了方法上的启示和成果上的借鉴，但是用构式语法理论对紧缩结构进行的研究到目前为止还不多见，且不成系统。

（3）传统句式义的研究已有构式的初步思想萌芽，但未上升到理论高度。

Goldberg 的构式义大体相当于我国学者所讲的"句式的语法意义"。周国光、张林林提出的"句法语义和词汇语义的兼容"跟 Goldberg 所说的动词义与构式义的整合一致。中国的语言学家也早已看到了构式能表示独立的整体意义。比如，王力早在 20 世纪 40 年代就研究了"把"字句的"处置义"。李临定、范方莲（1960）指出，"每"的意义是"数量结构对应式"普遍具有的语法意义。马庆株（1983）提出"格式赋予意义"的思想甚至早于美国构式主义理论。朱德熙（1986）所说的"高层次"语义关系，实质上是指与整个句子的语法意义直接相关联的语用、表达平面的"句式义"。[①] 邵敬敏（1994）指出，口语交际中语句的含义往往不能单凭构成成分和语法逻辑义推导出来，实质上是隐藏在表层义后面的深层语用含义。不过，整体来说，国内早期研究尚属于

---

① 朱德熙（1985）指出："进行语法分析一定要分清结构、语义和表达三个不同的平面"。

无意识的构式理念，一直未能将其发展成一门系统的语言理论，直到
Goldberg 的构式理论出现后学者们才开始借鉴此理论进行汉语的构式
研究。

0.2.2　传统格式、句式研究现状

0.2.2.1　研究概况

格式是构造词语或句子的一些规格样式。现代汉语固定格式的研究
可追溯到王力的《中国现代语法》（1943），这部著作对几种特殊句式
做了系统研究，对汉语句式语法研究影响深远。

20 世纪 80 年代格式研究引起语法学界注意，出现了几部专著专门
探讨固定格式，它们分别是：朱林清等著的《现代汉语格式初探》
（1987），武柏索等四人合编的《现代汉语常用格式例释》（1988），张
卫国的《四字语型及其应用》（1989）。另外，研究还散见于词典的描
述和一些著作的介绍中，如吕叔湘《现代汉语八百词》（1980）、《中国
文法要略》（1980）、北大中文系《现代汉语虚词例释》（1982）、叶苍
岑等《现代汉语常用句式》（1987）等。《现代汉语八百词》提到"一
般要合用"的格式，例如"越……越……""一……就……"等，可惜
还局限于句子，认为是"几个小句组成大句"，把句子与结构混在一起
讨论。

还有一些论文从理论角度对格式进行了探讨。如张拱贵的《语法
格式和语汇格式——〈现代汉语"格式"初探〉序》（1985）对有关
理论进行了集中探讨。而后莫彭龄的《"格式"研究刍议》（1986）做
了进一步的探究，集中阐明了"格式"研究的方法和内容，提出了格
式的微观和宏观研究、历时和共时研究、种类和层级研究。这对后来的
格式研究具有重要的启迪。此外还有常玉钟的《口语习用语略析》
（1989）。

20 世纪 90 年代以来，特殊句式、格式的研究出现了繁荣景象，出

版了一些专著，如宋玉柱《现代汉语特殊句式》（1991）、邢欣《现代汉语特殊句式研究》（1995）、范晓《汉语的句子类型》（1998）等。另外，格式、句式的较为零散的个案分析也得到广泛关注。如迟永长的《"爱 V 不 V"句式谈》（1995）以及黄佩文探讨诸如"一 V 一个 A"等口语句式的论文。

进入新世纪以来对各种格式的研究更加丰富。有的语法论著如陈昌来《现代汉语句子》（2000）、邵敬敏《现代汉语通论》（2001）、张斌《新编现代汉语》（2002）、兰宾汉《汉语语法分析的理论和实践》（2002）等的句式系统也提到格式。

另外，很多学者对谚语、固定短语、对举格式等成语中的一些固定格式进行综合研究，如"有头有尾"等的产生及成语结构的分析（高航、齐沪扬 2001，张谊生 2002，张风 2008，刘宇红、谢亚军 2007 等）。

王鸿雁（2005）、沈怀兴（2004、2005）对汉语谚语的句法结构形式、意合法、关联法的应用作了分析。

齐沪扬（2001）对汉语中的四字类固定短语进行了讨论，认为它们是根据交际需要临时创造出来的，这类仿造的成语有特定的格式和功能。

张谊生（2002）提出了"类固定词语"概念，认为所谓"类固定词语"主要是"指一些准凝固性的四字格短语，当然也可以包括一些非四字格的固定格式"。

陈昌来、周宁（2007）从句法、语义及语用等多方面考察类固定短语的格式特点。李传军（2008）从理论上对现代汉语的类固定短语进行了研究，尝试建构"类固定短语型式—格式—语例"三级体系。

0.2.2.2 研究视角

（1）从历时角度考察特定格式的演变轨迹

王凤兰（2009）、刘楚群（2004）、易美丹（2008）、焦慧莹（2007）等对"X 就 X"格式语法化过程进行了考察。刘志生、黄友福（2004，2008）考察了近代汉语中的"V 来 V 去""不 X 不 Y"格式。

王灿龙（2008）讨论了"非 VP 不可"句式中"不可"的隐现及"非"的虚化。

（2）从句法、语义、语用、语篇多平面多视角分析格式

多视角的研究如施关淦（1985）、邢福义（1985）、裴荣索（1993）、陈群（1999）、李宇明（1999，2000）、萧素英（2002）、王霞（2003）、张静、杨娟（2004）、黄士平（2001）、王光全（2005）、王丽彩（2005）等的研究。

另外，刘叔新（1983）分析了交续义句法结构。陈建民（1986）探讨了具有"每一"义的数量配对句。李晋霞（2002）讨论了"V 来V 去"的语法构成和意义、句法和篇章功能以及语法化过程。赖先刚（1990）对"V+也（都）+VP"结构的否定形式做了句法语义分析。肖任飞（2006）强调"V 什么 V"格式的否定意义不是由"什么"一词单独带来的，而是结构式的整体意义。这种"整体观"已初露构式语法理论的端倪。

李卫中（2002）从语义特征、语用特征、句法功能等方面对"非A 不 B"与"不 X 不 Y"格式进行了比较。赵静贞（1984）、杨德峰（2005）对"X 就 X"格式的构成类型、句法功能、语义关系和语用价值、语境等做了研究。

刘承峰（2004）对"爱 V 不 V"进行了语义分析。吴爱（2007）对"爱 V 不 V"句式从语篇意义、衔接、文体方面做了论述。郭圣林（2009）考察了"爱 V 不 V"句式在语篇功能、语篇依赖、语篇衔接等方面的差别。

王圣博（2008）在篇章语境下考察"V 也/都 VP"构造特征。曾传禄（2008）从语篇特征、语篇衔接、连贯方面考察"V 来 V 去"的语篇功能及语法化过程。

王弘宇（2001）从预设、会话含义、会话结构角度分析了"一 A就 C"格式的实现条件，提出"中间项"的观点。李彬（2006）从句法功能、语义、语用特征方面对湘潭方言中的"想 A 不 A"及其类似

格式作探讨。

李宗江（2009）讨论了"爱谁谁"在不同语境中的差别及其字面义、隐含义，已认识到格式能够赋予嵌入的词语不同于原表达范围的整体意义。

周毕吉（2002）、黄大祥（2005，2006）、资中勇（2005）、吴妹俐（2007）、李文焘（2007）从形式特征、语法意义和语用功能三个角度对"A 一量 B 一量"对举格式进行了分析。

孙宁（2009）区分语言的和言语的"一 A 一 B"，词汇的和语法的"一 A 一 B"，较有价值。

（3）从认知角度来解释格式

郭风岚（2000）具体探讨了"又 A 又 B"格式的构成顺序、语义关系及认知模式。张旺熹、朱文文（2009）考察了"又 A 又 B"格式的主观增量手段。

罗耀华（2002，2004）提出了待嵌格式"不 A 不 B"在语义上具有异化及增殖的功能，分析了四种认知模式；并运用"可及性"理论对"不……不……""又……又……""有……有……"三个待嵌格式的排序规则进行了总结。

王平（2007）、陈昌来、周宁（2008）从语法化和认知角度对"V 来 V 去"格式进行解释。

宛新政（2006）、王灿龙（2008）、潘晓军（2009）以表达视角"行""知""言"三种概念域作为切入点，解释了"V 就 V 在 P""非 VP 不可""说 V 就 V"格式的语义结构、重点和语用语篇功能、固化历程和融合动因。

张娇（2008）从认知和语法化角度解释"想/说 X 就 X"中"说"的特殊性。朱文文（2005）揭示了关联格式和隐性量之间的密切关系。

（4）多角度比较研究及对外汉语习得研究

许维翰（1982）、武柏索等（1988）、胡习之（1989）多角度对比分析相关、相似句式在句法、语义、语用方面的异同。翁海萍（2008）从形式及语义方面对比"又 A 又 B"的并列和非并列格式。禹向丽（2008）用逻辑分析方法、预设理论对"不 A 就 B"和"一 A 就 B"进行了语义比较。郭初建（2008）将"VO 就 VO""NP 就 NP"及"V 就V"格式进行比较。林书武（1983）比较了英语的一种特殊条件句与汉语的"越……越……"句。

安挪亚（2006）在调查统计分析基础上，归纳出了留学生在学习"越 X 越 Y"格式时经常出现的偏误类型和原因。

0.2.2.3　研究的薄弱之处

（1）研究范围较窄，主要集中在为数不多的几类具体固定格式的个案研究。

（2）前人往往只注重具体格式的研究，相关多个格式间比较综合研究及类的研究较少。对格式所作的定性描写都很零散，不成系统，缺少整体把握。

（3）前人认为格式义来源于词语，忽略了格式的整体意义。

（4）早期研究主要受传统语法的影响，偏重于句法考察，侧重于对某个格式中某个词语的词性、某个句式的静态描写，从语义和认知语用角度进行的探讨较为薄弱。随着研究视野的扩大，逐渐从集中在对格式句法、语义的静态探讨转到动态的语用语篇、认知考察上。

（5）对于格式结构、意义、语用层面的研究都有所涉及，但方法上多是分块进行，停留在对语法意义的经验性表层归纳，缺少更深层次的互动研究和对深层语义来源、机制的探讨。如对格式义和词语之间关系很少论及，没有真正把句法、语义与语用结合起来。

综上所述，前人对格式做了一些探讨，研究方法和角度多样，这些研究对我们很有启发意义，为我们的研究提供了很好的基础。但这些探索还不能完整地揭示格式的整体情况，还不够深入，缺乏理论意识。因此，还需进一步深化对格式的研究。

0.2.2.4 研究展望

（1）在具体个案分析的基础上加强系统性的共性分析。

（2）吸收和借鉴认知、构式语法等理论和方法，拓宽研究视点，多平面多视角分析格式，使研究更深入。

（3）结合语体分析格式，对不同格式所适应的语体须结合语料分布进行讨论。

（4）加强对比与应用研究，为对外汉语教学以及中文信息处理提供一定的指导。

（5）从历时角度研究格式的发展、演变过程，考察格式的来源。

0.2.3 紧缩现象研究现状

0.2.3.1 研究概述

紧缩句研究开始于20世纪早期。刘复在《中国文法通论》（1920）中第一次较为科学地概括了紧缩复句的性质，将这种复句的紧缩形式命名为"减缩句"。金兆梓在《国文法之研究》（1922）中提出："复句有可以凝缩之法"。他们的研究虽然尚不完备，但已为后来的研究者导夫先路。

王力先生较早全面系统地对紧缩现象进行了阐述，他在《中国现代语法》（1943）中称之为复句的"紧缩式"。在《中国现代语法》（1943）和《中国语法理论》（1945）中，他讨论了汉语中的复句紧缩现象，并分出七小类，基本涉及了紧缩句成立的各种条件，奠定了现代汉语紧缩复句研究的基础，具有开创之功。此后，紧缩句的研究只见于零星的文章中。

50年代后期，第一部研究紧缩复句的专著——向若的《紧缩句》（1958）问世，这也是目前研究紧缩句的唯一一本专著，论述最详，影响较大。80年代以来，胡裕树（1981）、黄伯荣、廖序东（1991）、邢福义（1996）、宋玉柱（1989）、宋仲鑫（1995）等对紧缩结构的定义、范围、归属等问题作了详细探讨。新世纪以来，学者们注重紧缩结构的三个平面的研究，并尝试对其进行认知解释，如张斌（2002）、梁蕴华（2002）、刘天堂（2002）、陈兆福（2002）、王进（2003）、陈颖（2005）、王红明（2007）、曾雄伟（2007）、毛润民（2007）等的探讨。

0.2.3.2 研究内容

（1）紧缩句的性质、归属研究

一是紧缩复句说。这是最传统的看法。代表学者有赵元任（1979）、王力（1985）、向若（1958）、胡裕树（1981）、黄伯荣（1991）、邢福义（1996）、邵敬敏（2001）等。

二是单句说。黎锦熙（1924）、朱德熙（1956）、张志公（1953）、丁勉哉（1957）、范晓（1998）、葛林清（1995）、曾雄伟（2007）等都持此说。单句说可解释紧缩的部分现象。

三是单复并存说。丁声树、吕叔湘（1961）、陈颖（2005）、张静（1979）认为紧缩句既有单句，也包括复句。这是一种折中的观点，实际上并没有解决紧缩句的性质问题。

四是中间类型说。洪心衡（1980）、宋玉柱（1989）、邢向东（1988）、毛润民（2007）指出：紧缩句是由复句向单句演进的过渡、中介句式。这种观点已经深入到了其实质。

五是鼎足而三说。这是最新的一种观点，把紧缩句单独归类，和单句、复句并列三分。持此观点的有宋仲鑫（1995）、张斌（2002）、刘天堂（2002）、陈兆福（2002）、梁蕴华（2002）等。这种做法只看到紧缩句与其他句式相区别的一面。

（2）紧缩句的范围研究

一是宽式紧缩说。王力（1985：101）所界定的紧缩句，范围比前人和后学都要宽泛，连动句、动补式和一些包孕句也算在了紧缩之列，有的其实不能算作紧缩句。

二是紧、缩兼蓄说。胡裕树（1981）、黄伯荣（1991）、赵元任

（1979）、张静（1979）、梁蕴华（2002）、陈颖（2005）、王红明（2007）认为，紧缩句是或"紧"或"缩"的。句子中间没有语音停顿或者后件主语缩略掉的都算在内，不限定任何删略条件。

三是紧缩并一说。向若（1958）、朱德熙（1999）、张志公（1953）、张斌（2002）认为紧缩句是既"紧"又"缩"的。紧缩句必须同时具备取消语音停顿、缩省后件主语两个条件。

上述三种观点都没提到缩略关联词语。

（3）紧缩句的类型研究

目前语法学界对紧缩句的分类也不相同，有些是基于语义的分类，有些是基于结构形式的分类。向若（1958）将紧缩句分为四种类别。陈兆福（2002）从结构形式上把紧缩句分为七种类型，但是都不够完善。王红明（2007）参考施关淦多动句的分类标准将紧缩句分成主语控制型、宾语控制型、主宾控制型、动词控制型四大类，观点颇为新颖，较前人有进步。

（4）紧缩句与相关句式的区分及转换研究

这主要是区分了紧缩句与连动句、连贯复句、紧缩谓语句。葛清林（1995）建立紧缩句和原型复句间的联系，考察其间发生的语法变化。王红明（2007）分析了紧缩句"加合压缩"的心理形成过程，探讨其句法特征和语用意义，建立一个由繁到简的"单句—紧缩句—复句"连续统。

（5）紧缩句的关联标记研究

马清华（2003，2006）对关联成分的语法化方式进行了探讨，从并列结构与关联标记的关系角度全面揭示关联标记的结构控制作用。陈颖（2005）探寻了紧缩句关联标记的缩省规律。

刘贤俊（2005）结合复句、篇章、语义、语用从认知角度研究连词。

邢福义（1995）对"越（是）"的功能及后嵌词语的类型及功能作了分析。

丁志丛（2008）考察了汉语有标转折复句的关联标记模式及使用情况。程伟（2009）对"越"的表达倚变量的关联作用进行了考察。

（6）紧缩短语（结构）研究

宋玉柱（1989）、梁蕴华（2002）、王进（2003）对紧缩结构的句法、语义、语用方面进行了研究。陈兆福（2002）用层级理论来分析紧缩结构。

曾雄伟（2007）从紧缩结构的性质和特点入手，探讨了紧缩结构的语法语义和语用价值。李成泉（2008）分析紧缩短语与紧缩句的特点和语法功能，以解决紧缩句的归属、紧缩谓语句的理解、紧缩句单复句划分等长期困扰我们的问题。

（7）个案研究

谢晓明、肖任飞（2008）讨论了表无条件让步的"说什么"紧缩句句法语义特征、形成机制及轨迹。程艳（2008）对紧缩句中一种特殊的"AA 或 ABAB 重叠式"进行了分析探讨。王霞（2008，2009）从认知角度对动词重现话题化紧缩句"V 也 VP"进行了句法、语义和语用分析，解释其不对称现象。

（8）紧缩句式习得研究

对外汉语紧缩句式习得研究很少。李英俊（2006）采用定性和定量相结合的方法，从语法、语义、语用三个层面对外国留学生习得汉语紧缩句式进行了调查分析。

0.2.3.3 研究述评

总体看来，紧缩现象研究特点及趋势为：20 世纪 50 年代侧重于紧缩句的单复句界定。90 年代后，紧缩句研究成就斐然，因研究目的、方法不同，出现了很多新的研究思路。如在紧缩句研究基础上，注重紧缩短语（结构）的句法、语义、语用三个平面的研究，并对其进行认知解释。宋仲鑫（1995）指出紧缩句和一般复句只是同义句式，不能互相包容。他的研究比较深入。

综合以上各家，我们发现，紧缩现象研究中存在以下问题：

（1）以往紧缩句的研究，贯穿于单句、复句的区分，特别是附丽于复句的研究过程中，研究内容和方法基本为复句研究的拾遗。

（2）关于紧缩结构，前人讨论得最多的是紧缩结构单独成句，即大多是从紧缩句的角度进行研究。学者们围绕紧缩句的性质、归属、特点、分类、主语异同、逻辑关联义等方面进行了深入的研究，并取得了不少有价值的成果，而对于紧缩结构的探讨并不多，还留有很大的研究空间。

（3）以往传统语法研究大都是从句法、语义层面静态展开，尤其对句法平面的研究颇为深入。虽然学者们也关注紧缩句的逻辑语义、语用特色，但对紧缩结构的整体语义关系、紧缩规律、对语境的依赖性及认知心理机制等较少涉及。

以上问题给我们如下启示：

（1）对紧缩结构前贤已从不同的角度进行了探讨，对其句法、语义特征作了一定程度的描写，这是我们应当充分吸收、借鉴的。但目前对紧缩结构的认识还存在明显不足，还有进一步讨论、阐释的必要。

（2）紧缩句用单句形式表达了复句的意义，所以界定起来很困难。我们应该不囿于单复句划分，把着力点放在紧缩结构的句法构成、缩并特点和规律、语义关系和语用价值、认知机制等的探索上。

另外，复句研究有大量研究成果，如邢福义（2001）、王维贤（1994）、徐阳春（2002）等都在对复句总体研究的基础上，提到了紧缩这种特殊的类型，并对其逻辑关系进行了分析，这些都能给紧缩构式研究提供借鉴。

0.2.4　研究中存在的不足

纵观前人的研究，我们发现，近年来国内汉语构式语法研究不断深入，在句式研究上取得了显著成绩，但这些运用构式理论对汉语现象的研究仍存在一些问题与不足。

0.2.4.1 整体系统探究不够

汉语传统句式义的研究已有构式的初步思想萌芽,不过,整体来说,国内早期研究尚属于无意识的构式理念,只是朴素的认识,一直未上升到理论高度。目前国内汉语构式语法研究又往往局限于双宾、"把"字句等几类个别特殊标记性构式的典型个案研究上,而传统紧缩格式研究也大多是对具体固定格式的零散研究,即对个案具体研究、单个构式研究较多,而从构式角度成类成群、成系统、成范畴的整体全面专题研究及相关格式间多角度比较综合研究较少。如对于某一类构式群的研究还较少。迄今为止,对紧缩构式的整体系统研究尚未见到。

0.2.4.2 纵向历时探源不足

以往研究主要从共时平面进行,而较少从历时角度探讨构式化(constructionalization)、语法化问题,尤其是对构式形成后的语法演变等进一步发展:构式义获得、构式多义性、层级性、构式化、构式的语法化、习语化、词汇化、标记化及构式之间的语义承继关系等问题,在理论思考和个案分析方面都较薄弱。

0.2.4.3 话语篇章分析欠缺

过去汉语构式研究较多关注论元结构式、句法结构式及意义的静态分析和运用,而较少涉及篇章或分析性强的话语结构(如紧缩构式)的句法化。即汉语有哪些异于其他语言的篇章性构式目前的研究中涉及得不多。

0.2.4.4 重新突破解释太少

紧缩句研究由来已久,以往研究成果为我们正确认识紧缩现象提供了很多帮助,但紧缩句的研究广度和深度都很有限,目前基本上仍是传统语法的思路,偏重于静态句法考察。这些探索缺少更深层次对其整体语义关系、来源、语用功能、演化机制的探讨,在语义、认知层面研究得还不够深入、全面,还不能完整地揭示格式的整体情况,缺乏比较成熟的理论框架。传统语法格局已束缚、限制了研究的进展,因此,亟需采用新的理论方法来描写紧缩结构,以新的视角重新审视紧缩现象。

综上所述，构式语法理论正处于发展完善中，构式语法为汉语的语法研究提供了一条新的思路，给"句式"研究提供了新视角。但构式语法理论毕竟是一种新兴的语言理论，还不很成熟，理论内部还存在一些不完善甚至是自相矛盾的地方。如 Goldberg（1995）否认构式间的联系和转化，和她自己说的"多重承继"的构式网络相矛盾。另外，构式的范围到底有多大？如何界定构式义？构式义从何而来？这些认识分歧和问题不利于理论的进一步发展，而且一味的生搬硬套国外新理论并不能完全解释汉语现象。这就要求我们立足于语言事实，深入思考，进一步探索，将该理论方法与汉语实际紧密结合起来，使之更适合汉语的构式研究。

目前国内汉语构式语法的研究范围较窄，而在整体理论接受、结合汉语实际和特点进行研究方面还存在不足。因此，汉语构式语法研究具有广阔的前景和研究空间，需要开拓构式研究的新领域。紧缩构式并非通过常规语法规则组合而成，而构式语法的初衷是解释语言的特异性现象，正可以解决常规语法规则解释不了的边缘语法现象，所以特别适合汉语紧缩结构研究。

有鉴于此，本书在构式语法框架下提出"紧缩构式"这一概念术语，运用认知语言学构式语法的基本理论方法，对现代汉语紧缩构式进行多层面立体系统研究，在具体个案对比分析的基础上加强共性研究，考察构式的来源。

0.3　研究意义

紧缩构式研究在理论上和实践上都是一种新的尝试，是很有意义，大有可为的。

0.3.1　弥补构式语法研究的不足

将构式语法未曾系统涉及的关系复核结构——紧缩构式纳入构式体系进行研究，有助于拓宽研究视点，进一步丰富和发展构式语法理论，具有语言类型学方面的重要意义。紧缩构式研究在理论上将有助于揭示汉语语法规律，推进汉语语法语义研究走向深入，为构建完整的构式语法体系提供实例。

0.3.2　突破构式语法的理论缺陷

构式化及相关构式间承继关系研究涉及虚词的虚化、结构式的语法化、习语化、词汇化、主观化及篇章话语结构的句法化等历时过程，可为构式的形成、发展演化及构式义的获得研究提供全新的理论视角和解释途径，同时能加深对一般语言演变规律的认识和了解。

0.3.3　提供构式语法研究的多维模式

对紧缩构式这种带有普遍意义的句法创新模式进行共时历时的立体交叉研究，可完整揭示构式的源头及整体情况，启发我们透过表面推知句式的深层结构或来源，并把一些看似不相干的句式系联起来，构建构式的语义承继网状系统。从构式主义视角对表层貌似具有转换关系的句法结构进行比较，找出所谓的同义句在语义语用上的细微差别，可为构式语法研究提供多视角研究模式。

0.3.4　为中文信息处理和语言实践提供理论支持

本书对紧缩构式语义系统进行认知语义学的分析，探讨紧缩构式在话语中的动态话语意义建构，可洞悉、揭示人类语言思维的本质，为计算机信息处理提供借鉴。紧缩构式在口语中使用频率很高，是对外汉语教学中的难点和重点，外国留学生很难理解其语义。本书对汉语紧缩句式教学及对外汉语特殊句式教学具有参考、指导价值。

0.4　研究思路与方法

0.4.1　研究思路

（1）本书采用从形式到意义的分析程序，从紧缩形式出发，寻求与之相匹配的构式义、构式化过程、构式承继网络及认知解释，发掘形式与意义之间的对应规律，探讨其形成原因和机制。

（2）从形式和语义等方面论证紧缩构式的构式特征，阐述紧缩构式的合法性，并概括出不同类型紧缩构式在句法、韵律、语义、语用、篇章、表达视角等方面的特点、功能，讨论构式与成分、构式义与词汇义之间的互动关系。

（3）在紧缩构式共时平面研究基础上，围绕"构式形成"主线，从历时角度系统追溯其历时平面中的句法、语义演变轨迹，考察紧缩构式不断缩省的动态构式化与语法化的过程，建构从形-义透明的普通句法结构（源结构）到形-义不透明的紧缩构式（目标构式）的由自由到凝固的连续统，以期重构语言演变的一般过程。

（4）从语用上的语言经济原则、信息原则、语境感染与使用频率及认知上的凸显、省缩、语义压制、构式整合、重新分析、类推等角度挖掘紧缩构式发生构式化、语法化的动因、机制，揭示其深层整体构式义的来源。

（5）对紧缩构式群个案演化的具体链条进行多视角的系联比较研究，探讨紧缩构式的承继类型，纵向、横向描写相关紧缩构式之间的多重语义承继关系及其存在的平行理据，构建紧缩构式群的多重语义承继网络。

0.4.2　研究方法

（1）在认知语言学背景下，借鉴当代认知主义、构式主义的研究方法，对紧缩构式进行多维度的考察，力求把自下而上和自上而下两种研究路向结合起来。

（2）采用形式与意义、结构与功能、描写与解释结合，共时和历时、静态和动态、归纳与演绎并举，句法、语义、语用三个平面网状交织的多视角立体交叉研究方法，对紧缩构式展开系统研究。研究中涉及各种语法理论的整合，并和认知解释互动，互相协调、支持。

（3）采用总论和专论相结合、个案分析与比较研究相结合方法，把典型个案放入整个系统，对紧缩构式群进行系联、对比研究，得出紧缩构式的构式化连续统及承继关联网络。

（4）借鉴语料库语言学的方法，基于真实语料，采用定性描写和定量分析相联系，理论探讨与实证研究相结合的方法，对大规模语料作穷尽性统计分析，力求保证结论的客观性、可靠性和科学性。

0.5　研究目标与创新之处

0.5.1　研究目标

（1）运用认知语言学的基本理论方法，在大规模语料统计基础上，将构式语法和语法化、词汇化、主观化等理论相结合，从句法、语义、语用语篇、认知、构式化、语法化等不同层面对汉语紧缩构式进行全方位的多维立体研究。

（2）将构式理论方法与汉语实际紧密结合起来，对构式语法进行适合汉语的修正、改造、完善。希望通过对紧缩构式多角度的系统考察，使之更适合汉语的具体构式研究。研究中力求做到观察细致、描写充分、解释合理，以期能够在构式研究的理论方法方面做出新的探索。

（3）将汉语事实和国外新语言理论相汇流，对紧缩构式群进行多视角的系联比较研究，考察相关紧缩构式之间的关系及其存在理据，构建紧缩构式群的多重语义承继网络。

0.5.2　创新之处

（1）首次在现代汉语平面上正式提出"紧缩构式""紧缩构式群"概念，确立紧缩构式范畴，并区分了紧缩结构和紧缩构式，构建了紧缩构式库系统，以全新的构式语法视角对汉语紧缩构式展开大规模、成系统、多角度的全面专题研究，揭示紧缩构式的总体特征，具有开创性。

（2）概括出紧缩构式的形式标记类型、关联标记构成特点与框架构成模式，在区分构式义与构式体义基础上，分析了紧缩构式的内部语义配置，建立了紧缩构式表主观义的两大类7小类的完整语义系统，阐述了紧缩构式的篇章衔接、链接、管界功能。

（3）打破共时和历时的畛域，从语法化、词汇化的新视角考察紧缩构式的构式化、主观化的过程、特征及紧缩关联标记的语法化层级系统，从类型学视角得出其历史演化的共性规律及纵向历时源流。并通过个案描写与共性概括相结合方式，探索构式化过程中典型紧缩构式群内部的动态语义联系、承继类型，构建相关紧缩构式之间的多重语义承继链接系统。

（4）尝试运用凸显、语义压制、概念整合、隐喻转喻等认知理论对紧缩构式构式化的动因、机制作出新的统一解释。分析了紧缩构式义及构式体义形成过程中的整合类型，建立了认知语义整合观，揭示了构式义的深层语义来源。

0.6 语料来源与相关说明

0.6.1 本书的语料来源

为了使研究尽可能客观、准确,本研究在约7.8亿字量的语料上进行,基本覆盖紧缩构式的用法和特性,反映出其在汉语中的整体使用情况。

(1)本文所使用的例句大部分来自于北京大学汉语语言学研究中心的网上语料库(CCL 语料库)。

(2)个别语料援引他人用例。

(3)部分语料搜索于百度、谷歌、雅虎等网站。

(4)部分出自俗语、谚语等。

(5)少数为个人内省拟例及现实生活中的使用实例。

0.6.2 相关检索统计方案及符号说明

0.6.2.1 语料检索统计方案

(1)本研究工作量巨大,在大规模计算机处理及人工筛选基础上得出大量语料,保证了研究的客观、准确、科学。

(2)为了深入考察紧缩构式的句法构成、语义特点及语用类型,清楚地了解关联标记的使用情况,我们对 CCL 现代汉语语料库中常见偶标、疑问类准标紧缩构式进行了穷尽性、封闭性的检索,对筛选出的用例在统计后得出其各小类出现比例。

(3)为了了解关联标记的嵌入模式,我们统计了所考察的偶标、单标关联副词框架的各类嵌入模式分布。

(4)通过穷尽性地统计有代表性的老舍及王朔作品(口语性较强,

北京味、新京味）中的典型单标紧缩构式，得出其出现频率，并比较其异同。

（5）通过对老舍的《骆驼祥子》《茶馆》，王朔的《过把瘾就死》《永失我爱》等作品中各类型的紧缩构式的统计，得出各形式标记类型出现比例；并对得出的用例进行构式结构、语义类型统计。

（6）为了了解紧缩构式待嵌空位中的词性、音节使用情况，我们考察了部分封闭语料（老舍、王朔作品）中各类词、音节在紧缩构式中的出现比例。

（7）为了对各种类型紧缩构式的语体使用情况有更直观的了解，我们根据 CCL 现代汉语语料库中的语体、文体分类，对偶标、疑问准标、单标"X 就 X""爱谁谁"等紧缩构式的传统语体及文体分布情况进行了穷尽性统计。在此基础上，对"爱 X 不 X"类紧缩构式的功能语体分布情况进行了具体分层分类统计，对其叙述语体与对话语体的分布差异进行检索统计，得出其总体语体特征分布情况矩阵。

（8）将 CCL 语料库中的《水浒全传》《金瓶梅》《红楼梦》和老舍、王朔作品中偶标、单标、准标构式分别做了对比，对紧缩构式在不同时代（明清、现代、当代）的发展状况、使用比例、频率、使用特点进行了封闭式统计考察，以反映时代的变化。

（9）将"爱谁谁"的构式义变化情况在 CCL 语料库中进行统计，对其修辞化、语法化的转化进行分析。

（10）为了对"爱 X 就 X、爱 X 不 X、X 就 X、爱 XX、爱谁谁、XX 吧"等紧缩构式的构式化发展演变过程进行描写，我们对 CCL 语料库中"爱 X 不 X"类紧缩构式及相关结构的不同时代语料使用分布情况进行了统计，证明其历史承继的先后及语法化程度的差异。

0.6.2.2 相关分析符号说明

（1）本书分析中所举用例较多，因此在每章中对例句进行单独排序。

（2）为了便于研究，本书使用下列符号：

S1——前件 S2——后件 J1——前标 J2——后标

A、B、X、Y ——词性不确定的语法成分

V——谓词（在前后两项中分别记作 V1、V2）

VP——谓词性短语（前后两件中依序分别记作 VP1、VP2）

→ ——句式转化

（）——成分隐含、省略

? ——此例句能否成立是可疑的，合法性有待推敲，可接受程度低

＊——此例句不存在、不成立或不合法

>——先于、大于

·——重读

去就去：链接点，加方框

[ ]：被链接点，加方括号

说来说去：链接标记，加阴影

第一章

紧缩构式的界定及其特点

1.1 构式的解读与思考：对构式语法的修正

1.1.1 单一成分的语言单位不是构式

构式语法扩展了构式的范围。Goldberg 认为语言中的各种规约化的形义结合体都是构式，包括从语素、词到抽象的句型的各级语法单位。对此，国内语法学界出现了不少批评。石毓智（2007）认为，Goldberg 对构式的定义在结构的复杂性上与认知语言学的相关定义不相符合。构式至少由两个成分构成。音素是无意义的，单一成分的语言单位不应具有构式资格。将单一成分的语素或词也归入构式没有带来任何实际效用，而只是徒增概念混乱。我们认同此观点。

1.1.2 构式区别于非构式

Goldberg 试图用构式解释一切，描述语言中所有类型的结构，认为所有句法结构都是构式，即认定一个构式是因为它不是别的已确定的构式。刘丹青（2010）称此为"一个构式"的解读。

Goldberg 这种泛构式观便于说明构式对词类的作用，如双及物构式能适用于不及物动词，但淡化了形-义透明的普通句法结构和形-义不完全透明的特殊结构之重要差别，难以凸现语言经济性和语法有限性。构式在形式与意义上具有不可分析性，只有那些整体透明度较低的不可推导的结构才是构式。像"小李看了两本书"这类一般的"主—动—宾"或者说"施事—动作—受事"句式，我们"感觉不到这种'主—动—宾'句式本身具有什么独立的意义，似乎从参与句子的词项和内部的语法关系就可以推知句子的意思①"，因为其意义已经透明化了。因此，我们认为，上述情况应看作是普通句法结构，而不看作构式。我们没必要将这些常规的句法结构看作一个新的储存单位。因为任何理论均有其适用范围。规则的归规则，构式的归构式，在一定领域内有用武之地。②构式语法更为关注的是以非典型方式使用语言的现象，研究最多的几乎都是构式所表达的意义不能从构成成分的意义直接推导出来的综合性构式。

因此，本书对"构式"进行重新解读与思考，把构式定义在狭义中，认为构式是超越于词而又区别、对立于非构式（普通或自由的规则的句法结构）的中间状态，在语言运用中根据语境表达需要发生变化。它是一种结构上的例外，句法和语义上独特的或不规则表达方式。"它不是词，不是常规短语组合，也不是句子，是非词、非短语、非句子的特殊结构，有其特定的结构模式和特殊的语法意义。"③

构式是基于使用的独立储存单位，是形式与意义/话语功能的配对，是语言中现成的可以随时检索、提取、激活的句法结构，像词语一样储

---

①　陆俭明：《构式语法理论的价值与局限》，《南京师范大学文学院学报》2008 年第 1 期。

②　刘丹青认为"成分模式"和构式语法各有自己擅长的领域。构式语法擅长的是整合度高、习语性强、难以分解的结构，而"成分模式"擅长的是临时性强、可以用规则控制的句式。在可以用"成分模式"分析解释的地方，也不一定非要用构式语法去分析解释。（参见刘丹青：《作为典型构式句的非典型"连"字句》，《语言教学与研究》2005 年第 4 期。）

③　邵敬敏：《汉语框式结构说略》，《中国语文》2011 年第 3 期。

存于长期记忆中。构式的"反常规"主要体现在形式或意义的不可推导性上。构式有超越词语成分之上、独立于词项以外的自身意义，有特殊的句法、语义及语用特征限制。构式整体、凝固意义不能从其字面直接获得，不能单从其构成成分和一般句法结构、已知构式推导。"并不能只根据组成词语的意义、词语之间的结构关系或另外的先前已有句式所推知"①。构式意义具有稳定性和非推导性，根据它们的语用适用性得以具体化。构式的句法、语义与语用功能无法完全用常规来解释。

构式是生成的，但不是转换生成的，跟转换操作的省略、移位无关。构式在句法上仍然是能产的，它储存了新句子的句法模型，服务于特殊语用功能，但能产性有限。构式形成更像词汇化过程，所经历的时间长。构式整体义往往在具体使用过程中逐渐浮现并凝固下来，相当于浮现语法所说的浮现意义。如"不见不散"不可能像新词语一样一夜形成，而是有语用之力。构式储存之处可以叫构式库。

1.1.3 构式具有动态性

从历时角度来看，语言是动态的，不断变化的，构式系统也具有很强的动态性。由于语言交际的需要，构式会不断产生、消亡或重新启用。

如一般的句法结构使用中发生临时不可推导性，经过重复高频使用，非典型语言实体高频词语的参加，临时形式可能发生变化，语义可摆脱原有控制，产生多义，并最终泛化，结果原有结构就稳定地接受、吸纳了这一临时义，成为它们词义的一部分，凝固成构式的整体意义，一般的句法结构也就演变成构式。构式由一开始的偶发的临时创新的短语组合经长期搭配使用，向能产性发展，变成了半固定短语。如"爱 X 不 X"构式就是从一般同谓双小句发展凝固而来。"高能产性是以明确

---

① 陆俭明：《词语句法、语义的多功能性：对"构式语法"理论的解释》，《外国语》2004年第2期。

的规则化为前提的。"① 非典型的不规则用法通过提取结构框架反复使用带来了规则化。而已形成的构式也是可变的。非推导性或非合成性使构式整体再次投入重复使用,不可推导的意义会逐渐凝固,构式由最初的类固定短语发展凝定成为传统上的习语。如:做一天和尚撞一天钟。

但普通句法结构和构式并不能严格区分,它们之间是逐渐过渡的。"从动态的角度来看……有些四字格随着使用人数的增多,使用频率的增加,使用范围的扩大,随着固定部分和嵌入部分搭配经常化而渐趋定型,已经成了成语,而有的四字格可能正处于由类固定短语向固定短语过渡的过程之中。"② 因此从普通句法结构到构式到词项就形成一个连续统:

普通句法结构 —— 构式 —— 习语 —— 一般词项
规则库　　　　　　构式库　　　　　词库

图 1.1　从普通句法结构到词项的连续统

我们把构式和习语都看成构式库的成员。即构式的成员构成一个渐变的连续统。该连续体的一端是能产性强的可推导的极其概括、抽象典型的普通句法结构,如主谓、动结式等在词汇上是完全开放的,另一端则是一般词项。处在中间的是各种构式,它们的凝固程度不同,包括部分能产的词序固定组合配列、固定习语等。它们与真正"句法层"的那些短语不一样,有一定的凝固性和约定俗成义,要通过专门的学习才能掌握。

综上所述,我们认为,语言中的可推导的普通句法结构在使用过程中会在一定动因下发生不可推导性,经过高频使用、规则化的框架提取,形成能产性的构式。构式如果整体重复使用表达,"不可推导的构式义就有可能固化在构式上"(刘大为 2010),形成习语构式。

---

① 刘大为:《从语法构式到修辞构式》(上),《当代修辞学》2010 年第 3 期。
② 孟祥英:《汉语待嵌格式研究》,山东师范大学 2010 年博士学位论文。

1.2 紧缩构式的界定

紧缩结构是汉语中一种独特的句法结构，是一种早熟的语言形式，它一出现就已基本定型。本书从构式的性质入手，提出"紧缩构式"这一概念术语，对紧缩构式进行界定，并建立紧缩构式范畴。

那么如何判定紧缩构式呢？首先要设立判断界定标准。紧缩结构是从形式上命名定义的，紧缩构式则从形式、意义两方面定义。我们认为，紧缩构式要符合两个条件。

1.2.1 属于紧缩结构

紧缩构式首先须是紧缩结构，包括前人所说的紧缩句和紧缩结构的一部分。

在紧缩结构的范围问题上，前人提及三种观点（见绪论）：（1）宽式紧缩；（2）紧、缩兼蓄；（3）紧缩并一。我们这里取第三种观点，即认为紧缩结构是既"紧"又"缩"的，但有些修正。

我们所说的紧缩结构是由两套或两套[①]以上表述性结构构成的中间没有语音停顿、压缩了某些成分，且含有明显的逻辑配套关系的一种复核结构。

这个定义含有以下四层意思：

第一，由两套或两套以上表述性结构组成。

这里我们用"表述性结构"而没用"谓词性结构"，是因为紧缩结构中也有体词性结构构成的类型。

---

① 紧缩构式大多是由两套结构组成，个别是三分结构，因此在行文中我们可能经常只说两套结构、两个部分或双核结构。本书也主要讨论双核结构。

第二，由松变紧，原有的音距消失，二者合而为一，意思紧密粘合，有的不能划分为两个自给自足的分句。

第三，结构上由长变短，由繁变简，缩省了重复的或不必要的主语或关联词语等。紧缩结构光紧不行。比如：

不但要学而且要学好。

就是下雨我们也要干。

只要你去我就不去。

这些结构中间虽无停顿，但没有缩去词语，都不是紧缩结构，当然也就不是紧缩构式了。要有所缩略，压缩了其中一些成分之后的凝缩式才算紧缩结构。如：

（就是）下雨我们也要干。（只要）你去我就不去。

第四，从表达的语义关系上看，前后两个表述性结构之间存在逻辑语义配套关系，而彼此互不做句法成分，无主谓、偏正、动宾、补充等句法搭配关系，也不表达目的、方式等关系。如：

不达目的不罢休。

这个结构由两个动词性短语先后出现而构成，但与一般的连谓结构意义完全不同。它压缩了关联词语和后一结构的主语成分，是假设关系：（如果）不达目的，（那么）（我们）（就）不罢休。

值得注意的是，前人对并列结构是否算紧缩都没说清或回避，举的例子大多是偏正结构的。胡裕树（1981）只把紧缩句看成"偏正复句的紧缩形式"。黄伯荣（1991）承认紧缩句基本上是偏正关系。其实并列不仅是语法关系，也是一种逻辑关系。如又吃又喝、边走边说、东一棵西一棵。我们认为紧缩结构里也有并列结构。

1.2.2　具有构式属性

根据 Goldberg（1995）判断"构式"的标准，如果一个语法结构的意义或语义功能不是其中组成成分语义的简单相加，也"不能从语言中已经存在的其他构式中综合推导出来"，那么该结构具有构式的地位，应被看作是一个构式。紧缩构式也必须符合构式定义的三条标准：形式与意义/功能的匹配、本身独特的语法意义、形义不可推。

　　根据 1.2.1、1.2.2 两个方面，紧缩构式既属于紧缩结构，又具有构式属性，具有合法的构式地位。因此我们对紧缩构式界定如下：**紧缩构式指形式上又紧又缩，包含一定逻辑语义关系的两套互不做句法成分的表述性结构关联形成的有一定整体意义的序列配置。**[①] 如"不……不……、爱……不……、非……不……、一……就……、爱/想/说……就……、什么……什么……、没……没……、越……越……、就……、谁……谁……"等。

　　紧缩构式是汉语中一种典型的构式，是在长期使用中形成的特定形式与意义的结合体。其整体结构意义具有不完全推导性，不能直接从成分语义中推导出来，不能从其字面直接获得，紧缩构式有从字面推导不出来的意义，不是前后两项语义的临时简单相加，而往往产生出新的意义，从话语自身的结构得不出应有的解释。

　　每个紧缩构式都形成了独立于其组成部分的固定的一个或多个构式义，不知道其构式意义，即便了解字面所有词汇意义也还是不能理解。如"V来V去"这一构式，其形式表现是：反义词"来""去"对举。其构式义不是由"来""去"决定，而是具有独立的意义——表示"动作的反复或持续"。

　　紧缩构式形义之间是一种偏离关系，它们超越了常规的意义组合规则，形成了整体意义。它在语境中表示特定的语用功能，在语言交际方面具有特殊的功能，往往用来表示某种感情色彩或者特定语气，是普通结构无法承担的。它多数带有强烈的口语色彩。因此紧缩构式可用句法形式标准、语义辅助标准、语用参考标准来判定。三者是缺一不可的统一体，而后二者一起形成构式义。

------

① 皇甫素飞：《论紧缩构式的性质及其形式语义特征》，《求索》2014 年第 8 期。

　　下面我们举几个例子进行构式确定，分析其作为构式存在的原因。

　　（1）他们家的孩子没有吃过虾。至于螃蟹，更不知道是什么滋味了。中午饭<u>有什么吃什么</u>，窝头、贴饼子、烙饼、馒头、米饭。（汪曾祺《讲用》）

　　这个紧缩结构是否是构式？

　　第一，结构的语义不可从其组成成分推导。

　　此结构仅用"疑问代词的非疑问用法"来解释行不通。疑问代词"什么"本身没有关联用法，并不表示特定的关系，但是一旦成对呼应使用就产生了关联作用，形成"什么……什么……"的关联构式，相当于条件关系，表示"只要……就……"及"肯定、强调"义。此结构的肯定、强调意义不能从动词"V1"加上疑问代词"什么"再加上动词"V2"的意义推导出来，即"有什么吃什么≠有+什么+吃+什么"，而是构式所具有的整体意义。

　　第二，结构的语义不可从已有句式推导。

　　此结构不能从原有复句结构推导，它和复句表义是不同的，复句仅表条件关系，而此结构存在着复句所没有的"肯定、强调"义。知道"只要有什么，我们就吃什么"不可推出"有什么吃什么"。

　　综上所述，此例中的"有什么吃什么"结构的语义不可从其组成成分和已有结构推导出，根据构式语法理论，其语法构式地位成立，是一种有着固定结构和意义的表述体。

　　再如，按照现代汉语语法理论，"非"作为否定副词，对它所修饰的名词有一定的要求。例如，我们可以说"非人类""非物质"等，而一般不说"非教室""非你""非公路"，但是在"非 X 不可"中，这些都可以成立。如：

　　（2）顺子被搞得一头雾水："这有什么难的，还用我？""不，<u>非你不可</u>。"（电视电影《冬至》）

　　这说明，"非 X 不可"是一个固化程度很高的格式，我们不能从它的构成成分推知其整体意义。它是一个构式，是拥有自己独特的句法、语义、语用特征的独立体。

再看"爱 X 不 X"构式：

(3) 我把话说完了，你爱听不听！(海岩《便衣警察》)

从形式上说，"爱 X 不 X"不能从其组成成分"爱 X"和"不 X"中预测出来，构式组合后表面形成的是单层并列结构，而实际上是二重复句"如果爱 X 就 X，如果不爱 X 就不 X"的紧缩结构。从语义上说，"爱 X 不 X"形成的整体构式义"随便"无法从其构成成分或原型结构完全推知。紧缩后固定下来的"爱 X 不 X"结构不仅表示"选择"义，还具有比原型结构更复杂的语义特征，蕴含说话人的不满情绪，因此语法中必须设定这类构式。

例 (3) 中"爱听不听"是"随便听不听"的意思，而不是二重复句"如果爱听就听，如果不爱听就不听"的单纯表示选择的意义。

可见，"爱 X 不 X"结构其形式或意义不能从其组成成分及语言中已经存在的其他构式中推导出来，所以它是个构式。

另外，构式意义的存在也可从结构体的变换中得到证明，构式义跟其组成部分意义不同。如"V 来 V 去"表动作多次反复，在截半后失去该关系义，不成立：

*把它拿在手里搓来（搓去）。

"A 一量 B 一量"去掉前后任一个部分后变得粘着，不成立：

*他的脸上红一阵（白一阵）。

还有的不能变换，如：

一打就是一个通宵。≠一个通宵就是一打。

1.2.3 紧缩构式辨异

紧缩构式形式简略，语义特殊。那么所有紧缩结构都是构式吗？当然不一定。建立了判定标准，我们就可以甄别、区分紧缩结构和紧缩构式了。形式、语义以及语用标准都必须起作用。紧缩构式具有特定的形式标记，又有自己特殊的构式意义。紧缩构式与紧缩结构之间有深层语义上的差异。紧缩构式表达的不是字面逻辑意义，而紧缩结构其整体意义和组成部分语义之和是相等的，是原结构意思的简单相加，意义上并没比原结构增加什么。如：

你怕丢人你走开。

下大雨我也不怕。

我们卖唱但不卖身。

他作业没做好就去玩儿了。

这些都是紧缩结构，是实指，意义都可从字面上推测出来，它们都不是构式。

再如，当"A一量B一量"包含"并列"义时，格式的意义是其字面意义的加合，是实实在在的真值词汇意义，而不是虚指义，不违实，它就不能叫作构式。例如：

（4）他家门前有两棵树，东一棵西一棵，他小时候常爬到树上去玩儿。（网络）

例（4）由于先行句中已说明了"有两棵树"，因此，这里的"东一棵西一棵"是确指"东边有一棵树，西边有一棵树"，格式的字面义与其整体义一致。

因此，表示现实意义特征的区别类对举格式没有产生超越字面的深层附加义，强调实际数量而非虚拟增量，所以不是紧缩构式，我们要将其分离出来。

和上述相反，有许多紧缩短语不管是从结构上还是语义上都不等于组成成分意义的简单相加，这些就是我们要研究的紧缩构式。

当"A一量B一量"表达"交替""周遍"等语义，整个格式发生语义增殖和异化，才可称作真正意义上的构式。其中的词汇义已经虚化、泛化。例如：

（5）"何雷，你这人怎么就能红一阵儿白一阵儿，说狠就狠，翻脸不认人，什么揍的？"（王朔《永失我爱》）

如果我们用同类近义词和反义词替换 A、B 或量词，构式的整体意义也不会改变。上例中"红、白"、量词"阵、一会儿"可以互换，这说明这里颜色词的意义都不是真正表示人的脸色，而表示"人的心情变化"的构式义，它们已失去了原有的词汇意义。

又如，"V1 也 V1P"结构的否定形式是构式，而肯定形式则是普通紧缩结构。

（6）"我一脚把你摊子踢了。"老邱火冒三丈，威胁少年，少年睬也不睬，掉脸向别的行人兜售。（王朔《橡皮人》）

（7）妻说让我用完这笔奖金，目的全是一个玩字。现在玩也玩了，吃也吃了，心里总觉得欠了妻一份情意。（《作家文摘》1995B）

例（6）是表推理的紧缩构式，所表达的内容真实度、可信度并不高，并非仅表示真的丝毫也不睬，而是含有夸张的意味。说话者只关心言外之意，表达一种与预期形成强烈反差的意义，强调少年"蔑视、无所谓"的程度。例（7）是现实性很强的句子，内容真实度、可信度很高，陈述了具体事实，本身实有所指，是紧缩结构，而不是构式。再如：

（8）"你们也说了不见不散？"（王朔《给我顶住》）

此例"不见不散"字面义是"如果不见，就不离开"，而整个结构的意义是"一定要见"，所以这是个构式。

综上分析，紧缩构式是紧缩结构中符合构式定义、标准的那部分结构，紧缩式与原式意义不同，当它有丰富的构式语义时，才是紧缩构式。

观察语料我们发现，有连词"如果、那么、因为、不但……而且……"等关联的紧缩结构都不是构式，这与连词义有关。用连词关联的紧缩结构意义变化都不大，而关联副词对结构的语义影响较大。这可能因为连词不像副词有实在意义，它只起关联作用，只表字面逻辑义，没有附加意义，所以结构不违实，跟原来复句比也只是语气强烈一些而已，因此构式合格度低。

1.3　紧缩构式库的构建

紧缩构式是混合结构，内部具有异质性。作为一个完整的系统，它存在于语言单位的不同层面中。其具体构成形式为：

1.3.1　词语（习语）

紧缩构式不仅语法结构中有，在词汇层面也很多，多见于格言、俗谚等熟语化固定形式，已词汇化。许多词汇格式是人们长期习用、约定俗成而逐渐简缩凝结成的固定组合，其意义不单单是字面上的意思，还具有结构的凝固性和意义的整体性，是语汇成分，其语法属性相当于词。刘叔新（1990）建议"把熟语分为固定语和常语。前者属于语言，是现代汉语的词汇单位，包括成语和惯用语；后者属于言语，是比较稳定的言语单位，包括谚语和格言"。我们说的词语（习语）构式两者都有，实际上是处于语言和言语之间的特殊单位，介于词与句法结构之间。

陆俭明指出："任何一个语言存在某个语言所特有的、不能类推的、纯熟语性的固定短语。"① 这种构式具有不可分析性，不像一种范例式，一个构式只产生一个实例。"固定词组是较特殊的词汇单位，它的单位性质大于词，又以其结构的定型性、意义的完整性和存储的备用性区别于临时组织的自由词组。"②

习语与自由词组不同，它是固定的词的组合，非能产，无法自由生成，意义定型，表示的概念不可分割；它与词也不同，习语中尽管各个

---

① 陆俭明：《从构式看语块》，首届全国语言语块教学与研究学术研讨会论文，对外经济贸易大学，2009 年。

② 刘中富：《实用汉语词汇》，安徽教育出版社 2003 年版，第 42 页。

词语义结合得很紧密，但各个词又具潜在意义，显示出词与词的关系，是短语词（phrasal lexeme）、多词词项（multi-word item）。它既不完全属于词库，也不完全受规则的管制。有些学者（王勤，武占坤1959）将习语称为"特殊词汇"，即把习语看作词汇的成员，又将其与普通词汇区别开来。

习语语法上脱离常规，是句法规则的例外，具有非组构性，字面义的解释在习语理解中起着有限的作用，因而习语具有整体构式义。例如：

（9）不到长城非好汉。

（10）做一天和尚撞一天钟。

（11）一人做事一人当。

例（9）不只是"没有到过长城就不是好汉"义，而是表明了一定要做成某事的坚定决心；例（10）则是表明了得过且过的一种消极心态；例（11）是指敢于担责任，不连累无辜。

1.3.2 短语（固定格式）

紧缩构式可以在短语（词组）层面中出现，做各种句法成分。紧缩构式中有很多是固定格式，即"某个语言所特有的、类似熟语但能类推的固定构式"①，如汉语里的"爱X不X"。它们有固定词语作为标志，即一种典型的框式结构（frame construction）："由固定成分搭配而成的一种具有框架性质的固定的语法结构。"② 它们不像词那样，具备音义结合的定型性，而是具有特定的现成性框架结构。这种框架结构由固定常项"框架"和可供填补、替换的变项"空位"两部分构成。形式上具有半定型性特点，格式义大于通常的词语组合义。这种半固定结

---

① 陆俭明：《从构式看语块》，首届全国语言语块教学与研究学术研讨会论文，对外经济贸易大学，2009年。

② 李振中：《试论现代汉语框式结构》，《甘肃社会科学》2008年第5期。

构具有一定复呈性、能产性和类推性。格式赋予意义，有其整体性的形式表义价值。张谊生（2002）认为："在意义上，固定部分规定了整个短语的格式义和关系义，可变部分表示了整个短语的具体义和实用义；两者配合互补，相辅相成。"①

刘叔新（1983）把"深一脚浅一脚"这样的格式称为短语，不单独成句。如：

（12）由团部出来，贺营长的心里很不安定，<u>深一脚浅一脚</u>地在壕沟里走。（老舍《无名高地有了名》）

还有的能单独成句的固定短语在句中作句法成分，如作谓语：

（13）"这才叫领空肚子人情！你<u>不吃就不吃</u>吧。"（杜鹏程《保卫延安》）

（14）"我什么时候说过嫌你，不要你了？我<u>连想都没想过</u>。我就是觉得我有责任'提醒'你。"（王朔《空中小姐》）

紧缩构式独有的固定关联格式有：爱 X 不 X、一 A 就 B、非 A 不 B、越 A 越 B、不 A 不 B、没 A 没 B、又 A 又 B、边 A 边 B、一 A 一 B、A 一量 B 一量、爱/想/说 X 就 X、X 就 X、爱 XX、V 来 V 去、V 副不（没）V 等。

1.3.3 句子（紧缩句）

紧缩构式也可出现在句子层面，在一定的语境中也可以成为句子。紧缩构式带上特定语调就构成紧缩句。如：

（15）"真逼人的火呀，狡猾的敌人！"连长咬牙痛恨。"<u>非干掉你不可</u>！"（老舍《无名高地有了名》）

有时紧缩构式也可作为小句充当复句的分句。如：

（16）通过这次宏观调控，我们在房地产业的发展上，应当尽可能

---

① 张斌：《新编现代汉语》，复旦大学出版社 2002 年版，第 270 页。

避免陷入"一放就乱，一乱就管，一管就死"的怪圈。（1993 年《人民日报》10 月）

因此，紧缩构式在形式上呈词、短语、句子的三级分布，在习语、固定格式、可类推性的搭配及句型中都有。即前人所说的习语、紧缩结构、紧缩句中都有紧缩构式存在，紧缩构式在某些语境下可以是词语（习语），某些语境下可以是短语格式，某些语境下可以是句子，它可以构词（语）、造句。其中，凝固式习语是特殊结构，自由式短语和句子是典型结构。

1.4　紧缩构式的性质

紧缩构式的性质体现如下：

1.4.1　紧缩构式的特殊"过渡"性

从跨语言的角度来看，紧缩构式是具有汉语个性特征的一种独特句法表现形式，凝聚了汉语的许多习惯性用法，集中反映出汉语的民族性特征。它在一般词典、语法书中查不到。它不是独立形式的词，一般词典中不收，普通词汇中不存在；同时它又跟一般的语法结构、常规句式不同，使用了特殊语法关联手段。它不像常规句子结构，如单句、复句，是一种结构上的例外，是特定的固定关联格式，所以在言语、语言二分上找不到它的位置。它非词、非句子，处在语言和言语单位之间的的特殊的中间位置上。如：

（17）一个可以发那么大脾气的人，怎么能说死就死了呢？（毕淑敏《预约死亡》）

可见，紧缩构式是由复句向单句演进的一种过渡形式、中间形态，原先的双小句发生了非句化、级降，成为构式的前后两个组成部分。紧缩构式是小句整合过程中从话语组织到句法结构的中间环节、形态，是变化过程中的阶段，是变动不居的阶段上的言语和语言单位之间的特殊过渡形式，它既不是完全静态的也不是完全动态的，从大乱到大治，从完全无拘无束到有规律。它始自定型化，往往是一种句法创新。

1.4.2　半实体图式构式和实体构式

语言中存在"图式构式"和"实体构式"两大类构式。

图式构式不止一个实例，是抽象化、范畴化的语法构式。而紧缩构式中有很多是半实体图式构式，是抽象化、范畴化的半填充语法构式，具有一定的现成性。形式上既固定又灵活，语用上具有一定的能产性、类推性和成分可替换度。说话者可以根据表情达意的需要自主地选择某个格式，嵌入相关成分创造出新的构式。它比现成的表达式显得更为灵活，比抽象的结构、临时组织的自由词组显得更为具体；体现出动与静的结合，变与不变、固定与灵活的辩证统一。如"爱 X 不 X"可以容纳不同的动词，这些具体动词是适应不同语境的抽象的"X"的代现形式，所以"爱 X 不 X"属于相对固定的半实体图式构式，其能产性有限，在词汇上处于半开放状态。

实体构式只有一个实例，是概括性极小的已经完全填充了的构式、实际存在的话语实体。如整体使用的全固定的紧缩习语是实体构式，没有能产性，其构成成分不可替代，如有变化构式就不存在了，或变成其他构式了。如固定习语"嫁鸡随鸡"，虽也是紧缩构式，具有构式义，但无类推性。

紧缩构式中还有一类特殊习语，它们同时又符合一般紧缩构式的特点，即有一定类推性，如"不见棺材不掉泪、不到黄河心不死"等。

凝固式习语实体构式实际上是不典型的构式，自由式半实体图式构式才是真正典型的构式。"从实体构式到抽象的图式构式构成了一个连续体。而更多的图式构式在词汇上处于部分开放、半开放等各种状态，有些是框架结构。"①

1.5 紧缩构式的形式语义特点

语言形式和意义之间的对应具有系统性,特殊范畴一般要求特殊结构与之适应,结构的特别形式也是其特殊意义的表现。紧缩构式和同形异构紧缩结构不同,它在形式和语义等方面有不同特征。

1.5.1 紧缩构式的形式特点

紧缩构式是表现紧缩范畴的典型句法形式,它在形式上有自己的独特性。

1.5.1.1 形式上的对称性

紧缩构式由前后两个部分按一定的逻辑关系组合而成,因此形式上呈对称分布。具体有前后呼应对称和中轴对称两种形式。② 如:

(18)我简直难以相信,那么身强力壮的人,把康拜因调教得像儿童玩具、把老婆像扔枕头一样扔到院里的人,怎么说倒下就倒下了呢?(《读者》合订本)

(19)"谁说你偷了?没拿就没拿,心虚什么?"于德利一无所获,但对老刘仍持怀疑态度。(王朔《谁比谁傻多少》)

例(18)是前后呼应对称,例(19)是中轴对称。

1.5.1.2 结构上的超句法性

紧缩构式是复合结构,有两套或两套以上中心,前后项间无一般的主谓、偏正、动宾、补充等句法搭配关系,彼此互不直接做句法成分;

---

① 严辰松:《构式语法论要》,《解放军外国语学院学报》2006 年第 4 期。
② 具体见 2.1。

也不表达目的、方式等关系。前后两个表述性结构之间存在逻辑语义配套关系，具有超句法性。如：

（20）道静露着两排洁白的牙齿也笑了，"谁像你这个样儿：<u>见一个爱一个</u>，见两个爱一双——恋爱专家。"（杨沫《青春之歌》）

例（20）分析为：见一个/爱一个，前后项之间是条件关系，没有句法搭配关系。

紧缩构式的"超句法性"还体现在句法结构的不可分析性上，它们整体性很强，不可分割，内部具有不同程度的不可推导性，无法通过常规的组合规则去计算。它们不是组合成分词汇意义的简单相加，其整体意义大于部分意义之和，具有很强的特异性与区别性。比如：

（21）他的相貌，本就是委琐里带几分奸猾的，此时更显得<u>不尴不尬</u>的非常难看。（茅盾《蚀》）

例（21）的"不尴不尬"不能直接从前后两部分语义中推导出来，并非两个并列结构之和，表示"不尴尬"；相反，是"尴尬"的意思，带有贬抑义。这种形式上高度的特异性决定它在表义上的特异性。

1.5.1.3　结构上的层级性

（1）单层、多层紧缩

任何一个句法结构都必须表现为线性序列，但是线性只是句法结构的一种表面现象，层次性才是句法结构的本质。紧缩构式可以是单层、多层紧缩。

单层从形式上看包括两个表述性结构，即双项二分紧缩构式，基本形式为"1+1"式。从句法结构层次上看，紧缩项处于同一层面上。如"不干不净""不破不立"由处于同一个平面的两个否定结构构成。

紧缩构式也有复杂的多层嵌套形式：三项三分组合双层结构"1+2"式、"2+1"式，是特殊的连用构式，构式套构式。这进一步证明紧缩范畴存在的普遍性。复杂的多层紧缩有两种情形：

一是结构和意思都比较复杂的。

（22）小毛驴儿因为盼家，也就<u>越跑越快越高兴</u>，它也唔儿哇儿地

叫起来了。(刘流《烈火金刚》)

（23）她想起来人们常说的"不奸不毒不丈夫"，确实如此，吃亏的都是老实懦弱人！（姚雪垠《李自成》1）

（24）这一代人的通病我太知道了，为了另类而另类，为了标新立异而标新立异。一句话，<u>怎么与众不同怎么扎眼怎么来</u>！（电视电影《中国式离婚》）

例（22）是"1＋2"式，可分析为"越跑/越快//越高兴"。例（23）（24）是"2+1"式。例（23）可分析为"不奸//不毒/不丈夫"。"不奸不毒"是并列关系，本身是一个构式，与"不丈夫"又构成一个构式，有假设关系，意思是"要奸和毒"。例（24）分析为"怎么与众不同//怎么扎眼/怎么来"。构式的第一层是条件关系，第二层是并列关系。三个谓核间有疑问代词"怎么"重复关联，是多层紧缩。

二是结构简单意思复杂的。

"爱 X／不 X"结构看上去简单，实际上意义较为复杂。本来的完整形式是"爱 X 就 X，不爱 X 就不 X"，后由正反并列的多重复句"如果爱 X，那么就 X；如果不爱 X，那么就不 X"紧缩而成，较为复杂而少见。这样的构式都不止由两个分句紧缩而成，紧缩时需要对结构进行调整，使之平衡。这种表达形式更趋于固定化、凝固化和熟语化，意义也不是字面上的单纯表示选择的意义，而是发生了改变，有"随便、无所谓"义。如果加上了明确的假设关联词，反而啰唆繁杂。如：

（25）我也不知道他会不会来，<u>爱来不来</u>，反正今儿天气不错，暖风熏熏。（王朔《一半是火焰一半是海水》）

这里"爱来不来"意思是说"爱来就来，不来就算了""来不来由他"。

（2）原型构式下有次标记构式

"多一个是一个"是"A 一量 B 一量"的变式，构成压缩性的构式化主观形式。"越来越 A、越是 A 越（是）B"属于"越 A 越 B"下的两个次构式、特例。"非 A、非 A 不可"是一般式"非 A 不 B"的特殊形式。

丁声树（1961）在解释"天是越来越暖和了"时，他并没有将其还原成复句形式"天越来，越暖和了"，只说"本来就暖和，现在更暖和"。可见，"越来越 A"已经相当于一种固定形式，区别于"越 A 越 B"的紧缩构式。

1.5.1.4　结构上的非还原性

构式语法认为，任何一个表达式都是不可完全推知的，语法是单层次的（monostratal），不存在句式之间的变换关系。构式是生成的，但不是转换生成的。任何所谓表层貌似具有转换关系的形式并不是同一底层的不同转换形式，而是不同的构式，分别具有不同的构式意义和语用功能。而紧缩也只是依据汉语句子能不断省缩的特征设定的称呼而已。紧缩格式自古有之，紧缩构式与复句同是语言中客观存在的句法结构，在语法形式上截然不同，并无谁主谁次的差别，紧缩构式不依赖复句而客观存在。一旦由复句过渡为新的紧缩构式，它就具有了自身特殊的句式特点和表达功能，通过省缩形成新的构式，形式的变化必然带来语义或语用上的差异。所以紧缩构式跟复句虽有来源但无推导关系，只不过可以分析出复句的逻辑关系。

紧缩构式如果加上适当的关联词语和停顿，大多可扩展成复句，复现其中的逻辑关系，因此其所隐略的关联标记可以重新补上。

如："爱 X 不 X"大都可扩展为小句独立性较强的正反并列二重复句"如果爱 X，那么就 X；如果不爱 X，那么就不 X"；"要 X 就 X"可补充为"如果要 X 就 X，不 X 就不 X（不 X 就拉倒）"：

（26）现在她要来就来，不来就拉倒，我是根本无所谓的。（苏青《论夫妻吵架》）

也就是说，这种四字格来源于正反并列的双命题、双小句构成的复句的紧缩，但扩展后其意义发生了变化，失去了特有的构式义：强调无所谓，所以紧缩构式不能还原成一般原型扩展式。

另外一些已有关联标记（如关联副词）的紧缩构式也可加上由省

略的连词充当的第一层次的关联词语，还原成扩展式，如：（如果）不破（那么）不立，但语义也发生了变化。

"一……就……"隐含了复句的逻辑关系，可以补上关联词语"只要"。如"他一请就来"可还原成"只要有人请他，他就来"，但语义发生了变化。

理论上一切复句都有紧缩的可能，紧缩构式也都可以还原成一般形式，但实际上不是这样。紧缩构式是语言中早已约定俗成的一种紧凑、凝固的形式，拆散、换个说法是既不容易又不需要的。从紧缩构式的来源看，一般认为它是由复句紧缩而来，但有极少数格式结构固定，不能补出省略的关联词语，扩展为一般复句，没有一般复句的转换形式。如我们不能因为"爱谁谁"短语来源于同谓的"爱 VP 就 VP"双小句，就以为"爱谁谁"都可以还原为双小句。只有"谁"的意义较实在时才可以还原为双小句形式，而当其意义已虚化时不能还原。比如，"谁"跟人无关，相当于"怎么"时，就更不能还原了：

（27）走上五六里路，各班就地解散，阿姨们凑到一起聊天，孩子们一律爱谁谁。（王朔《看上去很美》）

1.5.2　紧缩构式的语义特征

紧缩构式作为一个典型的构式，具有语义特殊性。紧缩构式本身具有密切相关的典型语义特征：［+非事件性］、［+恒时性］、［+虚拟性］。

1.5.2.1　非事件性

紧缩构式是一种关系性构式。在一般的句法结构中，动词总是占有核心的句法地位，决定着句法形式的基本语义关系。但是，紧缩构式对动词的依赖性较弱，意义上不同于一般的以动词为核心的事件句。具体来说，紧缩构式由前项和后项对应的结构关联化构成，超越两项结构，是一种不以动作行为的执行或发生的过程形态为核心的句法形式，不属于事件结构框架，不表示事件，其真实意义不是描写动作行为移动的过程或事物的相对静止状态，而是着重表达相互关联的动作、事件、状态之间外在主观赋予的语义关系。如"我一下班就去买菜"中的动词"下班""买菜"并不表示实际的动作行为的执行形态，而是着重表现它们之间的关系。即使我们把其中的动词替换成其他动词，也不会改变这种关系，因此此构式第一层被赋予了"两个事件先后紧接着发生"的语义，两个事件本身的意义就成了用来表达这个语义的语言事实材料。这种紧缩关系已经超越或者淡化了动作行为的过程形态在句法结构中的地位以及动词所具有的动态语法关系。动词动作义削弱，"以事件类动词表非事件性语义的能力"正是紧缩构式的特殊之处。因此，紧缩构式具有很强的［+非事件性］、［+非动态性］特征。

1.5.2.2 恒时性

紧缩构式中动作行为执行的形态、所支配的语法关系（比如施受关系）等被深深地掩盖。动词特征变弱，表示动作行为的动态功能已被弱化，因而时体特征在结构中得不到完整的体现。

紧缩构式内部不管是表过去还是表将来，都跟构式整体时态无关。紧缩构式整体表述的是一种恒时性特征。如"爱/要 X 就 X"虽在内部时间关系上体现为将来时和未然态，表假设关系，但整个构式还是表示常态。而"死了就死了"虽然内部有完成体标记"了"，但那是紧缩项内部的标记，是第二层次的时体关系，跟第一层，即跟整个构式没关系。此类构式整体仍然是恒常态，是一种恒常构式，表示惯常行为。也就是说，构式的时体特征跟内部紧缩项的时体特征，即紧缩项是否出现"着、了、过"等动态助词或表将来时态等无直接关联，不过紧缩项以表将来时为多。

1.5.2.3 虚拟性

虚拟是"说话人相信其所述情况在他所构造的可能世界里是真的，但在现实世界中又并不必然是真的"①。即说话人相信或认定句中所述情况是真的，尽管在事实层面上最终也可能被证明是假的。紧缩构式具

---

① 徐阳春：《现代汉语复句句式研究》，中国社会科学出版社 2002 年版，第 69 页。

有虚拟的语义特征。紧缩项的意义不是实指的，紧缩是凸显处于"连续的量"中的"任何一个"，而非孤立的、离散的、确定的"这"一个单位，即非"离散的量"。紧缩构式对事件发生的叙述是非现实的，它不描述具体的实际事件而描述虚拟事件，表达的实际意义非真实，表达虚量、抽象虚拟义，前后项所表示的活动不是确指性和一次性的，因此表达的就不是字面义。跟一般复句的假设不一样，复句是真实的口气，而紧缩构式是虚拟的未然事实，类似英语中"虚拟语气"的意味。比较下面两个例子："你来我就去"中"你来、我去"都不具有量的"连续性"特征，而仅仅是孤立的、偶然的、仅有的"这一个"现象，表示真实的假设关系，是实指，意义可从字面上推测出来，它不是构式。而"去就去"实际并未去，指许多次这种情况中的任一时间发生的事，不仅限于"一"和真实，而是通过这种虚拟事件表示一种语气、情态。

"情态常常与假设信息（hypothetical information）相联系，表达某种与现实性（actuality）有距离的事件。"① 紧缩构式中否定和假设结构较多，因为否定和假设部分可以是虚拟、不真实的。如否定副词有虚拟义：

（28）历史证明，<u>没有共产党就没有新中国</u>。（《中国儿童百科全书》）

（29）可见装饰市场的混乱，到了该管<u>且非管不可</u>的地步。（1994年《报刊精选》05）

例（28）"没有共产党"是一种虚拟，说话人主观认识上为了强调"要有共产党"。例（29）意思是"不管理装饰市场，市场就会乱"，也是一种虚拟，强调"要管理市场"，并不表示"管"这个实际动作行为。再如：

（30）你说那时候，嘿，无忧无虑，<u>想吃就吃</u>，<u>想睡就睡</u>。（电视

---

① Lyons，J. *Semantics*（Vol. 2）．London：Cambridge University Press，1977：849；转引自彭利贞，《现代汉语情态研究》，中国社会科学出版社 2007 年版，第 37 页。

电影《编辑部的故事》）

（31）电视里，杜宪和薛飞正<u>你一言我一语</u>地和全国人民聊着。（王朔《千万别把我当人》）

（32）胡蝶又成了笼中鸟。想到自己未卜的人生，<u>不死不活</u>的岁月，胡蝶不由地想起了昔日朋友阮玲玉。（《作家文摘》1997D）

例（30）中构式并不表示真实的复句的假设关系。说话人把"想X"看作"X"可能实现的充分条件，强调自己的能力，强调了主观意愿对于X的实现的重要作用，这是站在自我任意的视角上，而不是站在实际情况的视角上，并不是真的仅指"吃、睡"。例（31）中的"你""我"是虚指，都指一个群体中不确定的人，代表"大家"，并不是真的"你、我"两人各讲了一句话，而是指很多人都在讲。"一"在这里不再是确数，表示不定指的虚拟数量。构式表示"交替"和"周遍"语义，表示不确定、不定指的虚拟数量，前后项在语义上密不可分，形成了一个完整的语义块。例（32）"不死不活"仍是"活着"，"出现了现实世界的实际情况和语言表达的不一致"①，表达虚拟主观义。一般来说，"不死不活"的真值语义应是假，但是说话人却主观认为是真。

以上所说的虚拟性、违实性（counterfactuality）与人类思维有密切关系。违实性这种不相容的、"虚假"的心理空间或整合空间是人类思维的特点之一。人类经过几十万年的进化，到大约五万年前就具备了概念整合能力之一的违实性思维。心理空间表面上的违实性促进了思维过程，而不会阻碍思维。如紧缩构式中的习语来自民间传说和个人虚构，以违实荒诞的具体场境为基础，使习语不但不给人以违实的感觉，反而通过具体直观形象表达事理。

综上所述，［＋非事件性］、［＋恒时性］、［＋虚拟性］是紧缩构式所具有的三个基本语义特征，它们相互关联，密不可分，实际上也是我们

---

① 杜鹃：《现代汉语"不X不Y"格式研究》，上海师范大学2006年硕士学位论文。

判别紧缩构式的基本标准。

1.5.3 紧缩构式形义不对称

形式和意义之间的关系是复杂多样的：同样的语法形式可以表示多重不同的语法意义，同样的意义也可以用不同的形式表示。紧缩构式的形式跟意义可以统一，也可不统一。统一的如严式并列，即语法和逻辑相结合的两个层面上的并列，一方面属于句法结构，一方面属于逻辑结构。在前一性质上，它跟主谓、述宾等相对；在后一性质上，它跟因果、条件等相对。如：

（33）风带着雨星，象在地上寻找什么似的，<u>东一头西一头</u>的乱撞。（老舍《骆驼祥子》）

例（33）中"东一头西一头"既是语法并列，又是逻辑并列。

形义不统一是指，构式的形式和意义或功能之间并非都是一一对应的关系，存在形式与意义的脱节，利用了此形式反映了彼内容，句法与语义关系不一致现象，具体表现在：

1.5.3.1 同形异义

一个句法形式可表达多种逻辑含义。紧缩构式中蕴含的逻辑关系并不是单一的，它随着语境的变化而变化。如并列结构一种语法关系可对多种逻辑意义关系。

"A 一量 B 一量"句法上是并列关系，逻辑上可是并列、顺承、条件或假设等关系。如"东一个西一个""醒一阵昏一阵""（袜子是）穿一双坏一双"表面上是并列关系，实际上分别是并列关系、顺承关系、条件关系。

"不 A 不 B"句法上是并列关系，逻辑上可是其他关系。如"不吃不喝、不三不四"是并列关系，而"不说不明、不见不散"则是假设关系。

"想/说 X 就 X"构式既可以是条件关系，还可是顺承、假设关系。如：

（34）房改说来就来，当工薪阶层千方百计筹足钞票买了房后，心情好不激动！（1994 年《报刊精选》02）

（35）"你是不是很悲伤啊？想哭就哭吧！"（韩寒《三重门》）

例（34）是顺承关系，例（35）是假设关系。

"一……就……"构式可表顺承、条件关系。表条件关系，是经常状态；表顺承关系是实指某次情况，表达对特定某个场合的描述。如：

（36）徐小雁美丽活泼，多才多艺，出身名门，所以一进校就不断有人追求。（莫怀戚《陪都旧事》）

（37）"我确实知道你是的，"伊莎贝拉反唇相讥，"而且我一想到你就发抖！"（翻译作品《呼啸山庄》）

例（36）表顺承关系，例（37）表条件关系。

1.5.3.2　一构多义

一个构式在内在语义上也不统一，并非仅有一个固定的抽象意义。例如：

"一 X 一 Y（X）"同是并列，用在同类动词前，表示"动作连续"，如"一歪一扭、一瘸一拐"；用在相对的动词前，表示"两方面行动协调配合或两种动作交替进行"，如"一问一答、一起一落"。

"不 A 不 B"是并列关系，但实际上内部语义关系也并不统一，可以适应于不同表达的需要。比如："不大不小"表示程度适中，恰到好处，是褒义。"不死不活"表示比"生、死"更让人难受，是贬义，含有"不喜欢、不满意、厌恶"之义。"不三不四"表示"不正派、不像样子"之义，产生消极义。而"没 X 没 Y"可表示"否定""不分"等不同语义。

"有一量 B 一量"构式内部具有不一致性。当构式中 B 是"没"或"无"时，构式表现出"不在意"或"没有规律"的语义，如"有一句没一句""有一搭无一搭"；当 B 是"没、无"之外的词时，构式表现出"周遍"义，如"有一件处理一件""有一句说一句"。这造成在共时平面上形义关系的扭曲。

构式有一种广义的一构多义现象，一个构式可能产生多个意义。构式义是可变的。同一个构式也可以分别表示不同的构式意义，有原型义和派生义之分，有一个密切相关的家族义，它们语法化程度不同，典型性不同。从原先单一的原型构式义（中心义）引申出越来越多的非原型义（非中心义），构式也在这一过程中演变成多义结构。因此，构式义可能被细化甚至发生偏离。例如：

"爱 X 不 X"由原型贬抑义"随便、无所谓、不满"扩展偏移为否定链接义"不愿意/爱 X"，"X 就 X"由"确定、容让"义扩展分化到"决断、强烈否定"等义。

"不冷不热"在不同的语境中还可呈现出积极褒扬、中性、消极贬斥三种截然不同的语用意义和情感色彩：指气候适宜，带有褒义；客观陈述事实；指人的态度不友好，表示贬义。其否定意义发生明显的偏移。

1.5.3.3　同形异构

一些语句虽然具有构式的形式结构，却并不一定能满足构式义的基本预设和意义规定性。不是所有符合句法形式的语句都能以构式义来解释。构式义是蕴含的，并不是语句本身的直接形式所具有的。

同一种表层形式透明度高低有别，会有普通结构和凝固构式两种解读。也就是说，即使是同一种结构形式，也可能包括分析性和综合性两种属性。如"睁一（只）眼闭一（只）眼"就有实量和虚量两种意义。一种可表眼睛的真实状态：

（38）他走后，又有一帮孩子爬上窗台看，正看见我被烟熏的<u>睁一眼闭一眼</u>，样子非常难看。（王小波《黄金时代》）

此例确实是表示一只眼睛睁着，一只眼睛闭着，格式的意义与其字面义一致。

还有一种可表示虚拟义，有"形容敷衍了事，看见了装作没看见，知道装作不知道"义。如：

（39）"陈教授讲的案例很丰富、形象，她说婚前睁大双眼、婚后睁一只眼闭一只眼，要学会宽容，值得思考。"（新华社 2004 年新闻稿 _ 001）

上述两种表示不同意义关系的形式应该属于不同的结构，这是由于语境而产生的两种意义，这意味着同一个句法形式却属于两个不同的结构。

1.5.3.4　同（近）义异形

语言中同一个语义内容可用多种不同句法形式、手段表现，这是同一范畴的不同语言形式之间的句法同义。语言中存在着同义构式，或者严格地说存在着近义构式。即原型构式产生相关变体（子构式），它们之间有细微差异，所包含的构式意义有强弱之分。如有标无标："非 X 不可——非 X""X 就 X——XX 吧""一 V+就是+数量 NP——一 V+就 V+数量""爱怎么 VP 就怎么 VP——爱怎么（着）怎么（着）——爱怎怎、爱咋咋"等。由母式派生子式，形成了"典型成员——非典型成员——边缘成员"的连续统。

1.6　本章小结

本章对"构式"进行了解读与思考，对构式语法进行了修正；从构式语法视角提出并界定了"紧缩构式"这一概念术语，将它与紧缩结构加以区分；从紧缩结构中分离出紧缩构式，阐述紧缩构式的合法性，构建了紧缩构式的概念范畴系统及紧缩构式库，并对紧缩构式的性质及其形式语义特点进行了分析，讨论紧缩构式的定性、定位问题。

通过研究我们认为，单一成分的语言单位不具有构式资格，构式区别于非构式，即普通或自由的常规句法结构，是一种句法和语义上独特的或不规则的特殊表达形式。构式具有动态性，从普通句法结构到构式到词项是一个连续统。构式包含复核关系构式，从形式和语义等方面看紧缩构式具有构式特征。紧缩构式内部不可分析、推导、添加，组成成分已经一体化，形-义不透明，具有不可分解的整体意义，其形式、意义具有不可推导性。紧缩构式和紧缩结构有深层语义上的差异，紧缩构式义与其字面义不同。紧缩构式具有特殊"过渡"性，是小句整合过程中从话语组织到句法结构过渡的言语和语言单位之间的形式。紧缩构式存在于语言的不同层面，包括半实体图式构式和实体构式。其中，凝固式固定习语是特殊构式，自由式半实体图式构式是典型构式。紧缩构式在形式、意义上都有其独特性。紧缩构式形式上呈对称分布，结构上具有超句法性、层级性和非还原性，语义上具有［+非事件性］、［+恒时性］、［+虚拟性］的典型语义特征，这也是紧缩构式区别于紧缩结构的关键因素。紧缩构式以事件类动词表非事件性语义，因而时体特征得不到完整的体现。紧缩构式的虚拟性导致否定和假设结构较多。紧缩构式的形义间存在不对称现象，具体表现为"同形异义、一构多义、同形异构、同义异形"四种情况。

第二章

紧缩构式的句法结构分析

2.1　紧缩构式的语块构成

陆丙甫（2008）指出，语块（chunk）是"人类信息处理能力的实际运用单位"①。按构式、语块理论，"每个构式都由语块构成，语块是构式的构成单位"②。每一个语块都负载构式内部语义配置的一部分，形成语块链。语块是构式的有机组成部分。

根据紧缩构式内部实际的语义配置"事件—关联方式—事件"，紧缩构式主要由两个语块构成，并以对称形式出现，而习语类紧缩构式只含有一个语块。紧缩构式的形式框架可以码化描写为：（J1）S1 +（J2）S2。其中 J 代表关联词语，前置标 J1、后置标 J2 能组成成对的关联标记，连接前件 S1、后件 S2③。前标 J1 加前件 S1 称为前块，后标 J2 加

---

　　①　陆丙甫：《语序类型学理论与汉语句法研究》，沈阳、冯胜利：《当代语言学理论和汉语研究》，商务印书馆 2008 年版，第 241—256 页。

　　②　苏丹洁：《构式理论、语块理论和语法教学》，首届全国语言语块教学与研究研讨会论文，对外经济贸易大学，2009 年。

　　③　有时"前件、后件"我们也称"前项、后项"。

后件 S2 称为后块。

紧缩构式通过平行对称的形式来表达对称或不对称的语义。紧缩构式要成立，"首先要满足形式对称的要求，必须呈呼应对称或中轴对称形式"①。

2.1.1　呼应对称式

2.1.1.1　基式：J1—S1—J2—S2

紧缩构式前后件及关联词语成对出现，J1 与 J2、S1 与 S2 相互照应，构成形式上的呼应对称，形成基础形式。

这种构式在省略原有关联标记，形式对称可能被破坏的情况下，代词、数词、否定词、动词等接替原关联标记充当前后标，以维持结构的对称。如：

（1）"你怎会贪心？钱是你辛辛苦苦地去赚的呀！又<u>不</u>偷<u>不</u>抢，全世界的人都不想过苦日子。"（岑凯伦《还你前生缘》）

（2）谁像你那么有钱，<u>爱</u>去哪就去哪。（于晴《红苹果之恋》）

例（1）由否定副词"不"充当 J1 和 J2，继续保持形式的对称完整。例（2）省去"如果"，由情态动词"爱"充当前标。

前标 J1 和后标 J2 有时也可以嵌入 S1、S2 里，后标一般都在后件主语后，插在后件中间，而不在两主谓结合部。如：

（3）一看到有庆<u>我</u>气<u>就</u>上来了。（余华《活着》）

→﹡一看到有庆就我气上来了。

后标少数在后件主语前。如：

（4）在他们的葬礼上，他们生前数十年的挚友白发苍苍的范妮拄着拐杖，上前发表了讲话。她<u>一开口就语出惊人</u>——（《作家文摘》1997A）

---

① 陈颖：《紧缩句的有标关联和无标关联》，华中科技大学 2005 年硕士学位论文。

这里"她"和"语"有领属关系。

2.1.1.2　变式：S1—S2

在基本形式上，省去显性关联标记，紧缩构式变化生成新的变式"S1—S2"，前后呼应对称。来看几个例子：

（5）在这块宽绰的私人地盘上，他可以歪着、趴着、盘腿坐着，<u>怎么舒服怎么来</u>。（王朔《看上去很美》）

这是疑问代词前后呼应关联，是下文所说的准标。另外，还有数词对称结构：

（6）守住！只要南京能守半年，敌兵<u>来一阵败一阵</u>，日本就算败了！（老舍《四世同堂》）

2.1.2　中轴对称式

当紧缩构式没有前标 J1，只有后标 J2 时则 J2 必须居于中轴位置，其他相互呼应的成分分居两边，构成形式上的对称，即"S1—J2—S2"式，前后件 S1、S2 以后标 J2 居中为轴，呼应对称。如：

（7）老太太走过来敲门，乖孙啊，小两口<u>吵几句就吵几句</u>了，饭还是要吃的。（腾肖谰《蓝宝石戒指》）

（8）这位先生是真正教书的，已经在云城教过二十多年书，大家<u>争都争不到手</u>。（老舍《牛天赐传》）

紧缩构式不能省略后标 J2 而同时保留前标 J1，否则对称的结构形式会损坏。"J1—S1—S2"式不属于呼应对称或中轴对称式，是不合法、不成立的。如：

*一来（就）哭。

总之，不管怎么变，紧缩构式总体都包括前后两个语块，J1、S1为前块，J2、S2为后块，具体的可再分为两个、三个或四个部分。

2.2　紧缩构式的形式标记类型

紧缩构式形式多样，标记复杂。我们按关联标记的特点，根据构式实例的词汇形式是否受限制，把紧缩构式从形式标记上分成相应的有标、准标、隐标三类。

2.2.1　有标紧缩构式

紧缩构式虽形式短小，但常有明显的句法结构形式标记——关联词语显现，有固定关联词语作为标志，以反映其内部的语义关系。这是语义的标记化，显性连接。我们把由"如果""即使"等典型关联词连接的紧缩结构称为典型紧缩句式，由非常规的关联词（主要是副词）连接的某些固定格式组成的紧缩构式称为非典型紧缩句式。紧缩构式属于非典型紧缩句式，但是典型构式。有标紧缩构式由常项（框架）、变项（空位）共同构成，而关联标记是其重要的常项构成。有标紧缩构式分为两种：

2.2.1.1　偶标紧缩构式

偶标紧缩构式是关联标记配对使用，组成固定强制关联格式。偶标的关联词语都不是或不完全是原来复句的关联词语。偶标紧缩构式是现代汉语中高频率使用、能产性很强的一种典型框式结构。"典型的框式结构，是指前后有两个不连贯的词语相互照应，依存，形成一个框架式结构，具有特殊的语法意义和特定的语用功能，如果去除其中一个（主要是后面一个），该结构便会散架；使用起来，只要往空缺处填装合适的词语就可以了，这比起临时组合的短语结构具有某些特殊的优势。"①

---

① 邵敬敏：《"连 A 也/都 B"框式结构及其框式化特点》，《语言科学》2008 年第 4 期。

按偶标前后两个关联标记的意义关系，常见偶标紧缩构式语义构成模式有：

（1）复现式①

前后两个关联词语 J1 与 J2 大多同形，意义相同。又分为：

〈1〉情态类。表达一定的主观情态，具有潜在的深层意义，而并非简单地表示字面上的意义。有"不……不……、没……没……、又……又……、非……不……"等。如：

（9）看起来，她一径都是温温柔柔的，<u>不多言不多语</u>。（白先勇《玉卿嫂》）

（10）就是两年前，家乡那场大水灾，田地都淹没了，<u>没吃没喝</u>的，跟着就闹瘟疫，饿死的饿死，病死的病死。（琼瑶《水云间》）

（11）那哥哥听了，<u>又好气又好笑</u>，他骂弟弟道："你这呆鸟！做皇帝还要来砍柴么？"（冯雪峰《善良的单纯》）

例（9）是用"不……不……"对"她"温柔性格的描写。例（10）中"没……没……"本来是一般并列结构，其内部结构比较松散，前后项都具有一定的独立性。但是，在长期使用过程中，该结构开始逐渐凝固成为一种框式结构，在一定的语境中发生语义增殖，出现语义偏移。此固定组合并非简单地表示字面上的意义：对"吃、喝"的否定，而是具有潜在的深层意义：通过否定所列举的典型事物"吃的、喝的"，从而否定整个语义类，表水灾后什么生活资料都缺乏。例（11）"又……又……"中"又"有修饰含义，表现了哥哥当时听了弟弟的话后矛盾的心态。

〈2〉关系类。表达前后两项之间的关系。有"越（愈）……越（愈）……、边……边……、现……现……、随……随……、时……时……"等。如：

（12）这都是一个梦——<u>越想越像梦</u>。（张爱玲《倾城之恋》）

---

① 参考马清华：《语义的多维研究》，语文出版社 2006 年版，第 126 页。

（13）煤老板被曝建非法码头 称媒体<u>越曝光越做大</u>（网络）

（14）她一扭身端着脸盆出门倒脏水，片刻回来给自己搞了点吃的，<u>边吃边看电视</u>，故意把音量开得吵人。（王朔《过把瘾就死》）

〈3〉复合类。前后项固定部分虽不同形，但关联标记意义相类相近，如"非 A 不 B"等。

（15）别说我女儿容貌端丽，没一点配你不上，她便是个丑八怪，今日我也<u>非要你娶她为妻不可</u>。（金庸《神雕侠侣》）

（16）韩愈的古文，每以气势胜，铺天盖地而来，逼得你无处可退，<u>非读罢不能释卷</u>，其风格以一个"潮"字了结，可以说是点睛之笔。（《读书》vol–111）

（2）反义式

前后两个关联标记是反义关系，意义相对相反，表主观情态。有"爱……不……""……来……去"等。如：

（17）戴高乐将军在内阁会议上高兴地说："你们<u>爱信不信</u>，反正齐托纳这次得承我的情。"（《作家文摘》1996A）

（18）金重洙解释说，并不是不重视中国公开赛，而是中国的优秀选手太多了，我们的队员总感觉一直是在跟中国选手<u>打来打去</u>，不像是参加一个国际的比赛。（新华社 2004 年新闻稿_ 004）

（3）序链式

前后两个关联标记有序链状出现，意义不相关，也表主观情态。有"一 X 就 Y、再 X 也 Y、爱 X 就 X、说什么……也……、连……都（也）……"等。

〈1〉一……就……。"一"后面大多数是动词，形容词很少。如：

（19）"别人都说陆小凤惊才绝艳，聪明绝顶，无论什么样的武功，都<u>一学就会</u>，可是你唱起歌来，却实在比驴子还笨。"（古龙《陆小凤传奇》）

（20）<u>话一出口他就恨不得咬掉自己的舌头</u>，十足的不打自招么！（王朔《我是你爸爸》）

〈2〉再……也……。"再"含有将来义，表示假设，表示一个动作（或状态）重复或继续，多指未实现的或经常性的动作，表示即使继续下去也不会怎样。如：

（21）晚上，耶稣祷告完毕，下山到岸边等待使徒们摇船来接他，然而已是四更天时，船仍在海中，因风向不顺，使徒们<u>再</u>怎么样努力摇<u>橹也</u>是白搭。（翻译作品《圣经故事》）

（22）她曾多次告诫当地的领导，经济<u>再</u>困难<u>也</u>不能忽视了教育，不能苦了孩子。（1994 年《报刊精选》07）

〈3〉说（想、爱）……就……。此构式是同谓双小句，"想、爱、说"等是表"希望、打算、意志"的能愿动词，"就"表示两件事接连发生。如：

（23）演戏就演戏，要北伐就北伐，要骂人就骂人；就是抄起家伙打仗，也<u>说打就打</u>！哪里见过这么粘粘糊糊！（欧阳山《苦斗》）

（24）孩子们对说出的每句话都认真负责，而我们呢？大人往往<u>想说就说</u>了，而后又反悔。（《读者》合订本）

此类构式中"说、想、爱"等和疑问代词"怎么、什么"等搭配较多，这种类型往往跟准标类交叉。我们分类时以第一层关系为标准，将此类构式归入偶标，因为准标竞争不过偶标，只反映第二层次的关系。

〈4〉说什么……也……。此构式相当于"怎么……也……"。如：

（25）她觉得自己年纪轻轻的，总不能就这样匆匆地走完人生，<u>说什么也</u>得给世界上留下点什么。（1994 年《报刊精选》10）

此构式后项多是否定。如：

（26）他自己一件夹克穿了五六年，<u>说什么也</u>不肯淘汰，……我明白，这就是女人与男人的不同了。（《读者》合订本）

以上这些成套的固定关联词的使用，使得紧缩构式的语义表达整体性、稳定性更强，前后项之间的逻辑关系更密切、紧凑。

为了清楚地了解偶标紧缩构式的使用情况，我们在 CCL 现代汉语语料库 364454631 字量的语料中，对常见偶标紧缩构式的各小类分布情况进行了穷尽性统计，结果见表2.1。

表 2.1 　　　　　　　　　紧缩构式偶标各小类出现比例分布

具体小类	出现例数	所占比例（％）
越来越……	17197	30.58
越……越……	4625	8.23
愈来愈……	1699	3.02
愈……愈……	902	1.6
一……就……	3630	6.46
一……就是+数量	354	0.63
边……边……	499	0.89
又……又……	5639	10.03
没……没……	1874	3.33
不……不……	6275	11.16
非……不……	891	1.58
非……不可	4552	8.1
爱……不……	163	0.29
再……也……	566	1.01
说/想/爱……就……	837	1.49
说什么……也……	476	0.85
V 来 V 去	6050	10.76
总计	56229	100

从表2.1可看出："越来越……"出现比例最高，占30.58%，在各类中遥遥领先；其次是"不……不……、V来V去、又……又……、越……越……、非……不可、一……就……"等；最少的是"爱……不……"。而且"越来越……、愈来愈……、非……不可"等特殊形式都大大超过其一般式"越……越……、愈……愈……、非……不……"。

2.2.1.2　单标紧缩构式

此类构式关联词语单用，后项关联词语一般在中间出现，包括副词"就、也、都、又"等，在前后项间起一个中介联系项的作用，两个变项分别嵌入单标关联词的前后两端，如"X 就 X、没有 X 就没有 Y、V1 副 V1P、VV 不 C、A 就 A 在 M"等。也有关联词语在前面的，如"爱 X X"。

单标的紧缩结构意义一般都没改变，就是字面义。如下面列举的都不是紧缩构式，而是紧缩结构：

小王喝干了一杯<u>又</u>满上了一杯。

见了面<u>才</u>好下判断。

他没事<u>总</u>爱抽烟。

他今年三十岁了<u>还</u>没对象。

你等一会儿<u>再</u>出去。

小喜接住钱<u>却</u>费了点思索。

因此，我们选取单标里几种意义独立于字面义之外，不同于字面义的紧缩构式来分析。单标紧缩构式都压缩了前项关联词语。前项连词语义负载相对较轻，因此常省略。单标紧缩构式的整体意义很难从其组成部分得到解释。一般说来，越是难分解的结构，越是典型的构式。如：

（1）同语式：X 就 X

此构式一般无主语，前后项同形，前后项用"就"连接。如：

（27）"行！"沪生道，"<u>白酒就白酒</u>，国强给我斟上。"（王朔《刘慧芳》）

（2）爱 XX

"爱 X 就 X"省略后标"就"后，前标"爱"单独作关联标记。

（28）我必须得对你说，我得娶你，我必须娶你！除了你我谁都不娶！谁他妈<u>爱说什么说什么</u>，我不在乎，我才不管你以前怎么样，这辈子我娶定你了我告诉你！（网络语料《看完没笑？! 你绝对够狠！》）

（29）"每人有张嘴，<u>爱说啥人说啥人</u>，我管不着，我也不怕人说。"（周而复《上海的早晨》）

（3）A 就 A 在 M

此构式用假设的语气表因果，中间也用"就"连接。M 与 A 之间存在因果关系，强调的是因，可以变化为"之所以 A，是因为 M"这种溯因式因果句。如：

（30）（妻子）问为什么你做文章比我生小孩还难。秀才答道，你<u>生孩子容易是因为你肚子里有东西，我做文章难就难在我脑子里是空的</u>。（张贤亮《绿化树》）

（31）中国人早就知道：有些事<u>坏就坏在嘴上</u>。（《读者》合订本）

（4）没有 X 就没有 Y

此构式前面省略了"如果"，且有字面上没有的含义，强调前项，所以是紧缩构式。因为构式中间有"就"，"没有"只是第二层次的关联标记，所以我们把它归入单标。如：

（32）毛泽东同志有一句名言：<u>没有调查就没有发言权</u>。（1993 年《人民日报》7 月）

（33）是谁对我说过："<u>没有你就没有我的今天</u>，你就是我的再生父母。"（《作家文摘》1997D）

（5）动词重现紧缩式：V1 副 V1P

"V1 也 V1P"构式前后两个谓语重复，后项一般表示否定。如：

（34）马锐愤怒地看着父亲，马林生像块风吹雨打岿然不动的礁石<u>眼睛眨也不眨一下</u>。（王朔《我是你爸爸》）

（35）可是在押送的路上，叔叔突然像发疯一样摆脱押送的人，一头扎到河里，他反绑着的双手<u>动也不能动</u>，连挣扎的气力都没有……（戴厚英《人啊人》）

例（34）表示"眨"和"不眨"的动作一样，强调具有相同的结果"不眨"，这里"也"是一种不相应类同，即"在不同类或对立的两项之间进行比较得出结果具有类同性的结论"（王霞 2003）。例（35）

也是一样。"动"和"不动"的动作一样，具有相同结果"不动"，强调对立情况下结果的类同性[①]。

此种构式有时后面是表示否定的词：

(36) "行不通行不通，他们接受不了，<u>说了也白说</u>，不费那劲……"（王朔《我是你爸爸》）

另外还有"V1 都（又）V1P"的：

(37) "好好的念书，别净出去找姑娘，哎?"老头儿的小眼睛故意眨巴着，<u>要笑又特意不笑出来</u>，嘴唇在白胡底下动了动。（老舍《二马》）

下面是对老舍、王朔作品中的常见单标紧缩构式进行的统计。

表 2.2　　　　　　　　紧缩构式单标各小类出现比例分布

单标		老舍	王朔	合计	出现比例（%）
X 就 X		20	41	61	30.65
没有 X 就没有 Y		1	10	11	5.53
V 也 VP		68	19	87	43.72
V 都 VP	有"连"	13	7	38	19.10
	无"连"	4	14		
V 又 VP		2	0	2	1.01
V 还 VP		0	0	0	0
合计		107	91	199	100

从上表可看出：不同关联标记的单标紧缩构式有不同的出现比例。在我们的语料范围内，关联标记"也"出现比例最高，占 43.72%，其次是"就、都"，"又"最少，"还"连接的未出现。"V 都 VP"中"连"出现较多。老舍作品中 17 例有 13 例有"连"，王朔作品中 21 例有 7 例有"连"。

---

① 王霞：《动词重现话题化紧缩句"V 也 VP"》，《北方论丛》2008 年第 5 期。

2.2.2 准标紧缩构式

除去普通关联词语和固定结构的实体手段外，还有一些其他特殊关系形式也可表示紧缩项之间的语义关系，我们称为"准标"。准标和偶标有相似之处，都是两个关联词语连接。因此我们把准标紧缩构式也看作是框式结构。准标虽然也是成对的，却没有偶标的句法位置、搭配形式固定。它随机性大，替换较灵活。构成准标紧缩构式的常用语法手段有：

2.2.2.1 重复

重复是构成紧缩的重要手段，具体有：

（1）疑问代词复用

构式前后由一对嵌进构式的相同疑问代词"谁、什么、哪里、哪儿、怎样、多少、怎么"等前后呼应关联，变项分别嵌入成对呼应的疑问代词前后，构成连锁关系的关联构式。第一个疑问代词任指、虚指；第二个定指，后一个代词随前一个变化而变化，相当于假设、条件等关系。构式基本表达为：WH－VP1＋WH－VP2。如："什么……什么……、谁……谁……、哪里……哪里……"等。有时 VP1 也可能是形容词。如：

（38）"什么漂亮穿什么。"他说。她又成了他班子里的角儿，他很高兴。（老舍《鼓书艺人》）

（39）沉草蒙住眼睛听见爹说："把米仓都给你，要多少给多少。"（苏童《罂粟之家》）

（40）"都别动！冤有头，债有主，不动没关系，谁动打死谁！"（冯志《敌后武工队》）

（2）数量词复用

由一对数词呼应关联，一般是"一"，构成连锁关系，形式为：A一量 B一量、一量 A一量 B、多一 A 多一 B、少一 A 少一 B、一 A 一 B 等，往往是对举。

〈1〉A 一量 B 一量

（41）村里人感到奇怪：富贵自小没了爹，靠他妈一个人屎一把尿一把地拉扯大。平时他挺听妈的话，今儿个咋啦？（1995 年《人民日报》2 月）

（42）胡亦叫着，也哭起来。接着打起逆嗝，跑进卫生间，开始呕吐，吐一阵哭一阵。（王朔《一半是火焰，一半是海水》）

（43）假若新嫂子是可以造就之材，也就编入咱们的妇女部队里去，多一个人多一份力量。（老舍《残雾》）

（44）我们小孩一伙一伙不停地穿梭其中，这儿一瞅那儿一瞧，这儿一站那儿一挤，那种满足感，那种幸福感，现在的小孩是无论如何也体会不到的。（网络）

（45）电视里，杜宪和薛飞正你一言我一语地和全国人民聊着。（王朔《千万别把我当人》）

例（44）中的动词"瞅、瞧、站、挤"，例（45）中的"言、语"临时活用为量词，可看成临时量词。

〈2〉一量 A 一量 B

（46）二嘎：我这就去，等我先说完了！妈，刚打这儿过去，扛着小红旗子，跟一节红一节白的长杆子，还有象照像匣子的那么个玩艺儿。（老舍《龙须沟》）

〈3〉一 A 一 B

"一"分别用在同类或相反词的前面，表示动作连续、伴随或交替。

（47）"什么意思，还不明白？"齐女士把上身探向前，头一点一冲地大声说，"我——爱上你啦！"（王朔《我是你爸爸》）

（48）三合祥挂上宫灯那天，天成号门口放了两只骆驼，骆驼身上披满了各色的缎条，驼峰上安着一明一灭的五彩电灯。（老舍《老字号》）

例（47）是表伴随。例（48）"一明一灭"并不是真的明一次再灭一次，而是不断交替持续义。"一"在这里不再是确数。

2.2.2.2　对举

刘丹青（1982）指出对举和语序、重叠、虚词一样是一种重要的语法手段。对举格式指的就是"两个字数相等或相近、结构相同、语义相反相成的语句"[①]。紧缩构式的对举都属内部对举，是在构式内部实现的，与外部对举相对。对称的节律与语义使对举关系有提升构式合法度的作用。对举形式多种多样，有的形成了整齐的固定格式，有的已凝固为熟语。如：

（49）那你最好采取分散投资的方法来降低风险，即使有不测风云，也会"东方不亮西方亮"，不至于"全军覆没"。（应用文《股市基本分析知识》）

又如：痛快一时后悔一世、东一鳞西一爪。

对举和准标重复类中的数量词复用等有交叉。我们看：

（50）几个彪形大汉每人手拿一根绳子走上比赛台，同时动手将选手们翻倒，骑在身上左一道右一道地捆起来。（王朔《千万别把我当人》）

（51）他经常三一回五一回往广播站跑，给她送吃送喝。（路遥《人生》）

下面我们穷尽性统计北大 CCL 现代汉语语料库中各类疑问准标紧缩构式的使用情况。

表2.3　　　　　　　　疑问类准标紧缩构式各小类出现比例分布

准标小类	出现例数	所占比例（%）
什么……什么……	1785	36.34
谁……谁……	1475	30.03

---

①　张国宪：《论对举格式的句法、语义和语用功能》，《淮北煤炭师范学院学报》（哲学社会科学版）1993 年第 1 期。

续表

准标小类	出现例数	所占比例（%）
多少……多少……	506	10.3
哪儿……哪儿……	146	2.97
哪里……哪里……	295	6.01
哪……哪……	211	4.3
啥……啥……	197	4.01
吗……吗……	9	0.18
嘛……嘛……	9	0.18
怎么……怎么……	243	4.95
怎样……怎样……	36	0.73
总计	4912	100

上表反映出："什么、谁、多少"等复用的紧缩构式出现得较多，这些构式中疑问代词都是代事物和人的，明显多于"怎样、哪"等代方式、地点的构式。

2.2.3　隐标紧缩构式

省略压缩关联词语，前后两个语块直接凝合联结在一起，标记完全消失，只凭借意合方式，通过语义关系和语序表示其内部的结构关系。隐标状态下，受内在潜性语法支配，是隐性零式连接，关联标记是"隐形"的，构式隐含有潜在的逻辑关系。在一定的语境条件下，隐标构式有其他代偿功能出现，使得紧缩构式关系很明确，关联词语可以省略或完全不必要，将高可及标记替换为低可及标记。隐标记一般都对应有标记形式，压缩后的句法结构有对应的句法结构支持，证明相应的隐标组合是隐含，关联词语以零形式出现，既避免了句法意义的关联形式倾向，也满足了紧缩逻辑关系的具体化要求，这大概是句法和语义双重作用下的最恰当选择。隐标分两种情况：

2.2.3.1 一般形式

这种形式意义不凝固。如"XX 吧":

（52）又一想:<u>不认不认吧</u>,看这来头儿,认他也没有什么好处。（刘流《烈火金刚》）

上例虽然隐去了关联标记,但其中语气词"吧"起到关联标记的代偿作用。

2.2.3.2 固定形式

如谚语、格言等习惯性用语,意义凝固:

（53）有的人骂杜善人道:"<u>面善心不善</u>的老家伙。"（周立波《暴风骤雨》）

（54）"唉,真是'画虎画皮难画骨,<u>知人知面不知心</u>'哪!谁晓得平常那末好的先生,会是个汉奸!"（冯德英《苦菜花》）

（55）"<u>买卖不成仁义在</u>,这一对不值钱的假货送你作纪念!"（《邓友梅选集》）

（56）马克中领着一家人放心大胆地精耕细作,结果,<u>人勤地不懒</u>,午季,秋季,都获得了前所未有的好收成。（应用文《中国农民调查》）

（57）我不服,就是到了警察局我也是没喝酒,<u>有理走遍天下</u>,我不怕他们。（《作家文摘》1997A）

（58）张俊臣原来沉默地吸着烟,这时也露出笑容,跟着说:"对!对!对!<u>舍不得孩子套不住狼</u>。"（雪克《战斗的青春》）

（59）她当然不能叫,否则只有自取其辱,不是吗?<u>吃不到葡萄说葡萄酸</u>!（岑凯伦《青春偶像》）

下面我们对老舍《骆驼祥子》《茶馆》,王朔《过把瘾就死》《永失我爱》等作品中出现的紧缩构式各形式标记类型出现比例进行统计,结果如下表所示:

表 2.4 各类紧缩构式出现比例分布

类别	偶标	单标	准标	隐标	例句总数
出现次数	212	30	65	11	318
出现比例（%）	66.7	9.4	20.4	3.5	100

以上统计表明：偶标在语料中出现最多，占 66.7%；其次为准标，占 20.4%；再次为单标，占 9.4%；隐标最少，只有 11 例，都是习语构式，占 3.5%。

2.3　紧缩关联标记的构成特点

2.3.1　紧缩关联标记的层次构成

汉语中前置词、后置词并存。① 类似于此，紧缩构式很多是前置标和后置标在句法中配合同现的产物，前后标有不同的句法范域及不同的语义抽象度，它们是一种句法组合，而不是一种词汇现象，是汉语的一大类型特点，是汉语句法中的一种常见而基本的现象。

关联组合是汉语中重要的语法手段。关联标记在紧缩构式中扮演着重要角色。关联标记在缩省过程中有不同的层级，因此它们是有层次区别的。

2.3.1.1　第一层次关联标记单现

关联词语单用。第一层次关联标记包括关联副词"就、也、都、又、还"等后标。它们和省去的连词同在第一层次上，是紧缩前复句或结构中就有的关联词语，构成单标紧缩构式。如"没有 X 就没有 Y、V 副 VP（看都不看一眼）、A 就 A 在 M"等。如：

---

① 刘丹青：《汉语中的框式介词》，《当代语言学》2002 年第 4 期。

"就"是"前件引发后件事件"，基本义是表示动作、情态变化的顺承，以顺接为多。"也"基本关联义是表示"前后件类同"。"又"是"前件引发后件对它另一情况的说明"。"都"是"前件多个条件引发后件的结果"（陈颖 2005）。如：

（60）"你要不勾引他，司令<u>看都不会看</u>你一眼。"（老舍《鼓书艺人》）

（61）是谁对我说过："<u>没有你就没有我的今天</u>，你就是我的再生父母。"（《作家文摘》1997D）

再如"再怎么说也……"里，如果后项谓语中心语是"是"或有助动词，"也"可省略，紧缩构式由偶标变为单标。如：

（62）<u>再怎么说也是亲戚。→再怎么说是亲戚。</u>

（63）<u>再怎么说也不能泄露机密。→再怎么说不能泄露机密。</u>

2.3.1.2　第二层次关联标记共现

此类关联词语都不是原来复句的关联词语，是复句同时省去第一层次关联标记（前标连词、后标"就"等）后，为了弥补原有关联词省略的情况，处在第二层次的动词、副词、数词、代词等提升上来代替原有第一层次关联标记（连词、副词）起关联作用而出现的。如"现……现……、越……越……、愈……愈……、不……不……、没……没……、边……边……、又……又……、时……时……、忽……忽……、半……半……、半……不……、非……不……、一……一……、大……特……、爱……不……、谁……谁……"中前后都是第二层次关联标记。如：

（64）我就这价儿，您<u>爱买不买</u>。（《故事会》）

例（64）中"爱"和"不"分别是前置标和后置标，是两个第二层次关联标记共现。

2.3.1.3　第一、二层次关联标记共现

此类前置标为第一层次关联标记，后置标为第二层次关联标记。如"爱（想、说）……就……、一……就……、再……也……、连……也……、说什么……也……"等，其中"就、也"等属于第一层次关

联标记，"爱（想、说）、一、再、连、说什么"等属于第二层次关联标记。如：

（65）你说那时候，嘿，无忧无虑，<u>想吃就吃</u>，<u>想睡就睡</u>。（电视电影《编辑部的故事》）

（66）他<u>一看就是那种肯做肯为一丝不苟的人</u>。（琼瑶《梦的衣裳》）

（67）周大姐叹口气，"所以说，<u>再难做也要做下去</u>，做回自己，已经做惯，做生不如做熟。"（亦舒《异乡人》）

以上第一类为后置标单现结构，是单标构式；后两类为前置标和后置标配合同现的固定关联结构，是偶标和准标构式。

2.3.2　紧缩关联标记的跨词类构成

关联标记是用来关联紧缩构式两项的跨词类的标记手段。从组合的手段看，现代汉语中用来参与关联紧缩构式两件的标记手段有实体手段和关系手段两种。实体手段由关联词语充当关联标记，是词汇标记，即恒定反映紧缩信息的词汇常量。关系手段则使用重复等方式，使得疑问代词等也成为关联标记。这两种手段构成的关联标记为数不多，是一个封闭的系统，由虚词、半虚词构成。半虚词在功能上已趋于单一化和固定化，实义性程度降低，聚合组织趋于封闭，使用频率相对较高，标记性也就增强。关联标记一般由具有关联作用的副词及其他具有关联作用的词类：疑问代词、数词、动词等共同充当。

2.3.2.1　用单个副词关联

副词几乎所有次类都能充当关联标记。副词单独出现，包括关联副词"就、也、都、又、还"等。如"X 就 X、V 副 VP（看都不看一眼）"等。

（68）那几个站在一起的警官年龄大致相当，发福程度也差不多，而脸上那种一般百姓摹仿都摹仿不出来的威严那种大权在握的神情则几乎是一模一样。（王朔《我是你爸爸》）

2.3.2.2　用单个动词关联

如"爱/想 XX"等。

（69）"我觉得这样挺好，谁也不管谁，爱干吗干吗，也用不着一天老吵架了。"她出门把水泼在走廊里。（王朔《过把瘾就死》）

2.3.2.3　用两个副词关联

这种情况可以由前后两个相同的副词关联，如："现……现……、不……不……、没……没……、半……半……、随……随……、边……边……、又……又……、越……越……、时……时……、愈……愈……、忽……忽……、且……且……、互……互……、相……相……、屡……屡……；也可以由两个不同的副词关联，如："再……也……、非……不……、半……不……、屡……不……、得……且……"等。具体可分为：

（1）否定副词关联。如：不……不……、非……不……、不白不……。

这是第一层次框架的"就"等省去后，第二层次的否定词提升上来代替原有关联标记起关联作用。如：

（70）倘若爸爸、妈妈那晚上不去大姨家而去看戏，大姨非气疯了不行。（刘心武《我可不怕三十岁》）

由于否定词的虚拟含义显明，否定副词连用就形成固定的假设形式。如：

（71）调查结果表明，有60%以上的家长认为"孩子不打不成材"，并对孩子做过不同程度的体罚。（1993 年《人民日报》1 月）

（72）"很委屈，好像有把柄在黎先生手中，非嫁不可的样子。"（亦舒《红尘》）

（2）时间副词关联。如：现……现……、边……边……、忽……忽……、随……随……、时……时……。

（73）"得快点走！"她服从着在她内心轻轻地推动着她的一股悲伤的、然而勇敢的力量，边走边告诫自己。（翻译作品《母亲》）

（3）范围、重复、频率副词关联。如：又……又……、且……且……、屡……屡……。

（74）在思嘉看来，他显得又快活又轻蔑，仿佛对当前的局面感到极大的乐趣似的。（翻译作品《飘》）

（4）程度副词关联。如：越……越……、愈……愈……、半……半……、大……特……。

（75）马林生终日喝得醉醺醺的，有的时候是越喝越沉闷，一连好几天不说一句话。（王朔《我是你爸爸》）

（5）情态副词关联。如：互……互……、相……相……。

（76）恋人们自然是合打一把雨伞，相偎相依，喁喁私语，广场的甬道上，公园的小径间，到处可见他们的身影。（新华社 2004 年新闻稿 002）

2.3.2.4　用一个副词和一个动词、数词、介词、形容词等关联

这种情况由后置标副词和其他前置标词类关联。如"爱（想、说）……就……、爱……不……、一……就……、大……特……、连……也……、一……再……、说什么……也……、要……没……"等。

（77）你们爱怎么转就怎么转。（王朔《顽主》）

例（77）是动词和时间副词关联：爱……就……。

（78）我把话说完了，你爱听不听！（海岩《便衣警察》）

例（78）是动词和否定副词关联：爱……不……。

2.3.2.5　用两个动词关联

这种情况由前后两个动词"没、来、去"等关联。如："没……没……""……来……去"等。

（79）什么叫"被抛弃的老糊涂"？我连听都没听说过，你这孩子说话真是没大没小！（翻译作品《生为女人》）

这是否定动词关联：没……没……。

（80）丁武说，摇滚和其他形式的音乐一样都必然要走商业化的道路，但"我们不愿成为被唱片公司捏来捏去的'泥人'"。（新华社

2004 年新闻稿_ 003）

这是趋向动词关联：……来……去。

2.3.2.6　用两个数词关联

这种情况由两个数词"一"关联，已失去确切计数功能，多在熟语性组合里表夸张、生动的描写。如：

（81）山谷里满是萝卜籽花，白亮泛紫；<u>东一块西一块镶嵌着金晃晃的油菜花</u>，一直漫涌到山坡上，杂染在巨石间。（1993 年《人民日报》11 月）

（82）她<u>一答一和</u>的跟老人说着话儿，从眼泪里追忆过去的苦难，而希望这次的危险是会极快便过去的。（老舍《四世同堂》）

2.2.5.6　用两个疑问代词关联

这种情况由前后两个疑问代词"谁、什么、哪里、哪儿、怎么、多少、吗、啥"等关联。

（83）只有三分之一的投标企业能像这位业务员，<u>谁笑到最后谁笑得最好</u>。（1994 年《报刊精选》12）

以上除两个动词、数词、疑问代词相连的关联标记以外都可以形成紧缩构式的关联副词框架，即由关联副词和相关成分搭配而成的固定句法组合，包括前置标和后置标一起构成的固定副词结构及单个副词构成的结构。因此，紧缩构式大多由副词框架关联而成。

2.4　紧缩构式的框架构成模式

紧缩构式有标、准标类属于框式结构，是由固定部分和嵌入部分共同构成的框架式结构：框架、空位。框架是常量，具有定标性、定位性；空位是变量。按紧缩构式内部框架和空位组合的方式、框架标记的位置，紧缩框式结构的具体构成模式可分为前嵌、后嵌、中嵌、分嵌四种。

2.4.1　前嵌式 F＝xAyB①

这种模式指空位嵌在框架之前，有偶标"V 来 V 去"、准标"A 一量 B 一量"、疑问代词关联类。如：

（84）考古学如何解决一个王朝的变化呢？我们<u>考虑来考虑去</u>，觉得最重要的就是都城的变化。（《百家讲坛》030121–030306）

（85）此地的蟾蜍，是孩子们的朋友，他们叫它为"呷呷仔"，每遇下雨，它们就<u>东一个西一个</u>笨拙地爬出来觅食。（李金发《在玄武湖畔》）

（86）"我从来不弄虚做假，<u>有啥说啥</u>。"（周而复《上海的早晨》）

2.4.2　后嵌式 F＝AxBy②、F＝AxByCz、F＝Axy

这种模式指空位嵌在框架之后，空位后据。其中 F＝AxBy 式最常见。后嵌式有偶标"不 X 不 Y、没 X 没 Y、又 X 又 Y、爱 X 不 X、边 X 边 Y、非 X 不 Y、想 X 就 X、越 X 越 Y"、单标"爱 XX"等、准标"一 X 一 Y"及疑问代词关联类。例如：

（87）你说那时候，嘿，无忧无虑，<u>想吃就吃</u>，<u>想睡就睡</u>。（电视电影《编辑部的故事》）

（88）因为中国坚持数年抗战的现实告诉他，日本人将会被<u>不死不活</u>地拖在那里。（《读书》vol–152）

（89）"对你的朋友们这样<u>不理不睬</u>，她们会埋怨的。"我对她说，

---

① 设某一结构为 F，固定成分为 A（即常量。如果是两个常量则分别用 A、B 表示，以下类推），可变成分为 x（即变量。如果是两个变量则分别用 x、y 表示，以下类推）。A 和 B、x 和 y 可同或不同。不同的数量和位置的相互配置，形成不同种类。参考马清华（2006）、莫彭龄（1986）。

② F 为框架，固定成分为 A、B，可变成分为 x、y。框架 F 是固定成分和可变成分的类聚。

心里希望着我们能和她们一起散步。(翻译作品《追忆似水年华》)

(90) 海里一起一浮，人头，太平圈，水沫，肩膀，尖尖的呼叫；黄头发的是西洋人，还看得出男女来。(老舍《丁》)

(91) "教我怎么知道?"玛丝洛娃怯生生地向四下里瞧了瞧，她的目光在聂赫留朵夫身上停留了一刹那，回答说。"他想找谁就找谁。"(《复活》)

(92) 可是谁会想到这个又瘦又小又平凡的媚兰竟是一座坚强的高塔啊?(翻译作品《飘》)

(93) 边听边看，边看边问，越听越看越高兴。(1994 年《报刊精选》05)

(94) 越来越多的家庭购车将是促进我国汽车工业发展的第一原动力。(1994 年《报刊精选》10)

(95) 爱怎样怎样，反正这点钱是我的! 谁也抢不了去! 有这点钱，祥子什么也不怕! (老舍《骆驼祥子》)

例 (92)(93) 为"又…又…又…、越…越…越…"构式，属于 F = AxByCz 式，不大常见。例 (94) 为"越来越…"构式，属于 F = AxBy 的特殊式，较为常见。例 (95) 为"爱 XX"构式，属于 F = Axy 式。

2.4.3 中嵌式 F = AxB、F = AxyB

这种模式指空位嵌在框架之中。F = AxB 式是偶标，有"非…不可"等。F = AxyB 式是疑问类准标。如:

(96) 毛泽东进而深刻地说道:"秋收暴动非军事不可，此次会议应重视此问题……"(1993 年《人民日报》10 月)

(97) "她一贯这样儿，水平低又最爱面子，哪个同学给她提意见她恨哪个同学，我们全班都特烦她……"(王朔《我是你爸爸》)

(98) "什么漂亮穿什么。"他说。她又成了他班子里的角儿，他很高兴。(老舍《鼓书艺人》)

2.4.4 分嵌式 F＝xAy、F＝xABy

这种模式指两个空位分嵌在框架的两端。

F＝xAy 式是单标，是两个空位分别嵌入框架（单标关联词）的前后两端。如"X 就 X"：

（99）"不扔就不扔，拉倒！"（老舍《小坡的生日》）

F＝xABy 式是准标，是空位分别嵌入成对呼应的疑问代词的前后。如：

（100）这些资金在上述领域内四处乱窜，窜到哪里哪里就热起来，而正常的投资领域资金极为短缺。（1994 年《报刊精选》01）

如果把所有固定成分 A、可变成分 x 类聚到一起，则 A 集合几乎全是虚词、半虚词，x 集合几乎全是实词。"结构 F 集合，实际上是实词与虚词的组合体。虚词由于数量和位置的不同，组成不同的框架，而实词则按照框架的规约嵌入空位。"① 这样，便组成了种类各异的紧缩框式结构。

以上模式中的"F＝xAyB、F＝AxBy、F＝AxyB、F＝xABy"属于双项双框式，即分别有前后两个变项和框架。这是最典型的框式结构，结构紧凑，例如"又 X 又 Y、一 X 就 Y、说 X 就 X"等。中嵌式"F＝AxB"属于单项双框式，即插入式。两个框架内只插入一个变项，如"非 X 不可"。分嵌式"F＝xAy"、后嵌式"F＝Axy"属于双项单框式，框架只有一项。"F＝xAy"的变项为同形的两项，分别在框架的前后，例如"X 就 X"；"F＝Axy"的两个变项则都在框架的后面，如"爱 XX"。常项可是一个或两个，变项大多是两个，个别一个，如"非 X 不可"。

---

① 李振中：《试论现代汉语框式结构》，《甘肃社会科学》2008 年第 5 期。

我们统计了所考察的有标式的前嵌、后嵌、中嵌、分嵌的种类分布之比，发现其中偶标类共 17 种[①]，基本都是后嵌的，只有"非 X 不可"1 种是中嵌的，"V 来 V 去"1 种是前嵌的。单标的都是后嵌和分嵌，共 7 种[②]。准标的疑问代词"谁、什么、哪、哪儿、哪里、啥、怎么、怎样"关联的构式 4 种类型都有，共 32 种。"多少"类有 3 种，无分嵌式。"吗"类只有前嵌式 1 种。"嘛"类有前嵌和分嵌 2 种。具体嵌入模式统计见下表。

表 2.5 　　　　　　　　　　**紧缩构式各类嵌入模式分布**

类别	后嵌	前嵌	中嵌	分嵌	合计
偶标	15	1	1	0	17
单标	1	0	0	6	7
准标	9	11	9	9	38
合计	25	12	10	15	62
比例（%）	40.32	19.35	16.13	24.19	99.99

从表 2.5 可看出：各类嵌入模式中，后嵌类最多，占 40.32%；中嵌类最少，占 16.13%。它们的排列顺序分别是：后嵌>分嵌>前嵌>中嵌。可见，紧缩构式优选联项后嵌用法，即通常是前后标成为前置框架，嵌入成分成为后置变项。

综合表 2.4 和表 2.5，我们得出紧缩构式内部形式分类系统图：

---

① 分别是：越来越……、愈来愈……（这两个属于特殊的偶标）、越……越……、愈……愈……、一……就……、一……就是+数量、边……边……、又……又……、没……没……、不……不……、非……不……、非……不可、爱……不……、再……也……、说/想/爱……就……、说什么……也……、V 来 V 去。见表 2.1 列出的偶标类别。

② 分别是：爱 XX、X 就 X、没有 X 就没有 Y、V 也 VP、V 都 VP、V 又 VP、V 还 VP。

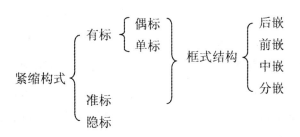

图2.1　紧缩构式形式分类系统

2.5　紧缩项的功能类型及结构类型

我们以紧缩项的功能类型为纲，以前件结构为例来分析紧缩项的句法结构关系类型。

2.5.1　谓词性结构

紧缩项大多是谓词性结构构成，其具体结构关系有：

2.5.1.1　谓词单独成件

（101）她的哭声小了，没了，仍在流泪，因为竭力<u>忍</u>也忍不住。（王朔《过把瘾就死》）

（102）人家说我清高，<u>清高</u>就清高呗，只要自我欣赏，管他别人怎么说呢……哎哎，这幅画真俗。（陆文夫《清高》）

个别如"认也不认识"类的前件为动词性语素。也有动词重叠式：

（103）"<u>试试</u>就试试。"司徒聪深不可测地看着我，微笑。（王朔《痴人》）

2.5.1.2　主谓结构

（104）<u>学费再贵</u>也得读书。（陆天明《苍天在上》）

（105）至今广州举办过的绝大部分人才交流市场和劳动市场，别

看天天人如潮涌，但来求职的人，80%是<u>身在曹营心在汉</u>的准"跳槽"者。（1994 年《报刊精选》01）

例（105）"身在曹营心在汉"整个构式是双主谓结构。

马庆株（1990）认为："由动量词构成的数量结构可以指动作，代替动词组'动词+数词（基数/序数）+动量词'。"[①]也就是说，构式中的动词可以隐含，所以"名词/代词/形容词+数词（一）+动量词"结构也变得合法化。例如：

（106）那也是一种留取纪念的方式。红墙人手够得到以下的地方，被抹得<u>左一道右一道</u>露出底色，难看极了。（梁晓声《一个红卫兵的自白》）

（107）银幕上纷乱的人影、马匹、刀枪投射在他脸上斑马一样<u>黑一道白一道</u>像正在演奏的手风琴忽宽忽窄，这张小脸变幻不定……（王朔《看上去很美》）

例（106）是方位名词"左、右"后直接加动量词，隐含了动词"抹"。但是，如果把它们添加出来，就会造成语义重复，反而觉得啰唆。例（107）是形容词作主语。黄大祥（2005，2006）认为形容词与"一+名量"之间是一种语序超常的主谓关系，强调事物的不同性状，语义上是性状拥有者主体和性状之间的关系。

2.5.1.3 状中结构

这里我们把动量结构也放在状中结构中。请看：

（108）宝庆想安慰她，她哭得更厉害了，肩膀<u>一抽一抽</u>的。过来了几个年青的女演员。（老舍《鼓书艺人》）

（109）60 多个日夜，官兵们站在没膝的淤泥里<u>一干</u>就是 10 多个小时，终于把水库填平。（1996 年《人民日报》10 月）

（110）我不发任何命令允许这样做，但也不禁止，可是我不能赔偿，<u>非这样不行</u>。（《战争与和平》）

---

① 马庆株：《数词、量词的语义成分和数量结构的语法功能》，《中国语文》1990 年第 3 期。

（111）"你们呢？"廉仲问那二家，眼中带着乞怜的神气。"再来就再来，他一家赢，我不输不赢。"（老舍《新时代的旧悲剧》）

（112）李：这人怎么老吵吵嚷嚷的。我们这谈正事儿呢，你别一进来就乱插嘴好不好。好好儿听着，啊。（电视电影《编辑部的故事》）

状中结构构成的紧缩项的中心语一般由谓词性结构充当，但有时也有省略的情况，是谓词隐含，如"不（非）＋体词"结构：

（113）"我不入地狱谁入地狱"——这样的豪言壮语也被金秀在内心深处"改造"成了不土不洋的信条：我不受委屈谁受委屈！（陈建功、赵大年《皇城根》）

（114）不哥们儿就不哥们儿吧。（王朔《永失我爱》）

我们可以看出，构式中前项变元虽是名词性，构式却表示一个事件，是省略或隐含谓词"像"等，仍具表述性，这种情况不多。即"X是名词性成分时，这个成分也要隐含或指代相关的动作行为"[1]。

2.5.1.4　述补结构

（115）小马褂又穿上了，等着拜老师，天赐象闪后等着雷似的，脸上红一阵白一阵。（老舍《牛天赐传》）

（116）"可是，输了就输了吧，有什么要紧，哈哈！"（老舍《赵子曰》）

（117）摔死就摔死罢。（金庸《神雕侠侣》）

（118）大妈（突然想起）二春，我可不照像，照一回丢一回魂儿！（老舍《龙须沟》）

2.5.1.5　述宾结构

（119）晓荷规规矩矩的立着，听一句点一下头，眼睛里不知怎么弄的，湿碌碌的仿佛有点泪。（老舍《四世同堂》）

（120）可他收不住脚，往南就往南吧。（老舍《老年的浪漫》）

（121）像个男流氓就像个男流氓。（池莉《让梦穿越你的心》）

---

① 程晓明：《关于"非……不可"》，《语文建设》2001年第1期。

2.5.2 体词性结构

紧缩项大多由谓词性结构充当，但也有体词性的，具体分为：

2.5.2.1 名词单独成件

紧缩项有时只用一个名词成件，此种情况较为特殊少见，一般只出现在口语中。"X 就 X"式中名词单独成件的较多。如：

（122）丹凤眼儿就丹凤眼儿吧。（王朔《一点正经没有》）

2.5.2.2 定中结构

（123）"小家妇就小家妇呗，不买菜吃什么呢？"她把西红柿放到秤盘上，售货员又故意拿了几个坏的搁上去，翻着白眼说：……（王朔《动物凶猛》）

2.5.2.3 数词或名量结构

（124）一位摊主分外热心地拦住我们兜售牛仔衣。朋友顺手接过在身上比了比，我看看标价，140 元。我们本不想买，但看那摊主大有不买不让走的意思，我便脱口而出："70 元吧。"本意是谢绝这桩买卖，不料摊主竟接口道："70 就 70，拿走！"我们只好苦笑着买下了。（《市场报》1994 年 B）

（125）眼下是金子不如窝头的当口，100 支就 100 支。（张正隆《雪白血红》）

例（124）中"70 就 70"是数词作紧缩项，与"你说 70 就 70"意思等同。例（125）是名量结构作紧缩项。

2.5.2.4 "的"字结构

（126）领班颠颠地过来，抱歉地换了一支新鲜的，却是黄玫瑰。康伟业说："黄的就黄的吧。"林珠点了点头。（《作家文摘》1997D）

2.5.2.5 方位结构

（127）大门外就大门外。（自拟）

综上所述，紧缩项的功能类型有谓词性和体词性两种。除了联合结构、"所"字结构，紧缩项中各种句法结构类型都有。下面统计老舍、王朔部分作品中各类紧缩构式内部紧缩项的句法结构类型分布情况。

表2.6　　　　　　　　　紧缩项句法结构类型分布

类型	动词成件	名词性词语成件	主谓	动（介）宾	动补	状中	总计
例数	16	5	15	30	28	224	318
比例（%）	5.0	1.6	4.7	9.4	8.8	70.4	100

由上表可以清晰地看到，在我们搜集到的318条有效语料中，涉及6种类型，其中名词性结构只占1.6%，谓词性结构占98.4%。谓词性结构中状中结构在整个语料中出现比例最高，占70.4%，占到了近3/4。其次是动宾（介）结构及动补结构，光杆动词、主谓结构及名词性词语成件所占比例最低。由此看出，紧缩项以谓词性结构为主体，其中状中结构占绝对优势。我们按各小类在语料中的呈现比例由高至低排列为：状中>动宾>动补>动词单独成件>主谓>名词性词语单独成件。

2.6　紧缩构式的句法功能

紧缩构式所表现的意义相对完整，内部有结构关系，外部有句法功能。它常常作为成块的语料在语言中独立运用，在句子中的位置自由。它既可以整体充当句法成分，也能独立成句或充当小句。

2.6.1　充当多种句法成分

2.6.1.1　充当主语
紧缩构式作主语的不多。例如：
（128）非逼我动手不可是不是？（生活实例）

（129）"只要有几件家具过得开日子就算了，<u>多一点少一点</u>有什么关系？"（赵树理《三里湾》）

2.6.1.2 充当谓语

（130）康伟业想：人家姑娘那么好的条件，凭什么你<u>说吹就吹</u>？（池莉《来来往往》）

（131）辛楣发狠道：这种学生<u>非严办不可</u>。（钱锺书《围城》）

（132）"英姐，快让我看看你的双胞胎女儿们。"我<u>一进屋就喳喳开了</u>。（《读者》合订本）

（133）整个晚上，她一个人坐在前屋看着外面的街道出神，湿漉漉的路面上反映出灯光。她<u>越想心情越感到忧郁</u>。（翻译作品《嘉莉妹妹》）

（134）要毙您<u>今儿就今儿</u>。（张郎郎《金豆儿》）

2.6.1.3 充当状语

（135）马晓军很痛苦地给我塞了几次纸条，都被我<u>看也不看</u>地撕掉了。（史传《中国北漂艺人生存实录》）

（136）"林生啊，日子过得怎么样啊近来？"老太太<u>有一搭没一搭</u>地问。（王朔《我是你爸爸》）

（137）"荪甫！你厂里的工潮<u>不迟不早</u>在此刻发生，总得赶快解决才好！"（茅盾《子夜》）

2.6.1.4 充当定语

（138）芳契莞尔，二十多年了，姐姐说起姐夫，仍然用这种故意<u>爱理不理</u>的语气，真是难得，姐夫伟大，给妻子一个温暖的家，……（亦舒《紫薇愿》）

（139）他很珍视这种<u>想干什么就干什么</u>的"自由"。（老舍《正红旗下》）

（140）平时晚上11时就寝的刘小姐，7天假期里天天看碟、上网，变成<u>非凌晨不睡</u>的"夜猫子"，常常拖到中午才起床……（应用文《哈佛经理弊病诊治》）

（141）非反语，盖素餐应从今训，即素菜餐馆之义是也。这样，君子就成为<u>非肉不饱</u>之徒。（《读书》vol-139）

2.6.1.5　充当补语

（142）他本想把这番话说得<u>又流利又大方</u>，可是到了时候，本来已经准备好了的话，一下子又说不上来了。（老舍《鼓书艺人》）

（143）梅跑前跑后，指挥装卸……身上的衣服蹭得<u>灰一块白一块</u>，依旧乐此不疲。（王朔《过把瘾就死》）

2.6.1.6　充当宾语

（1）作动词"是"的宾语

（144）老人家对后生一代，最理想是<u>不闻不问</u>。（梁凤仪《豪门惊梦》）

（145）在理论指导下，有计划、有目的、有组织的大胆的实践活动，而不是<u>想怎么闯就怎么闯</u>，<u>想怎么"冒"就怎么"冒"</u>。（1994年《人民日报》4月）

（2）作意象动词、言说动词的宾语

并不是所有的动词都能控制一个构式。完整的紧缩构式作宾语，对动词有些特殊要求，能够带上一个紧缩构式宾语的动词往往是意向动词、言说动词。

"每种意向方式都将体现为一个动词，这种以意向方式为所指的动词就是意向动词。"[①] 意向动词的语义均指向一个心理过程，包括感知动词，如"看见、听见、闻见、发现、感到、觉得、回忆、猜想、想象、思索"等；心理动词，如"知道、相信、认为、断定、喜欢、害怕、讨厌、希望"等。每一个意向动词语义上都能支配一个意向域，句法上就是将这个意向域的语言形式作为它的宾语。而言说方式体现为语言形态即为言说动词，如"说、告诉、宣称、讲述"等。我们看：

（146）你以为<u>说判就判</u>？（王朔《痴人》）

---

① 刘大为：《句嵌式递归与动词的控制功能》，《语言研究》2002年第4期。

（147）特别是第四局的时候，我看见我以前的教练张燮林坐到了场外，我的心一下子更乱了。我想<u>输就输</u>吧。（1995年《人民日报》5月）

（148）他的五官很正，眼珠与脑门都发着光，可是严严地闭着嘴，决定<u>能不开口就不开口</u>。（老舍《正红旗下》）

（149）喊着："开呀！开！开过去了！"于是这几个人形而兽面的，更觉得非卖命不足以争些光荣。（《中华上下五千年》）

（150）一直很难忍受<u>左一个套餐右一个套餐</u>的，现在联通156终于破了这个规矩。（网络）

（151）"我背着父母，偷偷和男同学恋爱，我很爱我的男同学，发誓<u>非他不嫁</u>，我们偷偷恋爱了一年，利文突然由外国回来，……"（岑凯伦《合家欢》）

以上例（146）到例（150）中的"以为、想、决定、觉得、忍受、规定"都是意向动词，例（151）中的"发誓"是言说动词。

2.6.1.7　充当句子的特殊成分

（152）<u>不破不立</u>，<u>不塞不流</u>，<u>不止不行</u>，它们之间的斗争是生死斗争。（毛泽东《新民主主义论》）

上例三个四字连锁构式是句子的特殊成分：插入语，表明对"打倒旧东西，建立新文化"的评价、态度。它们附丽于句子，但又不是句子的直接成分。

2.6.2　充当复句的分句

紧缩构式既可以充当前分句，也可以充当后分句。

（153）"受一次挫折算不了什么，<u>吃一堑长一智</u>，失败为成功之母。"（1994年《报刊精选》09）

（154）我也没说着玩，<u>干就干</u>。（王朔《浮出海面》）

例（153）中"吃一堑长一智"作并列复句"吃一堑长一智，失败为成功之母"的前分句。例（154）中"X 就 X"构式一般充当流水句中的小句，"干就干"作顺承复句的后分句。

2.6.3 独立成句

（155）停了一会儿，又听见赵青一拍桌子说："非立即改变斗争方式不可！要不，就完啦！"（雪克《战斗的青春》）

（156）"准备行动！不打死王金庆不回去！"（雪克《战斗的青春》）

下面我们根据老舍、王朔部分作品中搜索到的语料，将紧缩构式的句法功能分布状况统计如下。

表 2.7 　　　　　　　　　　紧缩构式句法功能分布

类别	谓语	宾语	状语	定语	补语	主语	分句	独立成句	合计
次数	114	23	15	14	4	2	133	13	318
比例（%）	35.8	7.2	4.7	4.4	1.3	0.6	41.8	4.1	100

从上表的统计数据中我们可以清楚地看到，紧缩构式作分句的最为普遍，占总数的 41.8%，作谓语的占 35.8%，这两种构式占了例句总数的大多数，因此我们可推测，紧缩构式最主要是作分句、谓语。数量最少的是作主语，只占 0.6%。可见，紧缩构式具有强述谓性，呈现出一种谓词化倾向。

另外，从 2.4 中我们已得出：紧缩构式内部以状中、动宾、动补结构居多，这也可证明，紧缩构式有强述谓性是有其结构基础的。

2.7 　本章小结

本章在对大量语料进行观察统计的基础上，对紧缩构式的语块构成、形式标记类型、关联标记的构成特点（包括层次构成类型、跨词类构成特点）、框架构成模式及内部功能类型与结构类型、句法功能分布等相关句法结构特征进行了静态描写。

通过分析我们发现，紧缩构式由两个语块构成，呈对称分布，可分为有标、准标、隐标三类。有标式由常项和变项两部分组成，分为偶标和单标两种。偶标类的常见语义构成类型又分为复现式、反义式、序链式三种。构成准标紧缩构式的常用语法手段有重复和对举。隐标分两种：一般形式和固定形式。参与关联紧缩构式两项的标记手段有实体手段和关系手段两种。关联标记是有层次区别的，其层次构成类型有第一层次关联标记单独出现、两个第二层次关联标记共现及第一、二层次关联标记共现三种。关联标记的构成是跨词类的，紧缩构式除去由动词、数词、疑问代词等构成外，大多由关联副词框架关联而成。紧缩构式的框架构成模式有前嵌、中嵌、后嵌、分嵌四种，其中后嵌式最多。

紧缩项的功能类型有谓词性结构和体词性结构。紧缩项句法结构关系类型多样，以状中、动宾、动补结构居多。紧缩构式既可以充当多种句法成分，也能独立成句或充当小句。紧缩构式最主要是作分句、谓语，强述谓性是其基本特征。

第三章

紧缩构式的内部语义配置关系分析

3.1 潜在的语义结构关系

3.1.1 表层语义结构模式

紧缩构式属于复杂结构。范晓在《句型、句模、句类》中说:"复杂句内的两个或两个以上的动核结构之间有种种语义配合关系,研究复杂句的句模,重要是分析复杂句内部各动核结构间的语义配合关系,从而抽象概括出复杂句的语义结构模式。"[①] 紧缩构式的语义结构模式有:

3.1.1.1 *动核+动核*

(1) 上尉是个极为果断、说做就做的人。(《读者》合订本)

3.1.1.2 *形核+动核*

(2)"你喜欢日出吗,简?喜欢天空,以及天气一暖和就消失的高高的轻云吗?"(翻译作品《简·爱》)

---

① 范晓:《三个平面的语法观》,北京语言学院出版社 1996 年版,第 378 页。

3.1.1.3　形核+形核

这种结构常在句中做定语或补语，独立成句的能力较差。例如：

（3）彼得像个受了母亲责骂的孩子似的，那张<u>又老又黑</u>的面孔显得十分可怜。他那庄严的神气已经彻底垮了。（翻译作品《飘》）

3.1.1.4　动核+形核

这种结构后面的形核结构常说明前面的动核结构。

（4）"<u>一争论就复杂了</u>，把时间都争掉了，什么也干不成。"（《人民日报》1993 年 11 月）

3.1.1.5　名核+谓核

前件由一个名词性短语构成，较少见。表面看是名核，其实是谓核隐含。

（5）郑父声嘶力竭地叫着，郑秀和两个孩子噙着泪，<u>一步一回头</u>地走出机场。她就这样和父亲一诀成永别了。（《作家文摘》1993A）

（6）武汉流行过一句"名言"——<u>谁家的孩子谁家抱</u>。（《报刊精选》1994 年 03）

3.1.1.6　谓核+名核

（7）"是呀，是呀，十七年，眼睛<u>一眨就是十七年</u>！结婚啦？"（陆文夫《人之窝》）

3.1.1.7　名核+名核

（8）三年前从部队转业进入公安系统以后，他<u>一步一个脚印</u>地从派出所干到分局再到市局，户籍、治安、刑侦、预审无不涉足……（王朔《枉然不供》）

3.1.2　表层逻辑语义关系

紧缩构式前后两部分之间表达各种逻辑语义关系。本文参照张斌主编，陈昌来著的《现代汉语句子》对复句的分类，将紧缩构式表达的逻辑关系分为联合关系和偏正关系两大类。

3.1.2.1　联合式紧缩

（1）并列关系

表示"两事并进"或者一件事情的两个方面的关系，语义关系用省略的"也""并且"等关系词语及对举等准标记来控制把握。先来观察几个例句：

（9）然而，记者却从夜市的红火中找到了一种精神，一种<u>不等不靠</u>创业自救的精神。（《报刊精选》1994 年 12）

（10）这裴老爷和两个儿子一样，<u>没大没小</u>，<u>没正没经</u>的。（琼瑶《青青河边草》）

（11）儿子也不是我一个人的，义德<u>爱管不管</u>，随他去！"（周而复《上海的早晨》）

（12）"……（赵蕾）找我哭诉。当街<u>一把鼻涕一把泪</u>的，惹得人都看，好像我跟她怎么啦似的……"（王朔《给我顶住》）

以上例句中构式"不 X 不 Y、没 X 没 Y、爱 X 不 X、一量 X 一量 Y"逻辑上都是并列关系，其中"爱 X 不 X"是双层结构，第一层是并列关系，第二层是假设关系。

（2）选择关系

选择关系不是并存的，是"或者"的关系。构式中前后项互为反义。我们看：

（13）"你说，陷进你死我活的感情中是不是特傻？"（王朔《浮出海面》）

这里"你死我活"已不是字面义，而是形容斗争非常激烈。

（14）为什么不呢？她有许多情夫，<u>多一个少一个</u>，她也不在乎。（张爱玲《红玫瑰与白玫瑰》）

（15）"别的国家发展新能源技术<u>早一天晚一天</u>都行，唯独中国不成。"（新华社 2004 年新闻稿_ 003）

（3）顺承关系

顺承关系是前后项按时间或逻辑顺序，表达接连发生的动作、事件或情况。

（16）维和部队的领导人将会慎之又慎，不可能像美国希望的那样，说炸就炸。（《人民日报》1995年7月）

（17）爱情要来就来要走就走，嘉璇你要看开些。（饶雪漫《爱在心境的日子》）

（18）她求偶标准是"全方位高层次"，挑个头、挑长相、挑职务、挑家庭；挑来挑去，已二十有八……（《报刊精选》1994年07）

3.1.2.2 偏正式紧缩

（4）因果关系

紧缩构式前后项分别表示某一事情的原因和结果，又分为：

〈1〉说明因果（因为……所以……）

（19）一次去舞厅，一位公认的"坏"男孩总能邀起最漂亮的小姐翩翩起舞。也有些貌似儒雅者"吃不到葡萄说葡萄酸"，挖苦说："鲜花插到牛粪上，可惜了。"（《读者》合订本）

〈2〉推论因果（既然……就……）

本质上也是因果关系，但更突出推断意味。

（20）但是，人死了就死了，活着的总要好好的活下去！（琼瑶《雁儿在林梢》）

例（20）中，"X就X"表示虚拟语气。前X"死了"指的是前面句子在虚拟情况下推出的结论，后X"死了"则是这个虚拟的结论进一步推论的结果，是"既然死就（随他）死了"的意义。

（5）转折关系

前后项意义对立，表达相反逻辑语义，后项是所要表达的正意，意为"虽然……但是……"。如：

（21）颂莲站起来，仰天说了一句，知人知面不知心呐，我早料到了。（苏童《妻妾成群》）

（22）弗雷姆人老心不老，现在还去大学听课，喜欢和年轻人在一起，这是他想为奥运会干点事的原因。（《人民日报》1996年7月）

"V1 又 V1P"中"又"在本表累加、追加的并列意义基础上，转为表示转折关系。如：

（23）赵子曰的两片厚嘴唇一动一动<u>要笑又不愿笑出来</u>，点着头咂摸着欧阳天风的陈说。（《老舍长篇》2《赵子曰》）

（6）条件关系

前项给出条件，后项表示在这种条件下产生的结果或状态。具体关系有：

〈1〉充分条件"只要……就……"

（24）自张傅英结婚后，就信守中国传统<u>嫁鸡随鸡</u>的观念，不再东奔西跑，而跟随着林可胜。（《报刊精选》1994 年 09）

（25）随笔：<u>越开越大</u>的"窃听门"（新华社 2004 年新闻稿_ 001）

（26）"你这么<u>喝一次吐一次</u>，很伤身体。"（王朔《我是你爸爸》）

〈2〉必要条件"只有……才……"

（27）她把我拖伤员一样拖到一旁，隔着毛衣敲着我脑门说：<u>什么时候想通了什么时候继续</u>，要不就在这儿站一天。（王朔《看上去很美》）

〈3〉无条件"无论……都……"

（28）可是你不知道，那个老家伙哭哭啼啼的，<u>说什么也不肯走</u>。（白帆《那方方的博士帽》）

此句中"说什么……也……"可换成"无论……都……"，表示无条件关系。

（7）假设关系

〈1〉一致假设

前项提出假设，对过去、现在或将来的事做假设，后项是假设成立后的结果。语义关系可用省略的"如果……就……"等关系词语来控制把握。如：

（29）这是年轻人的黄金时代，用的是父母的钱，吃的花的全是向家里拿，自己完全不必负担，<u>要吃就吃</u>，<u>要玩就玩</u>，只可惜要爱不能

爱。（岑凯伦《合家欢》）

（30）<u>没有矛盾就没有世界</u>。（毛泽东《论十大关系》）

例（30）"就没有世界"是由"假如没有矛盾"这个前提推导出来的结论。

（31）赵三说："算了吧，<u>不去就不去吧</u>。"（萧红《生死场》）

（32）遇到晚上活动，回来晚了，他仍然<u>不写完日记不休息</u>。（《报刊精选》1994 年 07）

例（31）"不去就不去"叙述的是未然事实，表示一种虚拟语气，前 X 假设一种情况，后 X 说明这种情况下即将发生的结果，·表达"如果他（指赵三的儿子平儿）不爱去就不去"义。

例（32）"不 X"和"不 Y"也是未然的。"这是一种可能性假设，所述情况在说话当时尚未成为事实，但说话人认为其所述情况在可能世界里是真的"（杜鹃，2006）。构式围绕"怎样才能 Y"这一话题，从反面作阐释，强调满足"写完日记"这一条件的必要性。

〈2〉相背假设

这是虚拟让步假设，前项先做退一步假设、让步。这种假设可能发生，也有可能不发生，后项事物的发展趋势并不因为这种假设而有所改变，说明在这种虚假的让步条件下产生的结果，可以放入框架"即使（就是）……也……"。

（33）"你是不是想你妈反正也这样了，<u>再说什么也没大的意义了</u>？别这么想，是人都得死你给我们提了好的建议……（毕淑敏《预约死亡》）

（34）什么都有了：事情，工钱，小福子，在几句话里美满的解决了一切，<u>想也没想到呀</u>！（老舍《骆驼祥子》）

例（33）、例（34）前现动词前均可添加一个让步标记词"即使"或"就是"来表明验证让步关系：（即使）再说什么也没大的意义了。（就是）想也没想到。

根据以上分析，紧缩构式大致可以归纳出并列、选择、顺承、因果、转折、条件、假设等七小类逻辑关系，没有目的、总分、解说、递进关系。下面统计相关语料中各小类的出现比例。

表 3.1 紧缩构式逻辑语义关系出现比例分布

逻辑关系	条件	假设	顺承	并列	选择	因果	转折	合计
出现次数	113	91	28	84	2	0	0	318
出现比例（%）	35.5	28.6	8.8	26.4	0.6	0	0	100

从表 3.1 可看出，例句中一共出现了五种逻辑类型，因果和转折关系没有出现。五种类型中条件关系最多，假设其次，并列、顺承再次，选择最少，即条件>假设>并列>顺承>选择>因果、转折。

3.2 凸显的整体构式义

3.2.1 构式义的界定

构式是形式和意义的匹配。"构式是指句法、语义、语用三位一体匹配构成的综合体。"① 在第一章中我们说构式有不可从字面上推出的意义，能改变原有的语义，发生语义增殖和异化，赋予新的语义内容。构式义如果是不可推断的，那么"构式"定义中与"形式"相对的"意义"到底是什么呢？陆俭明（2006）在 Goldberg（2007）译著的序言中也提出："构式义是不能从已知的构成成分、内部结构关系或其他构式推得的，那么这种构式义是什么赋予的？"

2002 年陆俭明先生引入构式语法的观点，把句子语段上的意义分为三个层次：词汇意义、抽象的关系意义和抽象的句式义，这里的抽象

---

① 范晓：《论句式意义》，《汉语学报》2010 年第 3 期。

的句式义其实就是我们所说的"构式义"。本书所说的构式义"既不是指构式内部句法成分之间的关系意义（主谓、述宾），也不是指构式内部语义结构成分之间的"低层次"关系意义，如动词和名词之间所表示的关系意义（施动、受动）或名词和名词之间所表示的关系意义（领属），而是指构式整体所表达的独立的、外部的语用功能意义①"，是在构式本身的字面义（词汇义、认知义、句法义、逻辑义）基础上整合产生的语用表达义。这种意义经概括、抽象，已作为构式义稳定地储存于大脑中。

Leech，G（1983）认为意义应包括语义和语用两个方面。何兆熊认为所谓"意指"有两种不同理解，"一种是'双价的'，即 X 意指 Y；另一种是'三价的'，即说话人通过使用 X 意指 Y。因此，语用学所研究的意义不是那种存在于词语、句子自身的、处于静态的意义，而是在一定语境中体现为行为的那一类意义②"。"语义意义就是句子表达的字面意义，即词语本身的意义，它表示一种二元关系，X means Y。而特定场合下的语句意义指的才是语用的意义，它表示的是一种三元关系：X means Y by Z。它关心的不是词语本身的意义，而是说话人用这些词语表达一些什么样的意义。因此它也被称为说话人意义（Speak Meaning）③"。

在构式中，表层语义是不完备的，实际要表达的意义和构式的表层字面意义之间有区别。构式义是说话人想要表达的用意焦点，说话人的实际意图意义；是弦外之音、言外之义与特定形式规约化的结果，超越或偏离字面所要传达的意义。它关心的不是句子本身真假。如在"去都没去"中言外之义是"不仅没有去，更不用说陪她吃饭、过生日之类的动作"，而句子本身真假说话人并不关心。

我们所说的构式相当于范晓所说的句干句式，构式义相当于朱德熙

---

① 范晓：《论句式意义》，《汉语学报》2010 年第 3 期。

② 何兆熊：《语用学概要》，上海外语教育出版社 1989 年版，第 14 页。

③ 谷志忠：《语用意义、语境和隐含意义》，《阜阳师范学院学报》（社会科学版）2005 年第 4 期。

所说的句式的高层次语义。前人的研究大多局限于出现在单句或小句里的句干句式的句式义①，本书研究紧缩复核构式的构式义。

3.2.2　构式义和构式体义

本书区分构式的两种意义，一种是构式义，一种是构式体义。构式义和构式体义属不同层面。

构式义指抽象地储存在人脑记忆中的意义，是从众多具体鲜活的语言事实中归纳概括出来的。如"V 来 V 去"的构式义"表示动作的反复或持续"是在"飞来飞去""挑来挑去""说来说去"等大量语言材料的基础上归纳概括出来的，是语言结构本身决定的。构式体义是原型构式义在具体语境中的实际兑现或派生。构式库中的构式义和实际语境中的构式体义不同。构式存在于构式体中，就像音位和音位变体的关系一样。构式义是有层级的。构式义是高层概括义，构式体义是低层具体义。构式义在使用过程中发生了不可推导性，形成了下位构式体义。所以我们不应把构式义归到构式中某个成员，如虚词、动词头上，也不应把语境义归到结构义上。

Levinson（1983）区分了规约含义和会话含义，这有点类似我们构式义和构式体义的区分，但又有不同。规约含义是不依赖任何语境的"常规语用信息"，语法构式本身就在一定程度上包含相对稳定的规约含义，即构式义。构式体义是构式义在实际语境中的显现，是在一定的语境下产生的隐含语用意义，包括修辞构式的临时修辞义。而会话含义还可能是临时出现的跟规约义无关的意义。

Goldberg（2004：428）区分了非规约语用学和规约语用学，认为某些语言形式带有相对稳定的语用信息，语用信息一旦规约性地与语言

---

①　Goldberg 着重论述了与"论元结构式"相关的句式义，但她在《构式：论元结构的构式语法研究》（2007：41）中还提到"话题化构式""疑问构式""分裂构式"等。

形式相连，就成了构式的一部分，不可能仅靠会话原则推导其存在。非规约语用意义涉及具体语境中产生的言外之义，会因为语境的不同而改变，它包含构式体义和临时会话含义。构式语法中的"语用信息"除了包括规约化的语用意义之外，还包括规约化了的情景和话语功能等语用信息。因此，"构式形式上包括句法、形态和韵律，意义上包括语义、规约化的语用意义、话语功能。"①

意义构块可看成发生在一个连续体上，在一端上检索出典型的框架和默认值，即构式义，而在另一端上产生具体构式体义。

综上，我们初步认为，语境义、语用义、构式体义、构式义之间的关系是：语境义>语用义>构式体义>构式义，具体标示如下：

图 3.1　构式义、构式体义、语境义关系图

3.2.3　紧缩构式的主观构式义

我们在第一章已经证明了紧缩构式的合法构式地位，在此基础上我们将从构式理论出发来讨论紧缩构式的整体意义：构式义。从功能主义的观点看，一定的语义范畴总是要由一定的句法结构形式来表现，一定的句法形式也总要表现一定的语义范畴（沈家煊，1993）。那么，紧缩构式表现什么样的语义范畴呢？

---

① 郑娟曼：《现代汉语贬抑性习语构式研究》，暨南大学 2010 年博士学位论文。

3.2.3.1 语言中的主观性

认知语言学认为，主观性是语言系统的一个基本属性。话语交际中说话人不仅要表达命题意义而且要表达言者意义，而后者体现了语言的主观性。沈家煊（2001）指出："'主观性'（subjectivity）是指语言的这样一种特性，即在话语中多多少少总是含有说话人'自我'的表现成分。也就是说，说话人在说出一段话的同时表明自己对这段话的立场、态度和感情，从而在话语中留下自我的印记（imprint）[1]。'主观化'（subjectivisation）则是指语言为表现这种主观性而采用相应的结构形式或经历相应的演变过程。"[2]

语言是对客观世界的范畴化。而人类往往选择从自身视角出发，对外部客观世界进行感知和描写，这就使得人类的语言带有了一定的主观性，既而生成主观语言表达与客观真实存在之间发生矛盾的现象。作为一种重要的语义范畴，主观范畴很早就被人们认识并反映在句法结构之中。汉语作为一个语言系统，自然也具有主观性，它不仅反映客观事实，也要反映说话人对客观事实的主观感受、态度和评价、语气情态。紧缩范畴正是汉语中体现主观性的一个典型语义语法范畴，紧缩构式是表现主观范畴的一种典型而常用的句法结构形式。

范晓（2010）认为，态度、感情与句式义关系密切。也就是说，说话者对客观事件往往有主观的态度（包括看法、评估等），体现为表示主观态度的构式义。徐阳春（2002）认为因果紧缩构式往往表示主观认知义。因为在三种不同的因果顺序关系"现实因果顺序关系、认知顺序关系、表达顺序关系"中，"只有现实中原因和结果的顺序关系是确定的，先有原因，后有结果，而其他两种顺序关系都是不确定的。所以这里的因果性联系可以是说话人主观臆测的，只代表说话人的认知过程和顺序，具有很强的主观性"。

---

① 参看 Lyons, J. *Semantics*. Cambridge University Press, 1977：739。
② 沈家煊：《语言的"主观性"和"主观化"》，《外语教学与研究》2001 年第 4 期。

3.2.3.2　紧缩构式中的主观性

构式与句式不同。语言中存在着同义句式现象。根据"语法形式无同义"原则,复句紧缩达成一种语法转换,不能视为"复制"手段。紧缩句和表达同样表层内容的一般复句只是不同句法结构的同义句式,分属于不同的语义框架,不能互相包容,并不能在缩略句与其源形式之间简单地画等号。它们虽然基本句式义相同,表面形式似乎同一,但构式义不同于句式义。如果两者没有任何区别,就违反了语言表达的足量原则,紧缩构式就成了一个语义羡余句,没有存在的必要了。事实上,紧缩以后,与扩展式的表义不同,就情态的解读来说,二者存在差异。整合前的扩展式主要用来描述一种事态,一般不涉及说话人对事态的态度或看法,因此传递的是一种客观性的命题意义;而整合后的紧缩式则不仅描述真实世界中的一种事态,而且也表达出、附加有说话人对该事态的情感态度或看法、评估,传递出一种主观性的评价意义。

构式语法理论坚持"整体观",认为"一个表达式的意义源于词项意义和构式意义的整合①"。紧缩构式表达的并非表层各种词汇句法语义和逻辑关系,其语义并不是各个组合成分表层意义的简单相加,而是突出字面义背后的特殊的整体主观意义。

在现代汉语中,紧缩结构和紧缩构式是同样重要的两种表达方式,是一种并行的多层面的复杂现象,它们在表达功能上有很大差异。有的紧缩结构发生进一步语法化,甚至形成一个固定格式,具有特殊的语义和语用特点。紧缩构式本身即具有表达主观性的特质,所以才会产生主观用法。

我们通过考察大量典型紧缩构式实例,将构式的非事件性、非动态性、恒时性、虚拟性特征进行归纳,发现紧缩构式表现主观范畴已经形成了一个完整的语义表达系统。由此,我们把紧缩构式建立为一个范

---

① 〔美〕Adele E. Goldberg:《构式:论元结构的构式语法研究》,吴海波译,北京大学出版社 2007 年版,第 15 页。

畴，并概括、提炼出其高度抽象的构式义：用逻辑关系来表达、强调说话人的主观性。其中逻辑特征是紧缩构式潜在的重要特征，是其语义基础。

紧缩构式不仅在结构组成上具有鲜明的特点，更为重要的是其语义发生了增殖，产生出新的意义，具有独特的感情色彩和语用价值。紧缩构式内部实际的语义配置比较独特，已不再是一般所说的表层施受、配价、逻辑等潜在的语义关系，它们已沉淀在底层，处于潜在的背景关系，而是主观性整体构式义得到凸显。紧缩构式前后项之间、结构内部也有"主-谓-宾""施-动-受"及逻辑语义关系，但这只是一种潜在的语义关系，而实际凸显的是另外的语义关系。如"不说不明"的"说"和"明"之间有动补关系，但这里凸显的是强调义。其情况类似于人类社会里的人际关系。这种语言现象，叫"词语之间语义结构关系的多重性"（multiplicity of semantic structure relations between words）（陆俭明，2008）。如"你死我活"构式表示"不是你死就是我活"的选择义，不能拆开，否则"你死""我活"关系就不好理解了。因为"你死"的结果就是"我活"，实际表达的应是"你死我死"，二者选其一，带有字面义所不能体现的深层语法意义。

紧缩构式形式简洁，却有着丰富的表义功能。紧缩构式最高层面的构式义是主观性。根据整体语义倾向，紧缩构式系统内部又可分为表主观语气情态、表主观量两个次类。下面我们分类来讨论。

3.3　紧缩构式义的基本类别

3.3.1　表主观情态

情态是一个语义范畴。Halliday（1970：355）认为：情态是在话语过程中的参与形式，被认定为"说话者表达"。Lyons（1977：452）指出：情态是说话者对句子传达的命题或对命题叙述的情况所持的"观点"或"态度"。Palmer（1986：14-21）认为：情态是说话者主观的态度与观点在语法上的体现。后两者都把情态分为"认识情态"（epistemic modality）和"道义情态"（deontic modality）。

因此，情态指的是说话人的方式，"情态是事件或者说话者表达的对世界的认识方式"①，情态语义是与整个句子有关的高层次的语义。紧缩构式反映说话人的主观感情态度、意愿。按主观感情、态度的强弱，主观情态义又分为下面几小类。

3.3.1.1　表示强调、肯定

紧缩构式作为一种特殊的话语形式，紧缩之后的结构语气比较急促或者更加坚定，通常带有突出、强调、肯定的意味，"表达说话者坚定的决心和强硬的态度"，产生语义显化作用。有时不仅是加重语气，甚至能够促进听话者有所为，与积极评价性、支持性或消极贬斥性的言语行为融为一体。具体有这样几种：

（1）疑问关联构式

疑问关联构式总体表主观肯定、强调，在本质上是一种偏离，具有一定的不可推导性。朱德熙（1982：93-94）指出，"疑问代词有时候不表示疑问，这有两种情形：第一是表示周遍性，即表示在所涉及的范围之内没有例外；第二是用疑问代词指称不知道或说不出来的人、事物、处所、时间等"。吕叔湘（1985）指出，疑问代词除了表示疑问的用法外，都有"虚指"和"任指"用法。下面分别讨论。

〈1〉虚指疑问关联构式表存在量化义

疑问代词"谁、什么、哪、怎么、多少"等的虚指用法是指说话人不知道或说不出或不愿说出的某个（些）人、事物、处所、原因、数量等，这里前后两个疑问代词指称的对象相同（WH2 = WH1）。虚指疑问代词虽然各自指称的意义不同，但都对应一个开放的无限集中的某个（些）元素，"表示在一定范围内可能存在某个个体，如果满足前项

---

① 王晓凌：《论非现实语义研究》，学林出版社 2009 年版，第 17 页。

的前提，就会遭受后项的后果。"① 因此，虚指疑问关联构式强调前后项所述事件之间的必然联系，表达肯定、存在量化的含义。如：

（35）高第又重了一句："我愿意要谁才嫁给谁！"（老舍《四世同堂》）

例（35）中人的名称不能确定指出来，相当于强调嫁给"愿意要"的"谁"。

（36）少剑波拿出纸笔来，递给邮差，"我说什么你写什么，明白吗？"（曲波《林海雪原》）

（37）"其实即使他反对，也没有用处。我要怎样做就怎样做，别人管不着我。"（巴金《家》）

这几例的疑问指代词 WH1 可以看作一个聚合类标志，指代一组事物，所替代的事物不止一种，无法分别叙述，就用疑问代词表一种含糊的说法。再如：

（38）我纯粹是出于对他的仇恨，是为报仇，他怎么治我我怎么治他。（翻译作品《福尔摩斯探案集》09）

这里疑问代词所替代的事件本来是清楚已知的，前项多是表示已然的事件，而叙事的人偏要用疑问代词去替代，表达一种存在、肯定、强调义。

能加关联词语的疑问关联构式一般都是虚指，有无"就"不影响构式义。如：

（39）除了你我谁都不娶！谁他妈爱说什么说什么，我不在乎，我才不管你以前怎么样……（网文《看完没笑？! 你绝对够狠!》）

→谁他妈爱说什么就说什么。

〈2〉任指疑问关联构式表全称量化义

"谁、什么、哪、怎么、多少"等任指疑问代词都对应一个有限封闭集合中的所有元素。任指疑问关联构式前后两个疑问代词指称的对象

---

① 张旺熹：《汉语句法结构隐性量探微》，北京语言大学出版社 2009 年版，第 233 页。

相同，强调疑问代词所指代某个范围内的一切人、事物、时间、地点、数量、性状等之间的联系：只要是满足前项条件限定的个体，都符合后项所述事件的要求，从而表达全称量化义①。如：

（40）我今天来就是要引起大家的注意，要当众出你的丑，<u>怎么招摇怎么来</u>——既然你不给我面子，我也不给你面子！（电视电影《中国式离婚》）

（41）跟着亲娘长大的孩子，胆儿大，不受委屈，<u>想怎么淘气就怎么淘</u>，性格开朗，又聪明又活跃！（陈建功、赵大年《皇城根》）

例（40）意思是"怎么出丑明显就按照怎样的方式来办"，"怎么"指代方式。例（41）中的"怎么"指的是孩子各种可能的淘气方式。"怎么1"代表一个由"孩子可能的淘气方式"组成的集合，而"怎么淘"的条件是"孩子想的方式"。只要是孩子想出的淘气的手段都满足"孩子淘"的条件，这里的"怎么"对应"孩子的想法"这个封闭的有限集合中的全部元素。再如：

（42）"以后你也来找我玩吧，我这儿清静了。结婚没劲，现在我<u>逮谁跟谁说</u>。"（王朔《过把瘾就死》）

（43）上游的伦河常常漫出河岸，淹没田野和公路，<u>碰见什么就毁灭什么</u>。（翻译作品《安徒生童话故事集》）

例（42）中，动词"逮"语义已经弱化，前项中的动词短语仅为后项中的动词短语提供必要的情景，等于是"跟谁都说"。例（43）中的"什么"指的是"能碰见的所有可能的事物"。"什么1"代表一个由"可能碰见的事物"组成的集合，而"毁灭"的条件是"碰见"。只要"碰见"的事物都满足"毁灭"的条件，"什么"对应"碰见的事物"这个封闭的有限集合中的全部元素。再看：

（44）<u>哪里有压迫哪里就有反抗</u>，这大概是千古不变的社会规律。（《报刊精选》1994 年 05）

---

① 张旺熹：《汉语句法结构隐性量探微》，北京语言大学出版社 2009 年版，第 239 页。

（45）现在，这个厂生产的麻袋全部供给玉溪卷烟厂做包装用，烟厂是<u>有多少要多少</u>。（《人民日报》1994年第一季度）

（46）唉，老师教的汉字我<u>学几个忘几个</u>。（课堂实例）

例（44）这类构式表示结果在所提条件满足的情况下都可以接受。其中的"哪里1"代表一个由"有压迫的地方"组成的集合，而"反抗"的条件是"这个地方有压迫"。因此由"有压迫的地方"组成的封闭有限集合中的全部元素都符合"哪里"这个集合的要求。

例（45）中的"多少1"代表一个由"可能有的数量"组成的集合，而"要多少"是根据"可能有的数量"决定的。只要想有的数量都满足"实际要"的条件，因此由可能有的数量组成的集合中的全部元素都符合"多少"这个集合的要求，即"多少"对应"可能有的数量"这个封闭的有限集合中的全部元素。

例（46）属于疑量结构。"我"并非真的只学了"几个"汉字，老师教的也并非只有"几个"汉字，构式真正的含义是老师教的汉字"我"并没有记住多少，表全量夸张。

（2）再……也……、说什么……也……

"再……也……"在句中起关联和强调、肯定作用，表达隐性的程度量等级。如：

（47）他那忧心忡忡的表情和声音，<u>再怎么掩饰也看得出来</u>。（翻译作品《银河英雄传说》）

无条件让步构式"说什么……也……"在语义上主要表现为强让步性，强毋庸置疑性和强主观性，表达说话人的主观意愿、情绪、态度。如：

（48）主席……只得默认了与会者的欢迎。但林语堂却<u>说什么也不肯再讲下去了</u>。（《读者》合订本）

（3）A就A在M

此构式并不着重凸显假设关系，它是用假设的关系语气来表示肯定、确定，有附加的语用意义，肯定性质、原因、处所等，构成压缩性的判断，对动作对象范围进行限定。如：

（49）林一洲指着老婆训斥。"……是不是出去逮谁给谁都吹了牛？事情坏就都坏在你们这些女人身上——"（王朔《修改后发表》）

（4）爱/想/说 X（就）X

X 前带有主观动词、能愿动词的构式，"在表达事件或状态的发生序列时，主观评述性很高"①。此类构式语义关系复杂，偏于强调肯定义，带有说话人的某种情绪态度和较强的感情色彩，含有"随心所欲、自由任意、不在乎别人做什么"的主观色彩。

（50）海阔天空，随你爱怎么飞就怎么飞吧！"（欧阳山《苦斗》）

（51）我还得对自己好一点，想吃什么就吃什么想喝什么就喝什么想几点睡觉就几点睡觉，谁知道是还能活几天还是能活几十年？（网文《老徐的博客》）

上两例表达一种任意性，积极、轻松的心态。

（52）姬无命：左手第二间（嘀咕）谁呀这是？爱谁谁，今儿来一个杀一个，来俩宰一双。（电视电影《武林外传》）

此例"爱谁谁"意思是"不管是谁"，表示一种无所谓或不耐烦、无条件肯定的态度和情感。

（53）有人让我鉴定走私表，我说值多少就值多少。（王小波《黄金时代》）

（54）盼盼这姑娘谈了两年的对象，不知咋地说吹就吹，就像是在讲述一个童话故事一样，父母亲朋多方规劝也无济于事。（《报刊精选》1994 年 07）

（55）找一个让自己可以由敬而生爱的男人，在这年头，说有多难就有多难。（梁凤仪《弄雪》）

例（53）表明"我"的主观控制性。例（54）表示"她"态度的随意性。例（55）肯定了难的程度。

此构式可变项前后 X 同形，但并非同质，前后两个 X 是异质的。

---

① 潘晓军：《"说 V 就 V"的表达功能及虚化发展》，《北方论丛》2009 年第 1 期。

比如"想 X 就 X"前后两个"X"进入构式框架后，受结构整体意义的影响，其"联想意义"和"交际意义"有明显不同。X1 具有意愿性，X2 具有可能性，表达的是即将实现的动作行为、变化或状态，在可控性上，X2>X1。

类似的构式有"该 X 就 X""能 X 就 X""会 X 就 X""得 X 就 X""叫 X 就 X""让 X 就 X"等。如：

（56）你说对了，我不是现代人，我把恋爱看成该怎样就怎样的事，敢请人家女子愿意"大家"在后面追随着。（老舍《黑白李》）

此例表顺其自然。

此类构式常常成对出现，有时肯定和否定对举。如：

（57）快乐男声比赛越来越精彩，"想唱就唱，想不唱就不唱"却让天娱越来越头疼。（网络）

这说明施事者可以在正反两极间随意决定自己的行为，这也更加证明了"爱/想/说 X 就 X"是一个主观性很强的结构。

（5）非 X 不 Y、不 X 不 Y

"否定言语行为不一定由否定言语形式体现，否定言语形式不一定实行否定言语行为"（孔庆成，1994）。吕叔湘（1985）认为双重否定"加强肯定，口气更加坚决，更重要的是双重否定在有些场合大大改变了原来单纯肯定的意义"。双重否定构式可以表示强调。"非 X 不 Y"、部分"不 X 不 Y"都是以凝固式双重否定表肯定的强调格式，字面义和构式义不同。

"非 X 不可"通常用"非"否定"X"这种动作行为，"不可"则说明"没有这种动作行为是不行的或不可能的"。"非学习语言不可"是说"一定要学习语言"。"非"由否定副词转变成了一个表示肯定的评注性副词。用"非……不……"表示"一定要"早已成为习惯，人们听到立刻能够领会是什么意思，而"如果……就……"的意思已经不很明显。

邵敬敏（1988）、张谊生（2000）认为"非 X 不 Y"格式表示下面三种语义①：

〈1〉表示意愿之必欲

（58）没有包月，他就拉整天……，他<u>非拉过一定的钱数不收车</u>，不管时间，不管两腿。（老舍《骆驼祥子》）

〈2〉表示情势之必须

（59）西门吹雪道："因为我见到一个人，他的举动丑陋得令我<u>非吐不可</u>。"（古龙《陆小凤传奇》）

（60）她可以很和气，也可以很毒辣，她知道<u>非如此不能在这个世界上活着</u>。（老舍《骆驼祥子》）

上两例表示主观态度的不情愿、不得已，客观情势上的必然。

〈3〉表示推断之必然

表主观愿望、必然发生的推测结果和必不可少的客观要求，是未然推断。

（61）范英明最后的安排还可圈可点，如果不指定个指挥员，<u>非乱不可</u>。（柳建伟《突出重围》）

李卫中（2006）认为"非 A 不可"格式的语义"一是表示说话人主观上认为一定会要这样，二是表示在某种条件下事情发展的必然结果②"。

以上不管哪种语义，都表示了肯定的主观态度。构式中的 X、A 都具有"对比""突出"的语义特征，主观性很强。

"不 X 不 Y"表肯定是假设类，表事件，肯定一端，从反面提出条件，并推出反条件下的结果，强调条件的必要、不可缺少。假设类"不 X 不 Y"也可表达上述"非 X 不可"的语义。如：

（62）"为啥比别处便宜？"摊主说："因为这瓜是我家种的。质量绝对好，<u>不甜不要钱</u>。"刚卸完瓜，便围上来七八个顾客……（《市场

---

① 邵敬敏：《"非 X 不 Y"及其变式》，《中国语文天地》1988 年第 1 期；张谊生：《"非 X 不 Y"及其相关句式》，《徐州师范学院学报》1992 年第 2 期。

② 李卫中：《"非 A 不 B"与"不 X 不 Y"格式的比较》，《汉语学习》2002 年第 3 期。

报》1994 年 B)

（63）当然有关方面的要求也并不苛刻，所谓"同性恋"问题没有提，原因不外乎其一：这种不分戏内戏外，"不疯魔不成活"的艺人确实存在过……（《作家文摘》1994A)

例（62）强调肯定甜。两个否定副词"不"连用，加强了语义的反递性。如果去掉两个"不"，改为同义句式"如果甜，就要钱"，就没有用反证法对"甜"的强调效果，削弱了构式表达的主观性。

例（63）"不疯魔不成活"指的是一种敬业精神，是一种极痴迷的境界，无论对戏还是对事物都具有一种深深的迷恋。这里指艺人唯有痴迷投入，忘我地全身心付出才能终成大器、完成大业，强调、肯定了要"疯魔"。

上两例通过反面阐释来寻求原因，通过否定性结论"不 Y"得出否定性原因"不 X"，从而强调了"X"。再如"不说不明、不破不立、不打不倒"构式义偏向"说、破、打"，表面上是假设关系，实际上表达条件关系，主观上强调"一定要怎样"。

（6）隐标类

（64）俗话说，上梁不正下梁歪，你那些手下比你还贪婪，亏你还有脸站在忠党爱国这四个字的前面……（电视电影《周星驰喜剧剧本选》国产 007)

此例假设类关联词语隐含，强调、肯定了"上梁正"的重要性。

3.3.1.2　表示强调、否定

否定范畴是人类重要的认知范畴。否定这种逻辑意义投射到语言中，就形成了语言世界的否定范畴。上节中的强调义都是偏向肯定，而本节强调义都偏向否定。这种否定"不是对命题真假性的语义否定，而是对命题适宜性的语用否定"（沈家煊，1993）。

（1）评价义构式：不（没）X 不（没）Y

典型的否定方法是在语表形式上用否定意义的标志"不、无、没"等。并列类"不（没）X 不（没）Y"是汉语中表达多种否定意义的特殊否定构式，表事件或事物的状态，许多都已凝固类化为固定的四字格，有特定的形式和意义了。"不 X 不 Y"使用灵活，可以适应于不同表达的需要，在感情色彩上可倾向于贬义也可倾向于褒义，而"没 X 没 Y"则倾向于贬义。倾向于贬义的我们称为"差评义"构式，是说话人对事件、人物及其特征品质作出负面消极价值判断，是主体对客体偏离期望值所作出的主观性评价、直接描述，表达贬斥的感情、态度，具有贬斥的语力。

这两个构式的语义不等于一般的双重否定、负负得正，不是两部分表层语义的简单相加，不是简单的并列关系。它们的意义不能从字面上推知，而是于表层语义之外形成了新的整体深层语义，显示了说话人的主观意图，是语义的高度综合，是语义增殖的结果，起到强调、凸显的作用。

这类构式在不同程度上都表示"否定"的意义，但因不同成分的嵌入和不同语境而具有多义性，因此可将其划分为不同的语义类型。"不（没）X 不（没）Y"各小类都有不同的否定方式和范围，其表达的否定构式义可分为 3 类：加合否定、两端否定、整体否定[①]。构式深层语义还表达了"主观减量""无限小"，通过极少量的否定强调了大量甚至是全量的否定，因此，同时也表示了三种主观减量。[②]

〈1〉加合否定

当嵌入成分 X、Y 属于同义（近义）关系时，表示强调否定的语义，构式义凸显其程度高，是大量否定，同义强调，可以描写为："不（没）X+（不）没 Y=（不（没）XY）↑"。例如：

（65）只有碗来粗细罢，它却努力向上发展，高到丈许，二丈，参天耸立，不折不挠，对抗着西北风。（茅盾《白杨礼赞》）

例（65）是"加合否定"，用以强调整体意义，强调白杨树的顽强

---

　　① 参考邵敬敏、袁志刚：《"没 A 没 B"框式结构的语义增值及贬义倾向》，《语文研究》2010 年第 3 期。

　　② 其实我们也可把否定归到 3.3.2 中，建立主观减量类。

不屈精神，表达褒扬性的情感。

（66）"看你人来疯，"阿英瞪了巧珠一眼，说，"站在阿姨面前<u>没规没矩</u>的，乱蹦乱跳做啥！"（周而复《上海的早晨》）

例（66）中"规"和"矩"属于同义组合，显然不能理解为"既没规也没矩"，因为同义重复否定是没有意义的。"没规没矩"着重强调"没有规矩"这种毫无边沿的程度之高，带有强烈的主观性，有责备、批评义。而"没规矩"只是客观陈述而已。可见，"没 X 没 Y"凸显"程度之高"，正是框式结构的重要作用。不能归于词本身，而是整个紧缩构式内部语义相互压制、整合的结果。

这类"不（没）X 不（没）Y"相对于"不（没）XY"来说，具有更强的主观色彩，否定态度更强，表示"一点都不（没）XY""根本不（没）XY"。

〈2〉两端否定

当嵌入的词语 X 和 Y 属于反义关系时，构式表示两端否定。这又可分为下列两种情况：

A. 否定两端，肯定中间状态

X 与 Y 意义相对相反，X 与 Y 之间形成一个程度上的连续统。"不 X 不 Y"在否定两极意义的时候，取其中间值。如：

（67）放风筝的活动量<u>不大不小</u>，适合大多数人参与。（新华社 2004 年新闻稿_ 002）

这里"不大不小"是褒义，表示程度适中，恰到好处，是否定两极、两端，肯定中间状态，表达正面褒扬评价义。

B. 否定两端，突出第三种状态

X 和 Y 意义互相对立，非此即彼。这类构式均是两端完全否定，表示贬义。

"不 X 不 Y"构式表示"既不 X 也不 Y"，两头都不是，显示另外的新义，可以描写为"不 X+不 Y＝Z"。这是一种两端完全的否定，含有"不喜欢、不满意、厌恶"之义，有较强的贬抑评价色彩，表达强烈的主观否定，在逻辑上是非现实的。这类 X 与 Y 之间不构成某个量上的连续统，在否定两极的同时，对常规属性有所偏离。如：

（68）众人开始感到了寒冷和饥饿，尤其令人难堪的是这种<u>不死不活</u>的状态。（巴金《家》）

"不死不活"表示"既不像死，也不像生"，比"生、死"更让人难受，含有否定的贬斥意味。

（69）"对，我不是中国人，也不是美国人，我<u>不中不西</u>，<u>不土不洋</u>，我不是人，这该好了吧?"许阳真的有点生气了。（白帆《寂寞的太太们》）

此例"中"和"西"、"土"和"洋"间不存在中间状态，否定了两端，就会产生矛盾，不调和，实际是一种完全否定、全量否定。

"没 X 没 Y"中 X 和 Y 是名词，有时实际上不是否定 X 和 Y 本身，而是表示不分 XY，言外之意是违背常规，显示一种异常的情况，表示应该区别 X 或 Y 而没有能够区别，什么都不分，表示强烈的否定、意志性，同时隐含着说话人轻视、不满等语气，其表达的否定构式义也属于两端完全否定，即"派生否定"。例如：

（70）申请出国的同学开始<u>没日没夜</u>地准备材料；要工作的同学则在想方设法找一个实习的机会。（《完美大学必修课》）

例（70）的"没日没夜"并不是说真的没有白天和黑夜，实际上表示的是"不分早晚、不分日夜"，连续作战，几乎没有休息。

"没 X 没 Y"中 X、Y 为反义形容词，整体还具有责备义，它在具体语境中产生较强的贬义色彩，表示应该区别 X 或 Y 而没有能够区别，暗含责怪义，是深层否定、两端完全否定。这正是该框式结构重要的一种语义倾向（邵敬敏、袁志刚，2010）。如：

（71）讲话<u>没高没低</u>，也不懂得规矩，给我好好坐到那边去!（周而复《上海的早晨》）

例（71）中的"没高没低"从字面上看是既没有高也没有低的意思，进入构式便赋予其新的语义，即讲话不懂规矩、很随意、不拘礼节，批评的意思很明显。

〈3〉整体否定

当嵌入的词语 X 和 Y 为类义关系时，表示对整个语义场的否定，通过否定所列举的典型事物 X 和 Y，从而否定整个语义类，否定以 X、Y 为代表的全部事物，达到整体减量，表达"怎么……也不……""什么……也都不……"等意思，带有夸张的意味。这也是一种全量否定，可以描写为"不（没）X＋不（没）Y＝不（没）X 不（没）Y 不（没）Z……"。其中"没 X 没 Y"明显带有贬义色彩。如：

（72）"现在不愁吃不愁穿，无忧无虑，心里高兴啊！"（《人民日报》1995 年 11 月）

（73）当老师的确也挺没劲的，没名没利没成就感，整天就是备课讲课判作业。（《人民日报》1994 年第二季度）

（74）范大昌觉着蓝毛净说些没油没盐的话，他赶忙插口说……（李英儒《野火春风斗古城》）

例（72）"不 X 不 Y"中"吃、穿"代表生活的方方面面，整体体现褒义色彩。

例（73）"没 X 没 Y"中的"名""利"作为"好处"义类中的代表被特别提出来，其实好处远远不止这两个，还有"钱、权"等其他，所以该结构后面还紧接着出现"没成就感"，其整体意思表示没有任何好处，在量上引起了缩减。

例（74）"没 X 没 Y"中的"油""盐"代表"调料"类语义场成员，除了"油、盐"之外还有"酱、醋"等。这里用比喻手法，指的是"没有味道"，全量否定。

例（73）、例（74）中的"没 X 没 Y"均表贬义。

李铁根（2003）认为，"不"的否定用法可以概括为"认定性否定"和"叙述性否定"两种。"所谓认定性否定就是带有人的主观认识成分的否定性判断，也可以概括为主观否定或主动否定。"否定类紧缩构式"不（没）X 不（没）Y"中"不（没）"已不是一般的客观否定，而是属于主观认定性否定。"这种'主观性'具有泛时性，不受时间制约，表达说话人的一种判断或行为主体的一种主观态度。这种认定性否定不是用来否定某一个具体的动作行为，而是对某一事实的否定性断定，所以被否定的事实往往不能被量化，是虚量。"

（2）责怪义构式：爱 X 不 X

"爱 X 不 X"在语用方面具有鲜明的主观否定性。构式的表层蕴含着［+选择］的语义特征，构式义是用"选择"表达一种"爱怎么就怎么""不 X 拉倒"的无所谓、不满、责怪、随便、听凭的情绪态度以及不在乎或无可奈何、不以为然的主观评价。比如，"爱信不信"意思是"不信拉倒"，在语气上有一种不融洽、恼怒、不耐烦的感觉。吕叔湘认为"爱 X 不 X"结构表示两种语义关系："表示无论选择哪一种都随便，含有不满情绪；偏于否定：瞧他那爱理不理的样儿（＝不爱理的样儿）①。"

〈1〉表随便、无所谓、不满

（75）我把话说完了，你爱听不听！（海岩《便衣警察》）

（76）别人瞧着我只拿钱、不做事，有时候甚至连钱也是爱拿不拿的，都以为我不是新雀子……（欧阳山《在软席卧车里》）

例（75）"你爱听不听"表示"随便你听不听"，表达说话人随对方的便。例（76）表示听凭自己 X 不 X，随自己的便。再如：

（77）厨师说，这，这哪儿来的蜂蜜水啊?！就是这个麸皮粥，爱喝不喝吧。（电视电影《易中天品三国》）

（78）是国营企业，他爱借不借，对不对，到时候给开支就行了……（口语《1982 年北京话调查资料》）

以上例句责怪主体以自由放任的方式表达了无所谓、不相干、不满的态度。

---

① 吕叔湘：《现代汉语八百词》（增订本），商务印书馆 1999 年版，第 49 页。参见"爱"词条。

〈2〉表否定

在主观评价性的语境中，构式的语义也会发生偏移。语义偏移的发生"不是由于特殊的词进入了特殊的构式，而是特殊的构式进入了特殊的语境的结果"（丁加勇，2009）。"爱 X 不 X"构式在特殊的语境中发生了语义偏移，表示"不爱 X"，大多做定语和状语，具有描写作用，描绘对象的状态和动作的情态。如：

（79）那小贩舒服地躺在树荫下，爱理不理地说："不愿花钱自己去摘就是！"（朱邦复《东尼！东尼！》）

（80）招标投标制等在内的投资管理体制近期改革方案等等，都还存在着"爱执行不执行"、"上有法规我有对策"的问题和现象。（《人民日报》1994 年第二季度）

"爱 X 不 X"构式隐含的语义是对象违背说话人的主观期望，说话人主观认为对象不愿意 X、不爱 X，表达说话人对对象的不满、责怪。

3.3.1.3　表示委婉、容让

从认知角度来看，人的情感是一个连续的统一体，不存在清晰的界限。在肯定情感与否定情感之间可能存在一种中性情感。从道义情态角度看，此种构式表达的语气较弱，不像上面两类，表强烈的肯定或否定，而是表示处在肯定和否定之间的一种两可的主观态度，语气较委婉。

（1）X 就 X

"X 就 X"构式是容忍性话题复说结构，虽然极为简单，但反映丰富的主观构式义：决断、容忍，对"负预期量"的宽容、让步。而"确认、认可"意义是构式固有的意义。此构式通常作为一种言语行为而存在，且在不同的语境中可表达出不同的情绪倾向，体现说话人多种态度。比如：

（81）支票就支票。（晓彬《北京买房受骗记》）

例（81）表示同意，确定的是"付款的方式"。

（82）大哥大被偷了，竟一点也不心痛地说，反正是公家的，丢了

就丢了。(《人民日报》1995 年 8 月)

例（82）表示"公家的大哥大丢了无所谓的态度"，同时带有劝慰自己的意味。

（83）"是没什么了不起，吹就吹吧。"（王朔《顽主》）

"吹就吹"除了表示"确认、认可"外，还表达了言说者"不乐意""无所谓"的特殊情态义，并且对"吹"这件事作"容忍"和"决断"。

（84）"分手就分手！"尔凯喊。（琼瑶《梦的衣裳》）

例（84）构式传达出无所谓、决断的强烈态度、情绪。

（2）有一量没（无）一量

当"有一量 B 一量"中 B 为"没"或"无"时，构式表达"不在意、没有规律"义，如"有一句没一句""有一搭无一搭"。在感情态度上是较温和、中性的，有"容让"义。如：

（85）我想象着假如有一个男人在家，他站在椅子上把钉子砸得铛铛响，我站在一边给他递家伙，我们有一句没一句地闲扯，那一定是一种非常幸福的情景。（安顿《绝对隐私》）

（86）后湖边上住着两户打鱼的。他们这打鱼，真是三天打鱼，两天晒网，有一搭无一搭。打得的鱼随时就在湖边卖了。（汪曾祺《八月骄阳》）

这两例都表示随意、不较真的容忍态度。

（3）A 一量是（算）一量

对于"A 一量是（算）一量"构式，武柏索（1988：328）这样论述："'一……是（算）一……'是一个表示因果或让步关系的紧缩复句，其意思是'既然（是）什么，就（是）什么'或'虽然只怎么样，也是怎么样'，这种格式'表示说话人满足现状、无所追求或无可奈何等消极被动的语气'"。

吕叔湘（1996：439）指出，"动+A+是+A"（A 是数量词）可表两种意义"一是多表示不能勉强，二是表示一种积极的意义，有稳扎稳打之意"。

表消极语气的如：

（87）"过一天算一天吧，你先别着急！"（老舍《四世同堂》）

（88）前途究竟怎样？我自己心中也没有底，只好<u>走一步是一步</u>，走了再看。（《作家文摘》1997D）

例（87）、例（88）根据后续小句"你先别着急"和先行句"我心中也没底"可以看出构式表达一种消极的、无可奈何的语气。

表积极语气的如：

（89）在这种紧要关头，时局以这样的速度和这样大的规模急剧地发展的时候，最聪明的办法就是随机应变，<u>走一步是一步</u>。（翻译作品《第二次世界大战回忆录》）

（90）与其那么牺牲，还不如咱们照着老方法去干。照咱们的老方法做事，我们牺牲，他们可也得死。<u>打死一个是一个</u>。（老舍《蜕》）

例（89）、例（90）根据上下文，表现了一种积极向上的语气。

（4）V1 副 V1P

此构式很复杂，V1 和 V1P 之间是让步逻辑关系，但这并非构式的基本语义。其前提是"前现动词 V1 引出某一虚拟的情况或某一现实情况，而后现动词短语 V1P 引出虚拟或现实情况下的结果"，表示即使在这种情况下原来的结果同样不受任何影响，即整个结构通过承认或肯定 V1，表达了不管在哪种条件下都会出现相同的情况，强调结果的不相应类同性。V1 表示任意条件；V1P 表示"任意条件下原来的结果不变，即无法实现动作行为的某种结果、状态、趋向等"。此构式中后现动词显得更加突出有力，从而包含着容让的委婉意味。"它以动词重现的方式使句子的语义特征和句法结构得到了统一，其包含的信息量很大，表达上具有很强的主观性。"[1] 试看下例：

（91）就像小时候<u>走也走不完</u>的长街，长大了以后一看，原来是一

----

[1]　王霞：《"V1 也 V1P"结构的多角度研究》，湖南师范大学 2003 年硕士学位论文。

条小巷。（王蒙《蝴蝶》）

上例"（无论怎么）走也走不完"强调各种条件下同样结果"走不完"。不管是"慢走、快走"，不会改变"走不完"这个结果，即"通过任意状态下的动作行为强调了结果的类同性"，表现出"容让"的主观情态。再看下例：

（92）李东宝就去求戈玲："麻烦你人写个意见，我这儿敬礼了。"戈玲也不傻："又往我这儿推，我<u>看都没看</u>怎么写意见？"（王朔《修改后发表》）

预设信息"看"较其他动作行为如"写意见""欣赏"而言是最容易发生的，不发生很不一般，所以推理出容让义：不仅没有看，更不用说"写意见、欣赏"等动作了。

（5）动词重叠式

（93）如今的孩子不好教育，<u>骂骂不得</u>，<u>打打不得</u>，真不知怎么办！（生活实例）

（94）你说你活得可怜不，来挖墙脚就这破体格，<u>挖挖不动</u>，<u>打打不过</u>，趁早死了得了。（网络）

例（93）理解为：我们想说，不能说；想打，打不得。说话人不知如何是好，表现出一种特殊的情感：无奈、矛盾和忧虑，这也是一种容让。如去掉任意一个重叠部分，就会变成一般句式，感情色彩变淡，语气减弱。例（94）同样表达容让义。

3.3.2　表主观隐性量

朱德熙最早提出语言表达主观量这一观点。李宇明（2000：30）认为，"量"指的就是"人们认识世界、把握世界和表述世界的重要范畴"。"量"这种反映客观世界的认知范畴投射到语言中，形成语言世界的基本语义范畴：量范畴。语言世界中的"量"同客观世界中的"量"有一个很大的区别：客观世界中存在的是客观量，而语言世界的量却有着客观量和主观量之分、显性量和隐性量之别。

量化含义对紧缩构式的句法语义具有重要影响。本书所讨论的紧缩构式所具有的量化特征，正是以隐性量的形式存在，且带有说话人对量的主观评价。下面讨论其"界"的特点。

"界"，就是界限。Langaeker（1987，1991）将"界"（bounding）定义为"述题范围内部存在的一套互相联系的实体所构成的一个区域的终止点，或一套互相联系的状态成分所构成的一个过程的终止点"。沈家煊（1995）进一步强调了"有界"和"无界"的对立是主观识解和概念上的对立，不是客观的、物理上的对立。陈忠（2006）认为"有界、无界"取决于人表达和认知上的主观视角，有界和无界可以相互转化。紧缩构式反映出人们在"量"的认知上的"无界"。紧缩构式语义具有虚拟性，所以在语义表达上具有主观量化特征，表示无界的主观模糊量，其表层结构之下蕴含着语表成分无法体现的附加意义的变量，构式义中都包含量的变化及说话人对量的大小的主观认定。变量包括正向增量和负向减量两个方向。

张旺熹（2004）提出了无界量的三种基本形态，即"无界小量、无界大量和无界逐量"。陈小荷（1994）把"主观量"定义为"含有主观评价意义的量"，并把主观量分为"主观大量"和"主观小量"。李宇明（2000）挖掘量特征的各种表现形式，分为四组对立的次范畴，并根据产生根源将主观量分为"异态型、直赋型、夸张型、感染型"四类。我们认为，紧缩构式具体表示以下几种变量：

3.3.2.1　表无界主观增量

紧缩构式有语义异化和增殖功能。"语义增殖是指语言单位相互作用，扩大结构体本身的信息量，增加语言信息能的现象"（张国宪，1993）。构式的量超越了语表成分体现的量，上升为一种无限扩大的量，其深层语义具有主观增量的特点。根据增量方式的不同，可分为四小类。

（1）叠加性增量

说话人由于主观上认为某性状特征的量超出了人们认知世界中的标

准，即零度参照点以上，仅使用 A 或 B 已不足以表现，就同时使用 A 和 B 来描述这种性状，体现了说话人的主观性，从而实现主观量的叠加，表达超常增量。这种构式具体表示动作的同时进行、持续、紧接和伴随。

〈1〉边 A 边 B

"边 A 边 B"的构式义是：表示两事并进、两种事物的加合关系，或者表示两种动作或性状同时进行或存在。例如：

（95）很快就见致庸大步跑进来，边跑边喊："我的儿子呢？我的儿子呢？"（电视电影《乔家大院》）

（96）那天我正在烧菜。毛主席走进来了，边走边说："我看看韩师傅怎样烧菜！"（《作家文摘》1993B）

上两例表示两种动作同时进行，在时间上重合、互补、互动，实现量的叠加。

〈2〉一 V1 一 V2、一 V 一 V

"一"分别用在同类动词的前面，表示动作连续，表示在主要动作进行的过程中一直伴随着一个次动作，强调不同的持续方式，表示方式多、程度深的语用含义。"一摇一摆"不是说摇一下然后摆一下，不在于叙述一个动作的方式，而在于对动作加以描写。V1 和 V2 互相补充，增加、扩大了原有的信息量，产生了语义的附加值，使表达更加丰富，即一 V1 一 V2>V1+V2。如：

（97）"进去吧……我冷了。"石岜一瘸一拐进屋，我拖着藤椅跟在后面。（王朔《浮出海面》）

（98）李景纯一手托着腮，静静的看着炉中的火苗一跳一跳的好象几个小淘气儿吐着小红舌头嬉皮笑脸的笑。（老舍《赵子曰》）

〈3〉现 X 现 Y

"现 X 现 Y"指为了某个目的、需要临时采取某种行动，说明由行为动作所产生的事物不是事先准备的或有的。它是前后动作的叠加，并产生增量，强调动作的紧接性、临时性、目的性。如：

（99）我还给大家讲了 19 世纪中叶欧洲的形势，<u>现买现卖</u>，说得有鼻子有眼。（白桦《淡出》）

（100）"是我自己的想法就好了！其实大部份是<u>现学现卖</u>得来的，大概是在孩提时代吧！"（翻译作品《银河英雄传说》）

例（99）中半凝固构式"现买现卖"不是简单的"买、卖"关系，而是具有比喻义、整体性：临时学习并表达出来。"买"是为了"卖"，表示后一行为是由于前一行为的影响才发生的，表达紧接义。例（100）也是一样。

（101）得到这些信息，他马上与家里联系，要求赶制一批小瓶装啤酒，尽快送到美国。真是"<u>现上轿现扎耳朵眼</u>"，接到陈世增的命令，家里人马上改进灌装线，现配瓶盖现配商标，在民航部门的支持下，终于……（《作家文摘》1995A》）

"现 X 现 Y"中完全凝固式较少。上例"现上轿现扎耳朵眼"不是"要上轿了才扎耳朵眼、打扮"的意思，而是事情已经开始了才开始做准备，有点晚了、迟了。比喻做事前没有预先做好准备，不能未雨绸缪，带有较强的感情色彩。

〈4〉又 A 又 B

此类构式具有小夸张色彩，是夸张型主观量，夸张焦点落在新的构式义上，表示主观增量。其表层形式上是简单并列，深层的语义关系体现出说话人对某一性状或事物、事件的量的主观认定、判断。构式具有累积性，以人们"1+1>2"的认知方式为基础。我们看：

（102）她的确显得<u>又妩媚又俏皮</u>，而那淡绿色衬里更把她的眼睛辉映成深悲翠一般闪闪发亮了。（翻译作品《飘》）

例中"妩媚"指的是"她"的外貌，"俏皮"指的是性格，二者表层语义表现的是人的两方面的不同范畴的性状特征。整个构式的表述焦点并不是各自意义的简单加合，而是构式所形成的新的语用意义。其深层语义是渲染一种状态，即说话人对"她"的主观评价完全是赞美的、正面的，且不只是对她的外貌和性格的肯定，也是对她整个人的肯定。

由于说话人将 A 和 B 蕴含的两个相关方面的特征量、肯定性评价叠加在一起，整个构式的肯定性大大增强，从而表现了说话人的主观量判定。

（2）代表性增量

对举构式"A 一量 B 一量"通过前后代表性对举项的并举来强调此类情况在空间、时间、程度等方面发生了"量"的"扩散"，表现为"范围的无限扩大、时间的无限延展、程度的无限加深"等。所谓"代表性"，就是对举构式中出现在待嵌空位上的成分具有虚拟性，是作为构式深层无限大的"量"的"代表"而存在的。① 殷志平指出："对称格式这种非现实性，表达了一种超常的状态，带有小夸张的意味。……对称格式的夸张性形成了一些表示夸张意义的框架。"②

此类构式是数量结构叠用，泛指"各种"，隐含着"典型例示"的归纳性意义，所要表达的侧重点并不只是所列的两项，而在于把两个典型事例概括为一个归纳性事件，是个别元素通过组合而指代整个集合，实现全量指称。其中 A、B 一般是体词性成分，也有少数是谓词性成分。如：

（103）大家你一言我一语地讲述着生活中的新变化，农家小院里欢声笑语不断。（新华社 2004 年 8 月新闻稿_003）

（104）历史时时在那儿牺牲人命……他不必鼻一把泪一把的替他们伤心，用不着，也没用。（老舍《新韩穆烈德》）

（105）我确实看到那些年龄很小的男孩子和女孩子，穿着有无数拉链的运动衫，仨一群俩一伙地坐在院子里发呆。（王朔《浮出海面》）

（106）北蓓更多地表示出对汪若海的青睐，跟他坐在一起，为他点烟，主动找些高兴的话引他说，甚至公然和他亲热，摸一把拧一下的，有一阵还把胳膊搭在他肩上。（王朔《动物凶猛》）

例（103）中"你一言我一语"的构式义并不是仅表"你、我"两

---

① 参考张旺熹：《汉语句法结构隐性量探微》，北京语言大学出版社 2009 年版，第 213 页。
② 殷志平：《对称格式的认知解释》，《语言科学》2004 年第 3 期。

人各讲了一句话，而是指很多人都在讲。"你我"是虚指，代表"大家"。例（104）中的"鼻、泪"代表的是"脏东西"，"鼻一把泪一把"带有超常夸张意味。例（105）表示多个不确定的量。例（106）"摸一把拧一下"表面上只描写了两种动作，实际还可能包括其他动作。它并不是仅仅简单地表示"摸"和"拧"，也并不一定真的是摸一下和拧一下，而是代表所有亲热的动作。

这几例构式的深层表现和作用相当于列举两类义联项以概括全体。对举使 A、B 获得了虚拟性特征，而虚拟性特征使构式的量得到了增加。这种虚拟性在 A、B 是人称代词和方位、处所名词上体现得最明显。

当构式中的量词是名量词时，"方位词+一+量/动"对举构式整体表示"数量多，散乱、不集中"的意义，并列构式的前后两项存在着意义上的互参关系。如：

（107）炮声连成一片，敌我双方正在炮战。<u>东一个西一个</u>的地堡，打了这么半天，还在喷射着火热的钢弹。（老舍《无名高地有了名》）

例（107）通过并列对举形式形成增量。构式中"东一个西一个"中"东""西"都是虚指，意义发生了泛化，表示"到处、处处"。它们并不只局限于语表所体现的两个方位：真的东边有一个、西边有一个，一共有两个地堡，而是代表所有可能的方位，表明了地堡的数量多，到处都是、散乱，是空间范围的扩大，量在语表量的基础上得到了"扩散"。这一构式义不是孤立地由"东"或"西"决定，它们相互影响、相互补充，共同表达出一个整体的意义。

（3）交替性增量

指"两个或两个以上相对相反的过程或事物相继实现为一个单元的一种特殊的反复"。根据交替的主体不同，分为动作、性状和事物的交替。

〈1〉表示动作交替发生

A. V 来 V 去

作为位移事件，"V 来"和"V 去"都是"有界"的活动，即都有活动的起点和终点。但是，当"V 来"和"V 去"相继进行而成为一个复合位移事件"V 来 V 去"之后，活动在方向上具有回复性，不是以直线形式发展下去，空间上的起点和终点互相转化，成为一个空间范围。活动不再具有［+时限］的特点，从"有界"变成了"无界"，表示动作的"折返往复性"、非限量重复，即表往复性增量。

此构式义不是几个构成要素的表层意义之简单相加。从结构上看，它是几个要素分两层构筑起来的。我们理解该构式时，不能把它分解为"V"和"来""去"或者"V 来"和"V 去"，而必须把它作为一个不可分割的整体。"V 来 V 去"体现说话人的主观评价或愿望，内在的不安定性和难以令人满意的活动使"V 来 V 去"带上了"不如意"的主观色彩及"不满、懊恼、遗憾、反对、批评"等消极情绪和态度。如：

（108）自己早晚是一死，但须死一个而救活了俩！ <u>想来想去</u>，她只有一条路可走：贱卖。（老舍《骆驼祥子》）

上例中的"想来想去"不是"想过来想过去"的表层义，而是表示"反复地想"的意思，所表达的深层意义具有了增量的特点。"她"（小福子）面临着一死了之还是卖身抚养两个年幼的弟弟这样的人生大事，不管怎样做都令人无比痛苦，所以考虑起来反反复复是在所难免的。"想来想去"表现的是拿定主意之前一番艰难的取舍活动、过程，其间充斥着肯定、否定、再肯定、再否定的矛盾性。

B. 一 X 一 Y

"一"分别用在相对的动词前，表示两方面行动协调配合或两种动作交替进行。如：

（109）爸就那么昏昏迷迷，挺在床上，呼吸很慢可是很粗，白胡子<u>一起一落</u>，没有别的动作。（老舍《牛天赐传》）

（110）她（巧珠）跑到操场的秋千上，<u>一上一下</u>荡起来了。（周而复《上海的早晨》）

"一 X 一 Y"作为一个框式结构，往往会有它特定的构式意义，结构功能有可能跟表面功能不一致。如例（109）表交替义，并不表示并列。例（110）"一上一下"和"一前一后、一东一西"语义不一样，前者有交替义，后者实指对比。

当构式前边嵌入一个单音节名词或量词，后边嵌入一个单音节或双音节名词、量词或动词时，X、Y的意义不相对，构式表动作行为之间在动量上的"每一……是一"配比对应关系。如：

（111）让一个穿皂袍的小和尚手执毛笔，饱蘸红漆在他们眉心、鼻尖点上两个大红痣。然后，二人加入一步一磕头，站起跪下走走停停的朝拜队伍向香烟缭绕的大雄宝殿移动。（王朔《千万别把我当人》）

C. A一量 B一量

李宇明（2002）认为"对叠"表达的是一种"异动交替反复"。这种构式表明主体的动作行为不稳定，并在两个行为动作之间不断发生变化。看下面例句：

（112）我好象刚刚入睡就响起了电话，铃声如一个手指轻轻叩门"嗒嗒嗒"有节奏地响一阵歇一阵。（王朔《玩儿的就是心跳》）

（113）你不能光指着我们几个派粮派捐，这民族也不是光我们几个的民族。搞光了我们几个倒无所谓，问题是这么吃一顿奔一顿不是事儿。（王朔《千万别把我当人》）

（114）"我以前确实说过，想参加在家门口举行的北京奥运会，但还有四年时间，我只能走一步看一步。"（新华社2004年8月新闻稿）

这几例构式中并不是仅仅发生两个动作，而是两个行为动作反复交替发生，在时间上是没有终止点的，构式的量的"扩散"是无限的，是体现交替性增量的无界结构。

〈2〉表示性状交替出现

指的是"两个或两个以上相对相反的状态和性质的交替，包括色彩、度量、属性等的交替变化"，是"性质增量"。一般是"性质形容词+动量"。比如"A一量B一量"构式：

（115）眼看表哥要赢，老胡的脸色是青一阵红一阵的，手也在不停地抖动。（网络）

在 A、B 为事物名词的紧缩构式中，也有少部分表示状态交替出现。如：

（116）女人就是这样，<u>猫一会狗一会</u>，永远叫你吃不透。（生活实例）

（117）没完没了、上来下去地围着山转，云里雾里，<u>晴一阵雨一阵</u>的，两天颠簸 900 多公里，一路风尘到了瑞丽。（《人民日报》1993年 4 月）

例（117）"晴一阵雨一阵"中"雨"是名词，构式表示"晴"和"雨"两种状态属性的交替。以有限的形式来表现无限的"量"，构式的量在时间范围上得到了无限延展。

刘叔新（1983）认为"深一脚浅一脚"这类短语"都是表示现象继续不断出现或存在，其深层结构是表层结构的不断延续或重复"，即"深一脚，浅一脚，深一脚……"这类构式中要出现或隐含相关动词。"深一脚浅一脚"中隐含了动词"走"或"踩"，构式的意义并不仅是"深走一脚"然后"浅走一脚"，而是不断重复交替进行，表示数次反复的动作行为的状态，表现出"行程艰难"之义。

〈3〉表示事物交替分布

以"形容词+物量"为基本形式，具有时空共现的特征。比如"A一量 B 一量"构式：

（118）再说我们的许多观众，一向也看惯了传自西方的"写实体系"绘画，近年来在一些展出的油画中看到人物脸上涂得<u>红一块绿一块</u>，恰似京戏的脸谱，已感到有点新奇，及至在"星展"中看到有些绘画……（《读书》vol-020）

构式中的 A、B 都是意义相对的形容词。上例中的人物脸上"红一块绿一块"，并不是说脸上有一块红的、一块绿的，一共只有两块，脸上是"红""绿"两种颜色的交替分布。"红一块绿一块"只是脸上这个空间背景中的一部分，在空间范围内是无限扩大的。

（119）做买卖的脸上的灰土被汗冲得<u>黑一条白一条</u>，好象城隍庙

的小鬼。(老舍《赵子曰》)

例(119)"做买卖的脸上"并不是只有黑色和白色两条实在的汗迹,而是有"黑一条白一条,黑一条白一条,黑一条白一条……"的很多条杂乱无章的汗迹,它们先后交替出现在人们眼前。

(4)周遍性全量

"周遍就是指在一个集合内部所有的成员无一例外地拥有某种属性。"(蒋琭,2007)紧缩构式表示周遍义时,相当于一个全量义。

当"A一量B一量"构式表达周遍义时,A、B只能是动词或动词短语,表顺承关系。例如:

(120)跟你说东北,这女孩儿对你可是够意思,你不能再<u>见一个爱一个</u>朝三暮四水性杨花毫无责任感……(电视电影《中国式离婚》)

(121)对违法经营药品活动的案件,<u>要发现一起查处一起</u>,没收其全部药品,并对其依法进行处罚。(《报刊精选》1994年08)

例(120)意为:只要见一个女孩就喜爱一个。例(121)意为:只要发现违法经营药品活动的案件,每一件都要查处。

当"有一量B一量"构式中的B是"没、无"以外的词时,构式表达"周遍"义。如:

(122)"可以啦。人中等,对你又好,你,我,咱这一屋子人<u>有一个算一个</u>,又何尝不都属于中等?"(王朔《我是你爸爸》)

有些构式处于交替义过渡为周遍义的阶段。请看:

(123)"我现在还存着平反时送回来的那些声泪俱下的交代书,<u>看一回笑一回</u>。"(王朔《浮出海面》)

上例中"看"和"笑"动作的交替可以无限延续,穷尽整个集合,同时也表示出了周遍的构式义。

(5)顺序性增量

此类"A一量B一量"对举构式前后项为顺承关系,强调对举项的顺序性,带有"顺序义"。对举前项往往是后项的一种前提条件。例如:

（124）江西新余市东边乡政府党委办主任张明芽就对华西乡镇企业**办一个成一个**的经验很感兴趣，并萌发辞"官"搞企业的念头。（《报刊精选》1994 年 09）

（125）上海华联开分店**"开一家成功一家"**，从而更使他的招牌增强了在全国商界的诱惑力。（《报刊精选》1994 年 12）

例（124）中，"办一个"是"成一个"的前提条件。构式深层的量远远超过了语表量"一个"。这个增量是靠动作的不停反复发生而逐渐积累实现的，在时间域上是没有终点的，所以这种动作量的"扩散"是无限的、没有尽头的。例（125）中，华联分店"开一家"是"成功一家"的条件。

叠加性增量基本不具有顺序性；代表性增量不具有时间性；交替性增量涉及时间性，但是交替的两种性状或动作却不受时间性约束，因此顺序性不强；周遍性增量侧重全量的表达；而顺序性增量顺序性最强。

3.3.2.2　表无界小主观大量

（1）一 V+就是+数量

"一 V+就是+数量"和"一 V+就+数量"能互相转换，"就是"比"就"判断意味更浓。从语义上说，"就是"指向的名词性成分可以指时间长、数量多、程度深等。它虽然指向后面数量，在形式上却指向动词。此构式"通过前后量级成分的相互对照，以小言大，以少言多，表现言说者对客观事实的主观评价"（李振中，2008）。

李宇明（1999）认为"一 V……数量"结构具有两个特点：一是"一"已经转化为副词，使动词带有"小量"义；二是"一 V"的自足性。这个构式带有小夸张意味，其中的数量词语表小主观大量。如：

（126）于是他改变了主意，在中国**一呆就是 13 年**，写出了《红星照耀中国》（又称《西行漫记》）等传世之作。（《报刊精选》1994 年 08）

上例中"13 年"所表示的数量，孤立地看，无所谓大小，但在这里却表示主观大量。这是构式赋予的，通过对客观有界的时间量表达对主观认识上的无界量。此构式以前面的小量衬托后面的大量，属于感染性主观量。

（2）一V/V

表示"动作一经发生就达到某种程度，或有某种结果"。后项常是动结式、动趋式或数量短语。从语义上来说，此构式表结果、对象"超标"。

（127）年轻时，她<u>一坐就坐到夜里两点</u>，一方面做活计，一方面看书。（《读者》合订本）

（128）二春（出来）妈！妈！您<u>一问就问一大车事</u>呀！四哥累了半夜了，您教他歇会儿！（老舍《龙须沟》）

例（127）"一坐"不但表示一个瞬时的动作，还表示动作结束后状态的持续。例（128）表问的事情多。

3.3.2.3　表无界主观小量

（1）一A就B

副词"一"与"就"连用，分别接动词"表示一种动作或情况出现后紧接着发生另一种动作或情况[1]"，表示两件事情"先后紧接发生"，间隔很短暂，强调前一动作行为是后一动作行为的条件，隐含"马上""立刻""短时"的意思。

但仅从时间的联系视角来解释格式的意义是不够的（王维贤，1994；邢福义，1997）。构式义是说话人想通过字面意义而传达的真正意义。王弘宇（2001）认为"一……就……"构式表达的真正构式义是非通常序列A—（B）—C，没有B存在。其内部语义关系不是表示依次排列的两项紧接着发生，而是表示本不相邻的两项紧接着发生，跨越中间项B。"前项未经过通常应有的中间阶段就与后项相接"，即

---

[1] 吕叔湘：《现代汉语八百词》（增订本），商务印书馆1999年版，第599页。

"一A（未经过B）就C。"① 此构式反映了人们对客观事物的主观评价。主观上，事物的运行是有序的，而跨越了中间阶段，这样做与众不同。如：

（129）在拥挤不堪的火车车厢里，蔡世乐站了近20个小时没有合眼，粒米、滴水未进，但他一回到部队就来到训练场，铁马正停在那里等着他驾驶。（《报刊精选》1994年03）

（130）没法淡定了！这些广告一看就崩溃。（MSN网络）

所以"一……就……"的基本语义是：通过构成框架的"一"与"就"相互映照，表达对趋小的客观事实的总体评价，表示主观小量，强调、凸显前后两个空位的两个动作紧密相承，是趋小强调。

（2）说X就X

"说X就X"可以表现"说话者对动作或事件从产生到结束这一过程的认识上将距离故意缩短"（潘晓军，2009）。这具体表现在"事件的连贯性、动作的迅速性以及行为的惯常性"三个方面，表示时间的紧接，反映了说话人出乎意料，事情发展之快。如：

（131）爱情这门学问太高深了，我直到现在仍弄不明白，当初爱得要死要活的一对恋人，怎么会说分手就分手了呢？（史传《中国北漂艺人生存实录》）

（132）这一群人的脾气，就像热带的风暴，说来就来，说去就去，一刹时已无踪无影。（朱邦复《巴西狂欢节》）

（133）伦敦上空的天就像孩子的脸，说变就变，阴晴不定。（新华社2004年新闻稿_003）

这几例"说X就X"都表示动作干脆利落，两个动作间隔时间短。其中的"说"意思为"提到、谈到"，言其快、反应迅速、突然，是从"随心所欲"义推来的。

---

① 王弘宇：《说"一A就C"》，《中国语文》2001年第2期。

3.3.2.4　表无界倚变量

（1）越 A 越 B/越来越 B

这是共变条件构式，表达数量倚变关系。[①] 构式的意义不等于其常项和变项意义的简单加合，从变量的角度可概括其语义为：表示在程度上 B 随 A 的变化而变化，表现两个事物之间的共变关系、比例关系、量值变化，含有［+时间］、［+变化］的语义特征。如：

（134）一个读过书的，越到乱世越会镇定，他会以那不可移易的气节把自己系结在正义与光荣上；他会以不应付去应付一切。（老舍《火葬》）

（135）面对越来越猛的自驾出游热潮，不少业内人士担心，大量私家车集中驶往风景名胜之地，会带来交通、污染等问题。（新华社 2004 年新闻稿_ 002）

"越……越……"反映的是两根不同的轴上的变数之间同步增长或降低的函数关系。范开泰指出："对应的两项不是固定的，它们之间有一种函变关系，函变值是固定的。"

（2）什么 2≠什么 1 类疑问关联构式

一般认为疑问关联构式 WH2 与 WH1 所指相同，是相对有定的，但也有例外。我们来看：

（136）许多工人对我不理解说，厂长架子大了，不跟他们唠嗑了，我也提醒自己别脱离群众，后来认识到那是不对的，到什么阶段就该干什么事。（1994 年《报刊精选》11）

（137）"对对，我也假，我见什么人说什么话。"（王朔《刘慧芳》）

这两例"什么 1"和"什么 2"的所指对象不同，两者相互照应。"什么"和名词结合在一起构成了名词性短语。名词性短语 1 是名词性短语 2 的前提条件。"什么 1"不受限制，是先行词；"什么 2"是后续

　　[①] 吕叔湘先生在《中国文法要略》里说"有时两件事情都在变化，而相互关联，共同进退，这样的时候我们说这两件事情之间有倚变的关系，或函数的关系，含混一点，也可以说是比例的关系"。见《吕叔湘文集》：367。

照应词。"什么1"决定"什么2"的内容，"什么2"的所指随着"什么1"的变化而变化、转移而转移，两者形成一一对应的连锁、倚变关系。

例（136）：到A阶段就干a事。

例（137）：见A人说a话，见B人说b话，见C人……

A不等于a，B不等于b，但A、B所指内容却分别决定了a、b的性质，A与a，B与b构成了一一对应的匹配关系。

综上所述，紧缩范畴是一个由两大类7小类语义关系构成的完整语义系统，它们反映了各种类型的主观性，这是它们具有共同的句法形式——紧缩构式的语义基础。这种句法和语义两方面相辅相成的关系，正是句法与语义关系相互制约的具体表现。紧缩构式内部语义的连续统为：认知义、逻辑义（字面义）——语用表达义（构式义）：主观情态、主观量。

下面我们对老舍、王朔部分作品中紧缩构式的语义类别进行统计分析。

表 3.2　　　　　　　　紧缩构式各语义类别出现比例分布

语义类别		例句数量		所占比例（%）	
主观情态	强调、肯定	81	138	25.5	43.4
	强调、否定	25		7.9	
	委婉、容让	32		10.1	
主观隐性量	无界主观增量	70	180	22.0	56.6
	无界小主观大量	5		1.6	
	无界主观小量	47		14.8	
	无界倚变量	58		18.2	

从表3.2我们可以看出：紧缩构式表示主观隐性量较多，占56.6%，具体表肯定的最多，占25.5%；其次是表无界主观增量、倚变量、主观小量；表容让、否定的较少；小主观大量最少，仅占

1.6%。用语义数量等级来表示就是：主观隐性量>主观情态；肯定>主观增量>倚变量>主观小量>容让>否定>小主观大量。

3.4　本章小结

本章主要讨论紧缩构式的内在语义配置关系，分析紧缩构式实际凸显的整体主观构式义，建立紧缩构式表主观构式义的两大类7小类语义关系构成的完整语义系统。

首先分析了紧缩构式潜在的语义结构关系，即表层语义结构模式、表层逻辑语义关系，然后区分了构式的两种意义：构式义与构式体义。

紧缩构式有7种语义结构模式，逻辑关系分为联合关系和偏正关系两大类7小类。构式义有层级性，构式义和构式体义属不同层面。构式义指构式整体所表达的独立的、外部的语用功能意义，构式义到具体言语环境中出现具体语境义，即构式体义。语言具有主观性，紧缩构式是表现主观范畴的一种典型的句法结构。紧缩构式和相应的一般复句分属不同的语义框架。紧缩构式内部实际的语义配置已不再是表层施受、配价、逻辑等潜在的语义关系，而是凸显主观性整体构式义。

在抽象出紧缩构式义基础上对其语义共性进行了下位语义类型的划分：紧缩构式分为表主观情态、主观隐性量两个次类。前者可分为表强调肯定、强调否定、委婉容让3类，后者分为表无界主观增量、小主观大量、主观小量、倚变量4类。紧缩构式表现主观范畴已经形成了一个由两大类7小类语义关系构成的完整语义系统。

第四章

紧缩构式和词汇的互动选择探讨

怎样解释或识别某个构式的构式义？构式和词项、构式义和词项义的关系如何？构式和词项的关系问题是构式理论探讨的重要问题之一，也是难点所在。

对构式体中核心动词的意义和构式义的关系，目前有两种对立的观点：一种认为句式义决定动词的意义，句式义可解释动词的灵活运用与词语的多功能性；另一种认为动词的多功能性决定句式义，动词的语义特征或多义性可决定它灵活运用于不同的句式，因此主张应该根据动词的意义或论元结构来解释句式。[①]

我们认为，在一个构式体中，构式的整体义与其词汇意义的关系是相互影响、相互制约的。"一是作为整体的构式对作为局部的构成成分的由上而下的制约作用；二是作为其局部的构成成分对于作为整体的构式的由下而上的制约作用。"[②] 一方面，构式有其自身独立于组成成分之外的整体意义，构式本身可显示动核结构，构式义制约和影响内部词

---

① 构式语法强调句式决定动词的意义和论元结构。沈家煊（2000）、张伯江（2009）也强调"构式决定论元结构"。陆俭明（2004）持相反观点，提出需要用"词语句法、语义的多功能性"来解释句式义；张韧（2007）认为"动词的灵活使用"能解释句式义，而构式本身不能对句式义做出充分解释。王黎（2005）认为应用构式理论来解释多功能性，而不是相反。

② 王珏、谭静、陈丽丽：《构式等级降低与辞格生成》，《修辞学习》2008 年第 1 期。

语或成分的意义，影响进入构式的某些非典型动词的配价或意义，构式义可解释动词的多义性或多功能性；另一方面，构式内部的词语是形成句式义的基础，构成成分的意义与构式义有密切联系。① 构式义与其构成的典型动词的意义有直接的照应关系。动词的多义性或多功能性也会形成不同的构式。"语法的运作绝对不是完全自上而下的，即构式简单地将其意义强加于意义固定的动词。实际上，我们有理由认为语法分析既是自上而下的也是自下而上的。构式意义和动词意义以几种重要的方式互相影响，因此动词和论元的互相参照是必要的。"② 总之，"从构式出发来观察组成成分的语义是一种自上而下的研究路向，要对句子的合格性作出充分的解释，我们有必要把自下而上和自上而下的两种路向结合起来"③。

4.1　紧缩构式对词汇的句法、语义、韵律选择

紧缩构式对进入其中的词汇有音节限制及词性、语义要求。

4.1.1　紧缩构式对固定部分的选择

句法结构并不是两个成分的随意碰撞。构式语法理论认为，每一个构式都有其准入条件。构式对词语具有很强的词汇限制性，紧缩构式对内部各组成成分有深层次的句法选择与制约。

并不是所有的词都能够出现在固定部分的位置上，能够出现在固定部分位置上从而构成构式框架结构的词在词性、意义等方面有鲜明

① 参见范晓对句式义的讨论。范晓：《论句式意义》，《汉语学报》2010 年第 3 期。
② ［美］Adele E. Goldberg：《构式：论元结构的构式语法研究》，吴海波译，北京大学出版社 2007 年版，第 12、23 页。
③ 沈家煊：《句式和配价》，《中国语文》2000 年第 4 期。

特点。

（1）固定部分一般由副词、数词、表虚指任指的疑问代词等充当。

（2）能够进入固定部分的数词，它们多属于基本等级范畴，在人类认知中居于基本地位，具有认知上的显著性特征；从附加意义来看，它们多具有丰厚的文化蕴含。如由数词"一"构成的待嵌格式和汉民族博大精深的数词文化是分不开的。

（3）就动词而言，非典型性动词多具有作为固定部分的资格。因为它们不仅在意义上还在句法功能上表现出对典型动词的偏离，如能愿动词常作状语，趋向动词常作补语。典型动词是指一些具体可见的、由参与者产生影响的动作行为动词，如"走""跑""吃"。非典型动词指的是一些静态动词，如存在动词（没、无）；能愿动词（敢、能、爱）；趋向动词（来、去）等。

典型动词一般不能作固定部分构成待嵌格式的框架，因为它们都表示的是具体的动作或行为和实在的意义，在构式中充当核心成分，因此，它们不可能弱化或虚化成具有连接作用的框架结构。

4.1.2　紧缩构式对嵌入成分的选择

"并非所有的成分都能自由无限制地进入空位，而是要受到框架的语义规约"（李振中，2008）。构式对进入待嵌空位的词的音节、词性和语义都有要求。词项的语义特性要符合构式义的限定、允准条件，使词项与构式的意义保持一致。

（1）嵌入成分大多是名词、动词、形容词、代词等实词

能够进入紧缩构式待嵌空位的可以是谓词性或体词性词语，主要是一些典型的实词，即名词、动词、形容词、代词等。

〈1〉名词。如：没日没夜、不中不西。

〈2〉动词。如：爱看不看、不吵不闹、飞来飞去、一摇一晃、边干边学。

〈3〉形容词。如：不冷不热、没轻没重、没大没小。

除以上三大实词外，还可嵌入区别词，如"不男不女"；嵌入数词，如"不三不四"。其原因在于：紧缩构式中固定部分的意义如果发生了语法化，本身并没有实际意义，而是起强调、陪衬、渲染的作用，那么，嵌入成分就须是语义的主要承担者，其意义应较为实在。

（2）嵌入成分大多是自主可控的动词、性质形容词、时间名词等

紧缩构式表主观性，因此进入紧缩构式的动词应是自主性动词、形容词等，才能和主观性相匹配。如"爱/想 X 就 X"中因为"爱、想"等是表意志、意愿的能愿动词，倾向于与自主性词语搭配，要求"X"是可控的。如：

（1）想建就建，说拆就拆。（《人民日报》1996 年 8 月）

（2）在语言上完全是以一种反叛者的形式出现的，至少带有某种强制性……或者干脆是采取你爱读不读的态度。（《读书》vol-118）

（3）"是什么好电影，非今天看不可?"（《人民日报》1993 年 4 月）

例（1）中"建、拆"都是自主、可控动词。例（2）是"爱 X 不 X"构式，其中的"读"是自主可控动词。例（3）是"非 X 不可"构式，其中的"看"也是自主可控动词。

袁毓林（2007）等指出，进入构式的动词必须表示基本层次概念的动作。固定部分以虚化的形式配合嵌入其中的实词，虚实配合，才能达到良好的表达效果。再看：

（4）房价的高低应该有客观性，不是人为想高就高想低就低。（网络）

例（4）中形容词"高、低"是使动用法，是可控形容词。

"表过去和现在的时间名词一般不能进入紧缩构式，这是因为过去和现在已经发生或正在发生，已不可控。"① 可控的说明是虚拟的，未

---

① 丁倩、邵敬敏：《说框式结构"想 X 就 X"》，《暨南大学华文学院学报》（华文教学与研究）2009 年第 2 期。

发生的，所以有字面上没有的意义。如：

（5）春天，女人鹿张氏提着小锄去锄草，麦子不等黄透就被女人<u>今日一坨明日一坨</u>割完了，一捆一捆背回家去，在自家的小院里用棒槌一个一个捶砸干净。（陈忠实《白鹿原》）①

（3）嵌入成分大多是方位或者处所名词

进入待嵌空位的名词主要是表示空间位置的意义相反或相对的词，其中"东、西""左、右"出现的频率最高，例如：

（6）刘峰踩着高跟鞋，一路上摇曳着小碎花裙子在五光十色的大街上<u>左一包右一袋</u>地走着。（网络）

（7）大妈 放着正经事不干，乱跑什么？这些日子，你简直<u>东一头西一头</u>地象掐了脑袋的苍蝇一样！（老舍《龙须沟》）

（8）认识杜南时，我已工作一年有余，在这座<u>不南不北</u>的城市里，过着闲散舒适的日子。（网络《网恋的悲哀》）

（9）看你们洒洒脱脱，痛痛快快，敢作敢为，<u>说东就东，说西就西</u>，站在人前谁不尊敬。（雪克《战斗的青春》）

（4）嵌入成分大多是单音节口语词

紧缩构式中音节数受到限制。如"说 X 就 X""X 就 X""爱 X 不 X""不（没）X 不（没）Y""A 一量 B 一量""V1 副 V1P"等构式音节数较少，嵌入其中的大多数是单音节。

紧缩构式是口语表达方式，书面语体色彩浓的动词不能进入构式。

李临定（1986：133）认为："单音节动词大多是表示具体动作的动词，是日常常用的动词，一般用于口语中；双音节动词大多是表示抽象行为的动词，常常应用于书面或比较庄重严肃的场合。"

"爱 X 不 X"是口语中常用的固定格式，框架对嵌入部分的音节有选择性，进入该构式的动词一般为单音节形式。如：

---

① 在此结构里，"今天"之类表示现在时间的词所代表的只是说话时间点以后的今天，实际上它表示的也是未来。

（10）*爱吃不吃*，真他妈不识好歹。（王朔《我是你爸爸》）

"没 X 没 Y、不 X 不 Y"并列式作为凝固化的框式结构，具有结构上的强制性，X、Y 一般必须是单音节，否则要适应结构要求，进行音节的压缩、调整：

（11）下属都知道我没有业余爱好，*没黑没白*地工作才是我的爱好。（《报刊精选》1994 年 12）

"没黑没白"是从"没黑夜没白天"压缩变化而来。

"A 一量 B 一量"中的"A、B"一般都是单音节，少数是双音节。如：

（12）*东一块西一块*用剪子剪现成的报，然后往一处挤，他们的行话叫作"剪子活"！（老舍《老张的哲学》）

下面我们考察老舍、王朔作品中紧缩构式待嵌空位中各类词、音节的出现频率及使用情况。

表 4.1　　　　　　紧缩构式待嵌空位中词类、音节出现比例分布

类别	单音节动词	双音节动词	单音节形容词	双音节形容词	单音节名词数词代词	双音节名词代词	合计	比例
单个词	133	15	26	6	14	5	199	64.8
比例（%）	66.8	7.5	13.1	3.0	7.0	2.5	100	
短语	动词性		105	名词性		3	108	35.2
比例（%）	97.2			2.8			100	100

从表中所显示的分布情况来看，能进入紧缩构式待嵌空位的成分可以是谓词性，也可以是体词性。单个词单独、直接进入紧缩构式空位的最多，占 64.8%。其中能单独进入紧缩构式空位的主要是单音节动词，占 66.8%；其次是单音节形容词、双音节动词、单音节名词、数词、代词、双音节形容词，双音节名词、代词最少。进入构式的短语大部分是动词性的。可见，进入构式的大多数是单音节词和动词性词语。

4.2　紧缩构式的特殊共现词

　　紧缩构式有一些能和语气词共现。对汉语而言，句末语气词能传达各种主观感情。张谊生（2002）认为，"语气词'的'可以用于陈述句、疑问句和感叹句的句末，用来加强对陈述事实、疑问事实、感叹事实的确定"。除了这些用法外，语气词"的"还可以用在祈使句句末，加强祈使的语气。而紧缩构式能和大多数典型的句末语气词"的""吧""呗""了""啊"等共现，构成各种语气。

　　例如，"X 就 X 吧（呗……）"表肯定、容让，语气委婉，是对"负预期量"的宽容、让步，用于对假设的未发生的某情景的表述、劝说。如：

　　（13）小娟不解地问："你怎么了？鉴定就鉴定呗，花钱买个放心。你是学这个的，不会上当吧？"（《故事会》2005 年）

　　同词顺接"X 就 X"的"就"还经常省略，紧缩成隐标"XX 吧"的形式，表达一种无能为力、不想面对、懒得搭理的心情。如：

　　（14）杀头就杀头。→杀头杀头吧。→杀杀吧。（自拟、方言）

　　（15）花就花吧。→花花吧。（同上）

　　"X 就 X 了"表示对已发生的事情的容忍、无所谓，后面常有"了"。如：

　　（16）（忍不住，立起，大声）你死就死了，你算老几？（《雷雨》）

　　根据上面考察可知，"X 就 X"后面常有语气词"吧、呗、嘛、了"等跟在后面，紧缩形式"XX 吧"中的"吧"等语气词可以起语义代偿功能，弥补原来构式"X 就 X"的语义。再如：

　　（17）过一天算一天吧，你先别着急！（老舍《四世同堂·惶惑》）

　　（18）你怎么了？风一阵雨一阵的？你要叫孩子跟你睡马被，吃冷饭吗？（转引自周毕吉，2002 年）

（19）你别唱一会儿叫一会儿的，像个疯子似的。（自拟）

（20）别让我老这么冷一阵热一阵的！（老舍《全家福》）

以上四例中语气词"吧、的"分别加在含有紧缩构式的祈使句、疑问句、陈述句、感叹句的末尾，加强了句子的语气。

4.3　构式义对词汇义的选择和压制

徐盛桓认为，"构式语法的提出，在一定程度上体现了认知语言学研究方法论从构成论向生成论、原子论向整体论的转换"。沈家煊（1999a）指出，"只有把握句式的整体意义，才能解释许多分词类未能解释的语法现象"。根据构式语法（Goldberg，1995：4），构式力量很强大，构式的语义对词汇语义具有选择性和限制性。句法和语义的对应关系并非通过单独的词条，而是通过结构自身实现的。构式具有自己的独立意义，构式一旦形成，其整体意义会独立进入言语交际，进入构式的成分都会受到构式意义的影响。

一个构式如何选择词项？如何对词项进行压制？构式语法在反思"词汇投射原则"不足的基础上提出了"构式压制"（coercion），"讨论句法与语义接口的问题，试图消解词项与构式的冲突"①。构式多义观"避免过分夸大动词的意义对构式的作用"，避免了给组成部分的词语增添不合理的义项的"随文释义"做法，保证动词语义的经济简单。

紧缩构式的意义属于构式，而不是词语意义的一部分，因为在一些根本无标的构式中也可辨识逻辑意义、构式义，即使在具体的词语缺席的情况下也具有与形式相应的意义和语用功能。构式义制约句子整体意义，构式的意义可改变其中的词项意义，并限制词汇的用法（Goldberg，1995；王寅，2007）。

---

①　转引自刘国辉：《构式语法的"构式"之辨》，《外语与外语教学》2007 年第 8 期。

4.3.1　框架对嵌入成分的语义规约性

这里举几个构式的例子。

4.3.1.1　X 就 X、想/说 X 就 X

（21）"好，<u>走就走</u>！"碰的一声，妻用力关上房门，房内传出关箱子的声音；大概在整行李。（《读者》合订本）

（22）对，<u>说走就走</u>，这才是男子汉，大丈夫！（古龙《小李飞刀》）

上两例"……就……""说……就……"在形式上构成特定的框架，空位数量和嵌入成分都相同，都是两个空位，两个相同嵌入成分"走"，但由于框架不同，整个结构体现的语义明显不同。"……就……"用于假设关系，凸显的语义特征是［+容让］；"说……就……"用于顺承、条件关系，凸显的语义特征是［+任意］、［+迅速］。

4.3.1.2　爱 X 不 X

（23）想另作一篇散文吧，又到了交稿子的时候；况且精神不好，其影响于诗与散文一也；散了吧，好歹的那三首送进去，<u>爱要不要</u>；我就是这个主意！（老舍《一些印象》）

例（23）中"爱要不要"是"随便要不要"的意思，不是"如果爱要就要，如果不爱要就不要"的意思。"爱 X 不 X"构式前后嵌入相同的动词，紧缩后具有自己独立的语义即整体构式义：随便、不满，否定。这是构式框架本身赋予的，并非由其组成成分"爱、不"承担，组成成分只是起到了辅助的作用。

4.3.1.3　不 X 不 Y

否定构式的构式义对内部构成单位有控制作用。"不 X 不 Y"表面是双重否定，实际表肯定，如"不说不明""不见不散""不破不立"字面义和构式义不同。字面义分别是逻辑义"如果不说不明了""如果不见面就不离开""如果不破除，就不会建立"，而构式义则偏向"说、见、破"，是"一定要……"义。

4.3.1.4　越 X 越 Y

此构式中 X 和 Y 的语义特征必定是依附于整个构式的句法、语义制约，要为构式表示量的变化提供语义基础。

（24）但是他有他自己的吃法，就是和洋人一块儿用饭，他也不能更改他独创的规矩。喝汤的声音，在他看，是越响越好；顶好是喝出一头汗来，才算作脸。（老舍《文博士》）

这里"响"和"好"之间有共变关系。

4.3.2　紧缩构式的超常搭配功能

紧缩构式能吸收原本不能进入其中的词，强制性改变某些词的句法语义组合功能，增强一些词的搭配能力，突破常规句法搭配，使原本不能搭配的词语形成合理的搭配关系，使一个不具有某一句法性质或功能的词进入构式后，具有这一句法性质和功能。

4.3.2.1　使超句法结构合法化

紧缩构式中有些语块是黏着的，很少单独使用，但由于两件之间的相互选择和配合，能够成其为语块。

（1）后件对前件的选择

（25）谁愿意嫁他谁嫁。（毛润民 2007 年用例）

（26）……为此，月饼最好现吃现买，吃多少买多少，存放时间不要过长。（《市场报》1994B）

（27）领导们只好走出办公室作为替补队员，哪里需要哪里去。（《报刊精选》1994 年 04）

例（25）后件"谁嫁"是一个黏着结构，但由于有前件"谁愿意嫁他"和它相配，就能构成一个紧缩构式了。例（26）不表疑问的"买多少"也是黏着的，必须选择能够和它照应的谓核结构与之搭配才能成为后件。例（27）"哪里"也是一个黏着的谓核结构，由于前件有"哪里需要"与之组合，就能成件了。

（2）前件对后件的选择

（28）说话之间，人已经围多了。教导员代表大家说："<u>人在阵地在</u>，坚决守住胡桃峪。"（《邓友梅选集》）

（29）通过了这重重磨难，造成了轰动效应，他也学会了对付庸人。<u>什么顾客给什么货</u>。（《读书》vol-147）

例（28）"人在"是黏着的，必须要通过后件补足其逻辑语义，才能成为前件。例（29）"什么顾客"直接就是一个名词短语，不选择表述性较强的谓核结构"给什么货"相配合，就不可能进入紧缩构式。

而"越来越 X"结构就更体现出对后件的逻辑语义依赖性，其前件只用单个的"来"，语义关系全看后件的谓核结构表述的内容。

（3）前后两件的相互选择

对举项一般都是超句法结构，不能单用。"并列结构内部构造的紧凑性使各并列项出现黏合现象，只保留其中任何一个并列项就会导致句子不自足。"① 比如我们不能说"楼房东一排、脸红一阵"。紧缩构式删去前项或后项后，失去了特定的结构关系意义，构式也就散架，不复存在了，或者成为不合格的表达形式。对举使两个句法超常规的结构结合为一个整体，在语境中合法使用，变成"楼房东一排西一排、脸红一阵白一阵"。

"你死我活"构式表示"不是你死就是我活"的选择义，不能拆开，否则"你死""我活"关系就不好理解了。因为"你死"的结果就是"我活"，实际表达的应是"你死我死"，二者选其一。

另外如：不清（不楚）、（又哭）又笑。超句法规则搭配因进入对举结构而合法成句，且还带有字面义所不能体现的深层语法意义。

董秀芳（2003）认为，"否定性语素在语言中有着特殊的性质。否定性语素在语音上缺乏独立性，常需要其他词汇性成分的支持，与其他

---

① 段业辉、张怡春：《论现代汉语并列结构内部构造的紧凑性》，《暨南学报》（哲学社会科学版）2006 年第 6 期。

语素发生黏附"。事实上，"不 X"和"不 Y"有的能独立使用，但独立使用后其意义与感情色彩和搭配不同。

综上，黏着的谓核或名核结构也可以进入紧缩构式成件。究其原因，是紧缩构式赋予了其表述性。可见，紧缩构式组合成件能力很强。

4.3.2.2　构式价对动词价的影响

朱德熙（1978）首次明确提出"向"的概念。袁毓林（1987）认为，"'向'是动词和名词性成分发生句法、语义联系而表现出来的一种性质，它表征着动词在一个句法结构中所能关联的名词性成分的数量"。"向"就是动词的"价"。配价主要反映句法结构中名词性成分和动词性成分间的一种基本依存关系。

沈家煊《句式和配价》（2000）针对配价理论中动词配价的争议问题提出了"句式配价"的观点，认为句式有独立的整体意义，应该把配价看作句式的属性，不同的句式有不同的配价，句式的整体意义决定句式的配价。郭锐（2002）提出"语法的动态性"理论，认为"词在句法层面上会产生词汇层面未规定的性质"。具体表现为两个方面：①某类词在语法功能上产生变化；②动词或形容词的论元数发生变化。

这些观点都看到了构式对价的影响。一般来说，典型动词的配价及其组成的动核结构与其构成的构式的动核结构是一致的，但也有特例：如一价动词进入二价紧缩构式往往变成二价，构式能激活一价动词潜在的意义，是动词在"特定构式中的新奇用法"，所以要看具体语境中构式是几价。

紧缩构式的特殊结构对动宾超常搭配起到规约作用。动词进入复杂构式后被赋予了超常规则。如"A 一量 B 一量"对举构式能使不及物动词带上宾语（非受事），是由对举结构强行造成的，是构式使其突破原有的句法功能，这是对举紧缩构式和不及物动词的兼容现象。"A 一量 B 一量"构式能扩展适用于非及物动词并靠构式力量赋予其词汇语义中没有的类意义，对其进行重新范畴化。不及物动词进入紧缩构式后，构式调谐了词汇意义和构式意义间的语义冲突，使动词带上及物特点，生成合法紧缩构式。如：

（30）这种国家的活宝<u>死一个少一个</u>——再也不能减少了。（王朔《千万别把我当人》）

例（30）中的"死"是不及物动词，进入构式后以数量短语"一个"为宾语。

（31）要是以前，家里一大堆儿女，<u>坏一个也就坏一个</u>。（罗伟章《我们能够拯救谁》）

例（31）中"坏"原来是一价动词，但进入此紧缩构式后，它就变成二价动词，分派两个论元角色，抽象地表达为 V（a，b），是"使变坏"义，实际上是构式价，是二价构式。"坏"和构式义互动以后，能够进入紧缩构式，并获取"损坏"义，实现语义和功能的转换。又如：

（32）那么，又怎么知道他们<u>非走公路不可</u>呢？你想：他们只有这么点儿武装，在这青纱帐茂盛的时期，他敢走庄稼道吗？（刘流《烈火金刚》）

（33）我得连夜跟何书办去谈，不然人家<u>天一亮就走人</u>了。（高阳《红顶商人胡雪岩》）

（34）渔佬、建筑佬……他们<u>见谁赌谁</u>。有一次，他们居然赌到沙洋劳改农场！（陈闽《太阳突然变黑》）

例（32）、例（33）中不及物动词"走"直接带处所宾语"公路"和施事宾语"人"。"走"的论元结构在句法体现中出现了非正常对应。例（34）中"赌"本是一价动词，是"见谁和谁赌"义，而在"见谁赌谁"中"赌"的对象角色已被前面的"见"凸显出来而不能不被侧重，所以"谁"作为对象宾语却进入直接宾语的位置。经过构式调整，它在直接句法位置上得到凸显。再看：

（35）马林绝对国内第一教练，<u>想赢就赢</u>，<u>想输就输</u>，<u>想平就平</u>。（百度网）

例（35）中"输"本是非自主动词，但是在这里它与自主动词"赢""平"连在一起使用，使得"想输就输"构式的使用成为可能，表达了在说话人驾驭控制范围之内的情感。根据句式配价理论及其在实际语境中的表现，"输"判定为二价动词，由准二价向真二价方向飘移。

4.3.2.3　形容词动用

（36）她们的恶毒咒骂断断续续、高一声低一声地传上来。（王朔《动物凶猛》）

（37）潘科长派我送你的，你路上见一个好一个，知道他是什么人？（钱钟书《围城》）

例（36）中的"高、低"是形容词，但它们后面带上了数量补语"一声"，违反了数量短语不受形容词修饰的规则。这里形容词"高""低"带有使动用法，掺杂了说话人的主观意识。例（37）中的"好"受前项动词"见"的影响，是"与……相好"的意思。这里的形容词与一般性质形容词不同，它们实际上表现一种动态变化，可作为动词的一个次类。

"A一量B一量"是一个对称的构式，在句法结构中，相同位置的词经过整合或者同化，在句法性质上发生了变化，以适应结构的要求，这也是一种"和谐结构"的要求。

4.3.2.4　名词动用或动词名用

我们这里说的名词或动词指名词或动词性词语。

"从整体功能来说，通常向心结构的功能应该跟核心成分的功能相同，但是紧缩构式的功能也有可能发生变化。"[①] 先看名词动用。构式压制使得附属在名词词项上的引申义凸显出来，整体的句法功能不再是名词性的，而转为动词性，可做谓语，并由指称性转为陈述性，从而构成"程度副词+名词"结构：

---

① 邵敬敏：《汉语框式结构说略》，《中国语文》2011 年第 3 期。

（38）从北京来港度假的刘军说，香港真是"愈夜愈美丽"。（2004年新闻稿_001）

上例中，平常不受程度副词修饰的名词"夜"进入"愈……愈……"这个框架后，被临时赋予了量度义的性质，构式赋予"夜"动词性，是构式在起作用。

（39）是有人别有用心，借这个材料，在搞臭杨庭辉的同时也把张普景弄得不人不鬼。（电视电影《历史的天空》）

例（39）"不人不鬼"中的"人、鬼"在语义层面通过引申被构式范畴化为表示"特征、性状"的一个实例，次要认知域被触发。构式所含的关系性状成分赋予名词"人、鬼"某种特征，使其充当关系性状成分的角色。构式可理解为"不像人、不像鬼"，这样词义与构式义的矛盾可以得到化解。

（40）想风就风想雨就雨。（自拟）

（41）做什么事情非得一个男生和一个女生不可？答案：扮演"雌""雄"大盗。（网文《脑筋急转弯》）

（42）非崭新的/会弹琴的/木头的不可。（自拟）

例（40）、例（41）、例（42）"想""非"后分别接名词、名词性联合短语、"的"字结构作动词用，其实是分别省略了动词"用、需要、是"。例（40）"想X就X"中"X"是"风"和"雨"两个名词，是"刮风、下雨"义，意义已经泛化，可以代指一切行为。这里"想"作为助动词修饰后面的名词"风、雨"，构式整体表达"想干嘛就干嘛"的意思。

（43）你真浪漫，你真诗人。说诗人就诗人——他笑了，思绪急转，电光石火般抖出了辛弃疾的名句……（《人民日报》1995年1月）

此例是表特征的形化名词"诗人"动用，意思是"成为诗人"。

动词名用的较少。如：

（44）有干部通过，背短枪的就一个立正手举帽檐。小朋友们登时喜笑颜开连忙学着互相敬礼，一步一个立正，谁看就向谁致敬。（王朔

《看上去很美》)

按现代汉语一般句法规则，名量短语只能修饰名词，不能修饰动词。这里是紧缩构式的作用，使得后项名量短语"一个"修饰动词"立正"，和前项"一步"对称。

4.3.2.5　介词结构单独作句法成分

介词结构一般要跟其中心语一起出现，才能充当句法成分。但"非 X 不可"构式对"非"施加了语义上的结构压力，使一般不能出现在"非"后面的独立介词结构也能进入此构式。如：

（45）要把知识转化为能力，<u>非通过实践不可</u>。（《报刊精选》1994年07）

4.4　词汇义对构式义的反作用

构式义虽然不等于其组成成分词项意义之和，但是，构式既然由其构成成分组成，构成成分的意义必然会参与构建构式义，影响整体功能。词汇的意义对构式意义的表达也产生反作用、反制约。词项的语义特性能够从不同侧面影响甚至改变构式义的规定性。因此也不能用构式意义取代动词意义，应该把两者结合起来，才能更好地研究语义的生成。

那么，一个紧缩构式，内中是否有关键性词项？我们说是有的，就是关联词语。同一个词项，何以能在不同性质的构式里凸显不同的词义内涵？这跟词语之间语义关系的多重性有关，构式实现其基础的意义内涵和其他引申内涵。

4.4.1　常项对构式义的制约

4.4.1.1　关联标记有结构控制作用

标记化无疑是强化语言表达功能的一种手段，在句法上起致联控制、语序活化和竞争控制作用。关联词影响构式义，关联词对紧缩义的显现至为关键，构式义与常项"不、没"等关系密切。对于隐含的逻辑关系来说，关联标记的作用除结构关联外，一是显示构式的语义关系，二是选示，三是转化，四是强化。（邢福义，2001）我们这里主要谈下面四种。

（1）显示

构式内部的语用功能词、标记词通常能直接显示构式义。紧缩构式的构成形式受其语用功能的影响，为了适合表达非事件，很多为情绪标记性编码。紧缩构式本身带有主观性语用标记成分，如关联副词。紧缩构式的抽象、隐含的情态性与副词等标记成分有关。紧缩构式往往用关联标记来增加能产性，显示框架的作用。关联词可以激发紧缩构式的认知域，体现最大程度的结构标示力和标示明晰性。强调词或否定词、副词、数量词等的功能就是帮助紧缩构式形成情态性意义，实现其情态表达功能。具体体现为：

〈1〉副词标

副词标有"就、也、都、又"等。关联副词能推知构式义。构式里的某些副词是构式义的形式标志，一旦有此标志，就能预测或推知该构式的构式义。如"也"是紧缩构式假设义的显化标志。

〈2〉典型框架标

典型固定格式框架能推知、形成构式及其构式义。构式内部构成固定格式的关联标记框架是构式义的重要标志，如"一……就……""又……又……""边……边……""一……一……""爱（想、说）……就……""非……不……""越……越……""不……不……"等固定框架，代词重复使用形成的"什么……什么……""哪……哪……"等框架都表达着某种构式义。把握了各个固定格式框架的意义，也就自然理解了由固定框架构成的紧缩构式的构式义。如标记成分"越……越……"可以作为程度副词的代偿手段，表示条件倚变关系（条件、结果）。

（2）语序活化

关联标记能增加构式内部的句法自由度，促进语序活化。如"A 就 A 在 M（好就好在这儿）"式通过"就"的连接，用假设表因果关系，颠倒 A、M 位置。

（3）强化

关联副词在紧缩构式中起关联和修饰双重作用。如"就"作为关联副词，在构式中起关联和强调作用，表示前后两个动作紧接着发生，连贯，时间、情态变化的假设、条件等关系，它参与构式意义的表述。对于"X 就 X"构式中"就"的用法，北京大学中文系 1955/1957 级语言班编《现代汉语虚词例释》中的解释为：就 1（副词）——四、表示消极的同意或不得已的让步。"就"本来就有"确认认可"的涵盖意义，除了连接外，同时还有修饰和加强语气作用，强调后面的"X"，强化隐性的逻辑基础。这种构式往往含有轻视、不在乎、容忍的意思。例如：

（46）还有为了孩子的教育啊，苦就苦吧。（阎宇形《走马加拿大》）

"也"在"V1 也 V1P"构式中除表示不相应类同外，还起顿挫语气的作用，后现动词显得更加突出有力，包含着强调意味。如：

（47）没被辞退的职员与园丁，本都想辞职。可是，丁主任不给他们开口的机会。他们由书面上通知他，他连看也不看。于是，大家想不辞而别。（老舍《不成问题的问题》）

（4）转化

"关联词是结构竞争中的重要辅佐力量，可改写组合竞争的力量对比格局"（马清华，2004）。通过增改关联标记，可改变、转化紧缩关系及意义类型。比较：

［同时］他边说边笑。——［条件］他一说就笑。

［交替］一阵冷一阵热。——［同时］又冷又热。

通过对比，我们发现：关联格式"一……就……"改变了前、后件动作"同时"的并列意义，而实现条件义；关联副词"又"改变了交替义，变为同时义。

通过加减改变关联词语能使两种构式彼此转换，这是表义不同的对立构式之间的转换。

连动结构在关联词语显示、强化、语序的活化作用下，通过增加关联词语可以转化为紧缩构式，如：

（48）a. 她坐下来看书。→b. 她一坐下来就看书。

（49）a. 她坐下来看书。→b. 她不坐下来不看书。

4.4.1.2　关联词语的语义特征影响构式义

关联词语的多用法、多义项影响构式义。关联词语表达的逻辑语义关系很复杂。副词"也、都、还、就"等本身意义就十分复杂，具有多样性，如"就"的多义性。邢福义、赵遵礼认为"就"是兼表几种关系的关联词，可以表达多种逻辑语义关系：因果、假设、条件、选择、连贯关系等。"就"还有肯定、强调，甚至不满情绪的感情色彩，以及事情接连发生带来的迫切、急促语气。因此在紧缩构式中的意义也很复杂，影响构式义，孤立看往往不易把握其含义。

《现代汉语八百词》认为：口语中"非 X"后的"不 Y"也可以省略，格式"非 X 不 Y"中的"非"在语言的发展过程中，已由否定副词虚化为情态副词"必须"。李卫中（2002）认为"非 X 不可"在长期语言发展中格式化之后，强调义逐渐凝固，形成的"非 X"格式中的"非"表"一定、必须""表达强势的肯定意义"。因此，"非"的语义特征影响整个构式义。

"不 X 不 Y"构式中"不"的否定副词功能也已衰退，从否定意义转化为情态意义。因为否定副词"不"的主观性语义较强，影响了加在其后面的成分及整体构式义。吕叔湘在《现代汉语八百词》中指出："'不'用于主观意愿，可指过去，现在和将来。"[1] 所谓"主观意愿"

---

① 吕叔湘：《现代汉语八百词》（增订版），商务印书馆 1999 年版，第 383 页。

既包括动作的发出者（通常是句中的主语）做某事的意愿，也包括说话者的主观评价和认识。"不"否定一种动作行为和事件时，表示了说话人的主观意志，态度和认识。"不"是非现实性标记，因此，"不"对紧缩构式的构式义有贡献，容易形成构式。

情态①是语言主观化较突出的特殊功能范畴。能进入"想 X 就 X"构式的"想""爱""说""该""要""能""会""肯""敢""当""喜欢"② 等词都可以作为一个意义的类来处理，我们可运用家族相似性和原型理论把此类词语确定为一个特定的助动词（或能愿动词、情态动词）范畴，是"计划、打算"的一种提示，属情态标记，表示做某事的意志。如：

（50）工程一到手，就打自己的小算盘，偷工减料，粗制滥造，<u>得省就省</u>，得过且过。（《人民日报》1995 年 1 月）

"说"由于它特殊的含义，与其他助动词在某种程度上具有一致性。"说"从表示言说意义虚化为表示主观意愿和态度。如"花说开就开"中"说"意义完全虚化。助动词是一个非典型的词类，它与动词内部其他小类及副词之间存在着一系列连续渐变的语法等级，其界限往往难以划清。"词类就是一个边界模糊的没有充分必要特征的相似家族。"③ 在这里，构式中的"说"具有助动词的一些特点，如：不带体词性宾语、不能重叠等。这类构式由于助动词的作用，大都表达了说话人的主观意愿、情绪、态度和观点，在语言发展过程中，有极强的组合创造能力。

"想、说"的词汇义还跟构式主观性强弱有关。"想"表示头脑正在思考，所想的不一定成熟、完善；而"说"引出看法时，直截了当，且结果都有把握成为现实。所以，"想 X 就 X"构式语气比较谦和、委

---

① 情态（modality）各研究者对其所下的定义不完全一致。Searle（1979：1-9）提出了五种基本的言外行为，即陈述、指令、承诺、表情、宣告。其中的前四项都与情态有关。Lyons（1977：451-452）认为情态表达了说话人对语句或语句描述情景的看法和态度。

② 由于各学者对助动词的归属分歧比较大，这里所说的助动词是采取广义上的。

③ 赵艳芳：《认知语言学概论》，上海外语教育出版社 2001 年版，第 144 页。

婉，"说 X 就 X"构式语气较重，有时还带有训诫的意味。

另外，"一……就……"中的"一"，本义"开始"，也影响构式义"紧接"。

4.4.2　变项对构式义的影响

（1）变项语义关系对构式字面逻辑意义有影响

变项之间若在无标状态下呈非并列关系，则结构即使加入了可表并列的多义偶标，也未必表示并列。有时标记形式上的并列和逻辑上的意义不一致。如由情态成分（程度词）构成的复现构式"越……越……"不表并列，只表倚变，因其无标组合如"他越走越远了"中的"走远了"有结果关系。"不……不……"是既表并列又表假设，在"不见棺材不掉泪"中，因其无标组合"见棺材掉泪"含承接关系，所以表假设不表并列。

（2）一些重现动词强制性地要求其结构形式必须为否定形式，从而体现出特殊的构式义。如：动也不动。

（3）在"爱/想/说 X 就 X"构式中，"X"多为动词或动词性结构，它们对前面的助动词的语义有一定的制约作用。当"X"为自主动词时，助动词表示客观可能或主观能力愿望。当"X"为非自主动词时，多表示客观可能性。[①]

（4）准标类疑问代词可以表示任指的意义，所以疑问代词进入"爱/想/说 X 就 X"结构后，表示的自由随意性更大，主观性更强，加强了构式义。

"爱/说/想 X 就 X"中"爱、说、想"等情态动词跟表任指的疑问代词"怎样、什么、啥"等组合较多，这是因为疑问代词的任指义和

---

① 熊文在 1999《论助动词的解释成分》中说：非自主动词的［−主观］义使得它前面的助动词有了［−主观］义，自主动词的［＋自主］义，使得它前面的助动词有［＋主观］义。这是助动词的语义场与其后动词的语义场相互作用的结果，或者说是后面的动词对助动词的语义制约和

主观性语义相一致，两者容易相配。其中跟"怎么"等搭配最多，说明"怎么"等主观意愿性最强。特别是"爱/想/要 X 就 X"中的"X"基本上都是疑问代词"什么、怎么"等，比"说 X 就 X"中出现多，因为"说"更富动性，而"想"类更富主观性。如：

（51）顾小西并不见怪，性情中人，<u>想怎样就怎样</u>，挺好。（电视电影《新结婚时代》）

（52）我有言在先，只要我喜欢，<u>我要怎么着就怎么着</u>……（翻译作品《茶花女》）

（5）"非 X 不 Y"构式中"非"后变项中经常有助动词（情态成分）"要"和"得（dei）"和动作性很强的谓词和谓词结构，更能表达说话人对事件的主观态度和看法。所以"非 X 不 Y"构式比"不 X 不 Y"表判断推测的语气要重一些，主观性更强。如：

（53）就第一点而言，沉默是保持友好的最佳途径，如果<u>非得说话</u>，一定要注意适可而止。（《哈佛管理培训系列全集》第 05 单元）

（6）决定对举构式"A 一量 B 一量"语义的关键是构式对变项 A、B 的选择和 A、B 之间的语义关系，构式中的量词对构式语义也有一定影响。

当构式中的 A、B 是名词、代词等时，它们在语义上或相近或相反，这时，构式都表现出"并列""归纳"义，A、B 之间为联合关系。如：

（54）办什么事就老老实实地办。组织比赛就谈组织比赛，培养选手就谈培养选手，多挖掘人本身的内涵和困境，不要<u>东一榔头西一棒子</u>，离题太远……"（王朔《千万别把我当人》）

当构式中的 A、B 是动词性成分（"有""是（算）"除外），量词是时量词时，构式表示动作"交替"义，A、B 之间是顺承关系。当构式中的 A、B 是意义相近或相反的动词性成分，构式就会兼表"交替和周遍"义。如：

（55）别抵赖了，我搞了这么些年编样工作我还不知道？你书桌上

肯定搁着本人家的中文段子集锦，<u>看一行写一行</u>。（王朔《修改后发表》）

构式为"周遍"义时，构式中的 A、B 不能为语义相反的动词性成分。前后项之间为条件关系或者动作和结果的关系。例如：

（56）给司令部个电话，派一队来，<u>来一个拿一个</u>，全毙！（老舍《上任》）

（7）构式义受到其中动词语义特性的影响。同样的构式，动词本身的语义特性能够对构式的整体意义产生影响甚至决定整个构式义的成立。动词的语义特性可以导致事件之构成要件的缺失或不确定性，使得其所在构式的构式义不能成立。

如"一……就……"中的"一"，本义"开始"，在后面紧接着动词"开始"，即出现"一开始就……"形式时，往往成为表时间的状语，影响构式的成立。"推来推去"从空间域进入非空间域，是动词"推"意义引申造成的，增加了表抽象义的功能。构式义还取决于动词之外的其他词项，甚至取决于语境。人或物的词义差别，造就了完全不同的构式义。如"花说开就开"中"说"意义完全虚化。

以上 4.4.1、4.4.2 两方面关系表明，标记状况、变项状况和其他条件以相互作用的结果影响着构式义。一旦某些因素起变化，其他因素也会跟着变化。

4.5　本章小结

本章在上一章基础上，探讨了构式与成分、构式义和词汇义之间的互动选择、相互竞争制约关系。具体讨论了紧缩构式对词汇的句法、韵律、语义选择，紧缩构式的特殊共现词，构式义对词汇义的选择和压制及词汇义对构式义的反作用。

研究表明，紧缩构式结构式义和词汇义相互竞争制约。紧缩构式固定部分一般由副词、数词、表虚指任指的疑问代词、非典型性动词等充当，能够进入固定部分的数词多属于基本层次等级范畴。紧缩构式对进入待嵌空位的词的音节、词性和语义都有限制。紧缩构式要求进入构式空位的嵌入成分大多是自主可控、口语常用的单音节词和动词性词语。紧缩构式具有语气词等特殊共现词。紧缩构式有超常搭配功能，能吸收原本不能进入构式的词。构式价影响动词的配价。紧缩构式的特殊结构对动宾超常搭配起到规约作用。词汇义对构式义起反作用。紧缩构式中关键性词项（关联词语）能预测或推知构式义，某些变项在特定构式中可加强构式的主观性。

第五章

紧缩构式的语用篇章功能考察

构式语法将形式与意义/语用功能统一起来。Goldberg（2006）将构式的定义从形式与意义的匹配延伸到形式与功能的匹配①，构式意义包含语义信息及语体、焦点、话题等规约化了的语用信息。语用层面整合的构式义最终得以凝结到构式的语用功能上。下面我们基于 CCL 语料库对紧缩构式的语用、语篇功能及语体类型分布进行分析、考察，讨论其对语体的选择及语体特征差异，比较"爱 X 不 X"类紧缩构式在不同语体中的分布差异和适应情况，并提炼出所适应语体的优选序列。

5.1　紧缩构式的语用功能

5.1.1　紧缩构式的话题选择

在一定的言语环境中，言语表达总是围绕一定的中心展开，这个中心即话题（topic），也称为主题。话题是陈述的对象，述题是对话题的

---

① ［美］Adele E. Goldberg. *Constructions at Work*：*The Nature of Generalization in Language.* Oxford University Press，2006：5.

陈述。根据表达需求，说话者可对同一个事件或同样语义结构采取不同的视角或出发点，表达时就会选择不同话题的构式。简单句的话题比较容易辨认，但是对于压缩了成分而又富含逻辑配套关系的紧缩构式，则很难找出话题。紧缩构式的话题较为复杂。

5.1.1.1 主语话题

紧缩构式中前后项共一个主语的，这个主语就是话题。如：

（1）楚楚被这突来的耳光打得踉跄着差点摔倒，韦鹏飞<u>一伸手就拎住了她背上的衣服</u>，像老鹰抓小鸡般把她抓住。（琼瑶《月朦胧鸟朦胧》）

（2）人家儿子是局长，儿子的挑担是县大老爷；官司还不是爱打就打，<u>爱不打就不打</u>？有谁还拽住他么？（欧阳山《苦斗》）

例（1）的话题是构式前后项共同的主语"韦鹏飞"。例（2）用"爱 X 就 X"构式突出了"打""不打"的随意，由此可以看出"人家"打官司的方便、自由。其前后项共同的主语隐藏，实际指前面的"人家"，话题的具体范围受到语境制约。

5.1.1.2 话语话题

紧缩构式前项是话语话题，构成话题化构式。前后两部分主语不相同，或者前后根本无从指明主语的，着眼于前后两部分的整体性，将前项整个看成是话题、陈述的对象，后项是对前面的话题作进一步的陈述或者说明，这种情况我们称之为话语话题。因为有了前面出现的原因、条件等因素，才会有后面结果的发生。例如：

（3）虽然你的谈话发表在一贯造谣的《中央日报》上，不过，<u>无风不起浪</u>……所以决定派我来查清事实。（罗广斌《红岩》）

此例"风"是"起浪"暗含的假设条件，"无风"自然"不起浪"，"无风"这个假定的条件会引起后面"不起浪"结果，"无风"便是这一构式的话语话题。

"V1 也 V1P"构式的产生和发展也是"话题–述题"这一"信息编排"原则作用的结果，此构式中前现动词 V1 话题化。

前现动词和后现动词语表形式相同，但它们所具有的句法地位、功能不同。"前现动词不构成句子的基本语义结构，它的出现明显地带有语用动机。为了使核心谓语成分成为言谈的起点，就必须使它处于话题或次话题的位置，使它话题化。"（王霞，2008）而根据经济原则，移位可使本处于句中位置的某个成分话题化，并使核心谓语成分重复一次。前现动词话题化具体表现在：

第一，V1 的动词性已很弱，不能带时体成分，由具体的实义动词变为抽象动词，是句子说明的对象，因此常位于句首。如：

（4）看见过蚂蚱吧？独自一个儿也蹦得怪远的，可是教个小孩子逮住，用线儿拴上，连飞也飞不起来。（老舍《骆驼祥子》）

例（4）中"飞"处于句首，是谈论的对象、起点，是背景信息，指说到"飞"，对"飞"这方面的陈述是"飞不起来"，前后两项构成"话题–述题"结构。

第二，话题在汉语中有明显的优势选择性。它常是已知的背景信息和定指成分，是话语的起点和陈述的对象。在"V1 也 V1P"结构中，前现动词意义虚化，其指称义是类指，所以 V1 是一个话题，V1P 是述题，具有传达新信息的功能，它们一起构成了"话题–述题"结构。

"X 就 X"构式中前 X 具有话题性质，后 X 是述题，话题和述题表达的内容相同，述题通过"就"对话题进行认可和复说。话语话题 X 制约语境的选择及后面的关联词语"就"，"X 就 X"相应地表现为不同的语义关系。"说（想）X 就 X"中前项"说（想）X"是后项实现的前提，所以整个前项作话题。

5.1.1.3　后项话题

紧缩构式的信息结构特征一般是"话题–述题"结构，但有时也会出现新信息在前面，旧信息在后面的情况，这时后项成为话题，前项是述题。如：

（5）亚运会 15 天 337 个小项数千场次的比赛，不爆冷门就不正常了。（《人民日报》1994 年第三季度）

从逻辑的角度看，在论证中，"不 X 不 Y"中"不 Y"是整个构式得以形成的基础，具有话题的作用。"不 X"大致相当于论点，是述题，从反面阐释原因。例（5）中"不正常"是得以形成的基础，围绕"之所以不正常"这一话题，运用反证法来寻求原因是"不爆冷门"，强调要爆冷门。

5.1.2 紧缩构式的焦点建构

紧缩构式具有凸现信息焦点（focus）的功能。所谓"焦点"指的是话语结构中的信息中心，是话语内容的语义中心所在，是未知信息的集中点，负载着说话人的兴趣、心绪、态度等。焦点部分负载了最高强度的新信息，因此可以起到显著的"凸显"作用。

刘丹青、徐烈炯（1998）区别出三种焦点"自然焦点（常规焦点）、对比焦点和话题焦点"。话题焦点一般就是主语。自然焦点一般出现在句末的实词语上，是句子的自然重音所在，即句尾焦点，称为尾焦原则。"对比焦点是句内最突出的部分，是针对听说双方共享知识中的某一对象而刻意突出，作出对比。"[①]

紧缩构式对比表述焦点建构情况如下：

5.1.2.1 焦点设置

（1）单焦点

紧缩构式中只有一个焦点出现，一个表述中心。

〈1〉焦点在前

有的紧缩构式语义、语音重心落在前件上，强调前件的条件限制义，也就是语义焦点在前。

比如，从形式上看，"非 X 不可"构式的语义焦点落在变项"X"上。"X"获得强式焦点的地位，具有［+突出］、［+对比］的语义特

［①］ 刘丹青、徐烈炯：《焦点与背景、话题及汉语"连"字句》，《中国语文》1998 年第 4 期。

征。我们再看：

（6）非中共干部以前只从事自己的专业工作，不大了解整个国家的情况，<u>不当家不知柴米贵</u>。（《报刊精选》1994 年 09）

例（6）焦点是前项中的"当家"。再如：

（7）写文章吧，像你当年学文化那样交作业那样，你<u>想到什么就写什么，想到哪里就写到哪里</u>吧！（《作家文摘》1997 年 A）

例（7）中两个紧缩构式是强调前项"想到什么、想到哪里"，语义焦点在前。

以上构式前项是假想中的推测，也有的前项跟前文信息有关。如：

（8）大家还怎么在一个院子里住下去呢？没别的办法，事情只好<u>怎么来怎么走</u>吧。她向孙七点了点头。（老舍《四世同堂》）

此例中"怎么来怎么走"的"怎么来"是焦点，表明事情来的方式，在前文中应该已出现过。

〈2〉焦点在后

紧缩构式话语信息焦点、语音重心往往落在后件上，后件语义重于前件。这符合最常见的信息动力传达模式，即新信息在后。

"X 就 X"构式中副词"就"前后的"X"传达的信息有旧信息和新信息之分，二者地位不同。前 X 部分作为引发语起上下勾连的作用，后 X 部分才是信息的焦点所在，显然要重于前 X 部分。如：

（9）田光望着老婆说道："<u>去就去罢</u>，到姨家住几天也好。（冯志《敌后武工队》）

"V1 也 V1P"构式中前项动词和后项动词相同，前项动词是一个光杆形式，它的动词性较弱，名词性较强，由原来表达具体动作行为到变得抽象化。构式中后项动词性短语表述整个结构的基本语义，在句法结构中起着重要作用。整个构式的语义重心后移，强调后项 V1P。如：

（10）到了包扎所，女护士们招呼他，<u>他理也不理</u>；自己找了个地方，坐下，一手扶枪，一手放在膝盖上。（老舍《无名高地有了名》）

"爱 X 不 X"构式原来由双小句共同表达的意思（双命题、双重心）逐渐后移（双命题、轻+重），最后几乎全部落在后一小句上（单命题），表示否定。如：

（11）正式的演员用的是痱子粉，我们用的是泡沫粉。不知道这究竟是什么东西……也不知会不会对身体有害。但没人管我们，<u>爱拍不拍</u>，不拍走人。（史传《中国北漂艺人生存实录》）

（12）你知道他们第一次从酒田回来，对老婆都<u>爱理不理</u>的，当初真不应该让他们去当船员。（迟子建《岸上的美奴》）

"再……也……"构式焦点也在后面。如：

（13）身体发胖了，失去了往日的体形，<u>再用心打扮也难尽如人意</u>。（《人民日报》1994 年第二季度）

"A 就 A 在 M"构式语义重点在后项的 M 处。如：

（14）韦国清同志的报告好，<u>好就好在研究了新的历史条件下的问题</u>，有针对性地提出了解决的办法。（应用文《邓小平文选》）

此例"好在"后的内容是构式的焦点。

（2）双焦点

焦点平均分布在前后两项上。如前后项语义相反的对举构式呈双焦点分布：

（15）阳光射入薄云里，<u>东一块西一块</u>的给天上点缀了一些锦霞。（老舍《四世同堂》）

此例"东一块西一块"呈前后对立双焦点模式，有"到处"的虚拟整体含义。

（16）柔嘉又气又笑道："这种蛮不讲礼的话，只可以小孩子说，你讲了并不有趣。"（钱钟书《围城》）

此例"又 A 又 B"前后两个焦点语义相反，表现矛盾心情。

（3）焦点隐含

隐含焦点不体现在字面上，而是隐含在字面义中。

"又 A 又 B"构式将同义或类义的 A 和 B 放在一起同时使用，A 和 B 的语义焦点也已经不是各自的意义，而是组合之后的整体意义了。如：

（17）像我这样一个<u>又丑又穷</u>的老婆，虽然讨你的厌，可是安安分分，不会出你的丑的。（钱钟书《围城》）

例（17）中的"丑"和"穷"在构式中的语义焦点并不是它们各自的意义，而是组合后共同表达的对老婆负面的描写，焦点隐含其中。又如：

（18）周钰城很大方，他是分明的知道我的底蕴，但并不<u>一见面就相认</u>。（梁凤仪《风云变》）

例（18）"一……就……"的焦点在字面上也看不出来，隐含于构式中，表短时义。

另外，"没吃没穿"等都是焦点隐含。

5.1.2.2　焦点标记

范晓、张豫峰（2003）指出："汉语主要采用三种标记格式来表现对比焦点。一是通过语义成分的非常规配位，二是采用平行格式，三是采用周遍句式。"紧缩构式对比焦点的标记方式有：

（1）句法标记

句法上的标记都是人们为了突出话语的新信息而固化为的一种约定俗成的语言表达形式，具有标记、凸显信息重点或焦点的语用功能。紧缩构式往往通过特殊的句法格式来标记焦点。

〈1〉通过双重否定格式强调焦点

徐杰、李英哲（1993）指出汉语句子中焦点的选择序列："是"强调成分——"连/就/才"强调的成分——数量成分——"把"字宾语——其他修饰成分——中心成分——话题成分。[①] 以此为依据，焦点的首选是句子中被强调的成分。

说话人为使焦点突出，有时要调动一些句法手段，如使用双重否定结构，来传递焦点信息，从而出现强调的语义色彩。

"非 X 不可"构式的"非"是"一定、必须"的意思，相当于强

---

① 徐杰、李英哲：《焦点和两个非线性语法范畴："否定""疑问"》，《中国语文》1993 年第 2 期。

调词"是""连"等，突出强调、强势肯定后面的"X"。因此，"非X不可"构式就标示出"X"是对比焦点。

另外，当"非要"和"非得"连用时，"不可/不成/不行"可有可无，甚至可脱落。如：

（19）有的人不服输，<u>非要下完</u>，总觉得被他那样暗示死刑存些侥幸。他也奉陪，用四五步棋逼死对方，说："非要听'将'，有瘾?"（阿城《棋王》）

可见，情态成分"要"和"得"的使用，使得情态语义加重，构式的语义焦点得以明确。"不Y"的脱落更加表明"非X不Y"的语义焦点是"X"，因为语言的经济性原则要求语言中不重要的成分脱落，而保留重要成分。再如：

（20）哦，萍，<u>没有你就没有我</u>。（曹禺《雷雨》）

（21）挪威人说，<u>不到卑尔根就不算到过挪威</u>。（《人民日报》1994年第二季度）

例（20）构式通过双重否定结构确定焦点"你"。例（21）也通过双重否定结构确定焦点"到卑尔根"。此构式运用反证法来阐释原因，由果溯因，由已然事实"不Y"论证造成这一事实的原因"不X"，充分说明了前提，达到强调的语义效果。如果把例句改为"到过卑尔根就算到过挪威"，意思就有不同，它仅是一般性的客观叙述和描写，而双重否定构式是对客观事实的一种估价或评议，表达主观性。

〈2〉通过平行格式表现焦点

紧缩对举构式就是通过平行的标记格式来固定、凸显其对比焦点，构式中相异的对比项成了焦点。如：

（22）老三是祁家的，也是民族的，英雄；他不能随便<u>东一句西一句</u>的乱扯。（老舍《四世同堂》）

（2）语序标记

语序不同也会导致紧缩构式的表义重点变化。两件语序的互换，使语用意义发生了变化。例如，"他一上图书馆就看书"与"他一看书就上图书馆"二者语义结构相同，但是前者隐含的意义是：他上了图书馆，没有耽搁，就开始看他的书；后者隐含的意义是：他只要想看书就会上图书馆。

"V1 也 V1P"构式是通过非常规配位来表现焦点的。如"动也不动"用重复动词的形式变动了构式的语序。"不动"为正常语序，"动也不动"可视为变体，异类语序，将动词"动"在句首重复一次，话题化。语序的改变能够影响信息的传达，人们读到这类语序时就会注意到后面的焦点部分 V1P。如：

（23）真无法想象母亲当年是怀着怎样的一种心境走在那条孤寂的山路上的。满满的两箩筐鲜鱼。跌倒了没有人来扶上一把。爬起来还得咬牙走下去。而那条山路，又漫长得走也走不完……（《读者》合订本）

（3）语境标记

焦点受制于语境。焦点不仅局限于形式上的位置，还受语境的影响，语境促成话语重点的建构。焦点是构式表达的强调重点，由于说话者的主观意图不同，同一个构式需要凸显的焦点也就不同，焦点会因语境不同而变化，不同的语境制约着构式的焦点选择，语境中焦点还会发生转移。看下例：

（24）想毕业就毕业———想什么时候毕业就什么时候毕业

语境改变后构式的语义焦点在"什么时候"上，构式转移了焦点，使焦点放在该动词可控的条件上。再如：

（25）非他不可吗？小王就不行吗？（强调的重点是代词"他"）

（26）我们非今天见面不可吗？（强调的重点是"今天"）

（27）打电话不行？非明天面谈不可？（强调的重点是"面谈"）

上面三例反映思维的语义结构相同，但由于问句的疑问点不同，答句选择的焦点就不同。

构式出现在不同语境中，焦点标记的位置不同也就导致附加构式义不同。如：

（28）妈，你和父亲常说自己是风烛残年，<u>活一天算一天</u>。其实我又何尝不是一样呢？（谢冰莹《望断天涯儿不归》）

（29）赵航宇"噌"地站起来，"<u>争取一个是一个</u>，你们立即发动人，翻阅所有中外文报刊……"（王朔《千万别把我当人》）

从上面例句我们可以看出，当例（28）"A—量算（是）—量"的信息焦点就是"A"和"算"时，表示一种对生活无所谓、不以为意的态度；当例（29）"A—量 B—量"信息焦点是"—量"时，表示一种积极向上的生活态度。

5.1.3　紧缩构式的句类选择

说话者总有意图，如提问、发出命令、提出请求、提供建议、表达赞美与厌恶等。这些句子在特定的语境中所具有的使用力量，被称为"行事语力"。紧缩构式能表达各种语气：陈述、询问、祈使、感叹。紧缩构式对各种语气类型的选择，是为了适应不同交际环境的需要，表达各种主观情感。

5.1.3.1　疑问句与祈使句

疑问句与祈使句是使信息反馈的句子，是意欲句，有传信行事功能。疑问句用于询问信息，要求对方回答；祈使句转述传递指令，主要功能在于提出要求或发出命令。当祈使语气比较强硬时，说话者往往要传递不友好的情绪。如：不满、否定、威胁、警告等。它们都是有所为之言，有言外行为功能，所以紧缩构式大量选择疑问句和祈使句，表达主观性。

廖秋忠（1991）谈到篇章对句式的选用具有制约作用，比如发问句式对回答句式的制约，特别是对正面回答的句式制约。对话中一方所用的句式对另一方有制约作用。单句中疑问句多数要求用语言反馈，但紧缩构式中疑问却往往用特殊问句如反问句形式，寓答于问，表示说话者的主观态度，是对听话人的一种否定。

（30）"……我这么多年都等得起，还在乎早一天晚一天吗?"（陈建功、赵大年《皇城根》）

例（30）意思是"不在乎早一天晚一天"。

紧缩构式用于双重否定祈使句也较多，表达肯定义。如："不见不散"表示一定要见。"不碰南墙不拐弯"表示一定要见到事实。"不说不知道"表示一定要说。"非你不嫁"表示一定要嫁给你。再如用疑问形式表强调、肯定的祈使句：

（31）喜爱谁嫁给谁不找媒婆！（老舍《柳树井》）

"爱/想/要 X 就 X"构式一般用在祈使句中，它是说话者希望听话者做某事、听凭或容忍听话者的行为，一般用于听话者在场的语境中，语义上常常隐含人称，独立构成无主句，带有很强的祈使性。例如：

（32）"舌头长在你自己的嘴里，想说就说呗，老想着别人爱听不爱听干什么。"（陈建功、赵大年《皇城根》）

（33）要杀便杀，啰唆什么！（莫言《檀香刑》）

"爱 XX、X 就 X"等构式主观性强，也常用于祈使句。如：

（34）那随你便，爱怎么玩怎么玩去吧。（王朔《一点正经都没有》）

（35）他就冷冷的开了口："不说就不说，我也没时间没心情来管你家的事！"（琼瑶《青青河边草》）

祈使句要求听话人对话语做出相应的动作行为，即用行动反馈，表达说话者的主观愿望、感情色彩。

5.1.3.2　陈述句与感叹句

陈述句和感叹句都是使信息存储的句子。紧缩构式也大量用于陈述句和感叹句，以传递信息和表达强烈的感情。感叹句表达的情感可以是积极或消极的。如：

（36）他看明白：儿子们自有儿子们的思想与办法，老人们最好是睁一眼闭一眼的别太认真了。因此，他并没怎样替瑞全担忧。（老舍《四世同堂》）

（37）"……我这个人不怕告。身正不怕影子歪，组织上可以查

嘛。"（李佩甫《羊的门》）

（38）"那天在曹宅，我连坐了十四把庄，你<u>爱信不信</u>!"她知道她的威吓是会使瑞丰太太更要手足失措的。（老舍《四世同堂》）

例（36）、例（37）是陈述句，传递了一定的信息。例（38）是感叹句，表达否定、消极情感。

5.2　紧缩构式的篇章功能

紧缩构式承继了复句理据而来①，与语篇有相似性，是篇章性的结构。紧缩构式由前后两个表述结构表示两个事件间的逻辑关系，前项与后项依赖性使用，与上下文都有联系，有连贯性、一致性和照应性特点，对上下文和语言环境的依赖要比一般句子强得多，所以在具体语境中具有篇章衔接、链接、管界等功能。

5.2.1　紧缩构式的篇章衔接功能

篇章结构中的衔接发生在先后过程中，属于同一层面中的连接。

5.2.1.1　语义不自足性

张斌（2003）指出："有些句子的结构是完整的，可是语义上还欠缺些什么，属不自足的句子。"② 陈忠（1999）认为："省略实际上是将原本在语列中呈凸显状态的信息在允许的条件下转化为隐现的信息，它是依靠信息流的惯性作用实现的。"③ 紧缩式在句法上与常规的完整形式相比存在空缺部分，由此带来语义上的相对模糊性与不完整性。紧缩构式在发展中形式越来越简化，其自身所能传递的显性信息量就会变

---

① 参见第八章。

② 张斌：《汉语语法学》，上海教育出版社 2003 年版，第 89 页。

③ 陈忠：《信息语用学》，山东教育出版社 1999 年版，第 870 页。

少，然而它所传达的信息总量并未减少，凸显的信息量少了，更多的则由隐现信息来提供，形成超压缩形式。而要达到完整传递所有信息的目的，就需要用补足句来将省略掉的信息补充完整，利用隐性信息帮助补充、丰富显性信息，这表明了紧缩构式的语义不自足性和开放多维性。

袁毓林（1998）认为，就语言成分的省略而言，汉语遵守着语义守恒的规律：一个成分缺省了，这个成分所表示的意义一定被其他成分所蕴涵，并能被另一个成分所激活。人们对紧缩构式义的理解离不开上下文背景和认知经验的参与。

紧缩构式在语篇中往往有先行句或者后续句与之前后衔接、照应合用，为其提供语义辅助和支持，语篇才会完整。紧缩构式跟上下文都有关联，特别是容忍、委婉义构式"X 就 X"的出现有条件限制：一般不能单用。它在意义上本身并不自足，自身无十分确切的语义内容，它经常出现在流水性的句组中，与上下文存在较强的依附性，要增加后续信息才能表达完整的语义，与后续小句相结合才能具体地表达出诸种情绪。这种"X2"对"X1"的"确认和认可"意义在缺乏语境和前后文的铺垫下是很难完成的，所以此构式语篇关联作用最强，往往有语篇整合功能：前件重复源信息，重在叙述事实，后件引出新信息，重在表达意愿和态度。又如"说什么……也……"构式不可出现在句首句中，必须有先行句。责怪义构式"爱 X 不 X"是受话者对话语中的某一语言形式的刺激所作出的言语反应，往往是说话者针对谈话对方话语的回应句，因此较少作为始发句出现。①

"爱 X 不 X 、X 就 X、爱 X 不 X、爱 X 就 X"等紧缩构式各有分工异同，篇章衔接功能强弱不同，几式和补足句合用情况如下：X 就 X>爱 X 不 X>爱 X 就 X，即"X 就 X"不自足性最强。

---

① 郑娟曼：《现代汉语贬抑性习语构式研究》，暨南大学 2010 年博士学位论文。

5.2.1.2　越界启下功能

关联词语把前后项整合起来，具有语篇整合功能，词义、结构义、句义、篇章义之间可以过渡。"关联域、关联范围轶出直接联项关系之外，称为越界。"① 偶标、单标的关联域有时可越界，有承上启下功能，可以进行信息接续。如：

（39）越谈越兴奋越不见外，也就在言语上少了很多顾忌与防范。（梁凤仪《弄雪》）

此例关联域扩展到下一分句，源自紧缩构式所标示的累加关系的主观强势性。

（40）他一五一十把跟爱香的事情和盘托出，吹就吹，活该！吹了砸了也是报应，谁让自己干出对不起小玥的事情。（魏润身《挠攘》）

这里"吹就吹"既对前面的事情表示确认、容忍，又开启了下文：描写了对"吹"的主观态度、评价。

5.2.1.3　通用的话语衔接手段

紧缩构式具有重要的语篇功能，它和先行句、后续句间不通过外加的语言形式，只是借助于某些词语在语义上的内在呼应，也就是理解时的依赖关系起到关联作用。通用的话语衔接手段有词汇重复、相似性（同义、反义）、上下义（整体和部分、具体与概括）、替代、回指等。陈平（1987）把汉语的回指形式分为"零形回指、代词回指和名词回指"。

"A 就 A 在 M"构式表现出较强的语篇连接能力，与上文 A 相连。如：

（41）边区造的这种小炮儿比日本造的炮身长，口径大，射程远，因为它的炮弹大，所以威力也大，它比日本的好就好在这儿。（刘流《烈火金刚》）

例（41）紧缩构式中的指示代词"这儿"回指整个前文"边

---

① 马清华：《层次关系中的破界》，《语文研究》2004 年第 3 期。

区……威力也大"。

其他具体话语衔接手段在下面的话语结构分析中会涉及，这里不再重复举例。

5.2.1.4　话语语义结构

言语信息是一种多结构多层次的复杂系统，其核心部位是内部微观结构："以已知信息引出未知信息，以背景信息凸显焦点信息。""'已知—新'就是常见的一种信息结构模式。"① 紧缩构式不能孤零零地使用，它必处在一个特定的话语结构链中。

紧缩构式在句法结构上都是完整的，但是心理目标域的信息（概括意义）前后关联，和先行句、后续句有映现关系。具体有四种形式：第一种是向后映现（backward mapping）；第二种是向前映现（forward mapping）；第三种是同时映现（simultaneous mapping）；第四种是多次映现（multiple mappings）。前三种映现在语篇中具有"解除歧义"功能，通过上下文衔接照应，使构式意义具体化。最后一种映现具有做出多种推理、吸引注意力和保持话语活力、形成"针对性歧义"的功能。句法结构的完整性与语篇关系的不完整性这对矛盾，推动了话轮的继续和语篇的延续。

紧缩构式具体话语语义结构体现为：

（1）向前映现，补足句在前

这是上指式。构式的语义指向并非在句内，而是指向上文，具有总结和评估等功能，是前文话题的延续。

〈1〉新旧信息直接关联

如"X 就 X"本身不自足，一定是被动信息、后续信息，构式所要表达的完整语义必然需要其他成分的辅助，构式出现之前一定有旧信息、铺垫成分存在。构式中后 X 对前 X 的依赖性也正源于此。前 X 是对旧信息的重现、引述，是引发新信息的铺垫和生发基点，作为引发语

---

① 范开泰、张亚军：《现代汉语语法分析》，华东师范大学出版社 2000 年版，第 207 页。

起上下勾连的作用；后 X 则负载说话人的主观意愿和态度，表达贬抑性看法、态度，即"引述否定"①，使得上下文连贯一致。该构式体现了新旧信息的融合和接续。例如：

（42）"你别找我了，你应该回北京。""回就回！回就回！"毕竟是小孩儿性，江曼嚷着，跌跌撞撞下了山……（韩静霆《凯旋在子夜》）

例（42）表达了说话者的"赌气"心态，前面有"回北京"这样的先行词语作引导，通过和上文词语重复方式前后勾连、照应。

（43）"什么？你拒绝了他？你算行！姓赵的，你这辈子算作不上官了！"欧阳天风真的急了，一个劲摇头叹息。"不作官就不作，反正不当小录事！"赵子曰坚决而自尊的说。（老舍《赵子曰》）

例（43）的"不作官就不作"表达的是"（你）说不作官（我）就不作官"的意义，前面的补足成分将不作官的原因"拒绝了人家，所以判断这辈子作不上官了"补充完整。此例是"不作官"和前面的"作不上官"通过相似性同义手段进行衔接。

（44）一洲没再多说，立即转身恭恭敬敬面对刘书友："你说怎么改吧！""千万别勉强，"李东宝有点着急。"勉强改也改不好。"（王朔《修改后发表》）

（45）他抬脚就赶，赶一会子小焦，又去赶小赵，赶来赶去，人们都吃完了，他又乐滋滋地去找张嘉庆。（梁斌《红旗谱》）

例（44）光看"改也改不好"，不知道"改"的什么，而"改"的对象在上文中有先行词"你说怎么改"的"改"与之重复衔接。例（45）中的"赶来赶去"和前文的三个"赶"通过词语重复衔接。

（46）一面工作一面也就训练孩子，使他们从服务中得到劳动愉快和做人尊严。干的湿的有什么吃什么，没有时包谷红薯当饭吃。（沈从文《黑魇》）

---

① 郑娟曼：《现代汉语贬抑性习语构式研究》，暨南大学 2010 年博士学位论文。

这里"什么"在前文中有"干的湿的"照应，通过词语的上下义关系衔接。

值得注意的是，作为基点的旧信息不仅可能紧挨在构式的前面出现，还可能出现在距离构式比较远的前文中。我们看：

（47）今年春天闹瘟疹，死了一大批。……可是哭完也就完了，小席头一卷，夹出城去；死了就死了，省吃是真的。（老舍《柳家大院》）

这段话是叙述因闹瘟疹很多孩子夭折的残酷现实的，旧信息"死了一大批"和新信息"死了就死了"是先行后续的关系，它们之间跨度比较远。但新信息负载了叙述者痛心而又无奈的感情在其中，从而增大了信息的容量。

由此可见，言语信息在上下文中呈现为一个相互关联的网络结构，语言的上下勾连，也体现了信息的系统性特点。

〈2〉新旧信息间接关联

这主要以语境暗示、逻辑推断等隐性背景信息形式出现，是零形式衔接。

A. 语境暗示

上文语列信息能够补充显性信息的不足，对后续的紧缩构式信息进行提示。

（48）少妇一抬手把桌上的杯子扫到地上，接着把一托盘茶杯挨个摔到地上。马青也抓起烟灰缸摔在地上，接着端起电视机："不过就不过！"（王朔《顽主》）

例（48）单看"不过就不过"并不能了解"不过"究竟是什么意思，而且在新信息之前也并未出现"不过"这样的字样，但这些内容在构式之前的补足句中已经有所涉及，可从前文语境中概括出来，即描写了马青跟随少妇一起在家摔东西的场景。由于语境的暗示，我们清楚地知道离婚将要发生在两人之间，将表达的内容"少妇和马青闹离婚"补充完整。所以马青的话"不过就不过"前部分是对马青和少妇两人行为的概括；后部分则传达出马青容忍、不满、无所谓的主观态度、情绪，这是新信息的焦点所在。这样，语境暗示与新信息构成一种间接关联，起到了勾连上下文的作用。再如：

（49）这句话也许说得太深奥了一些，随便吧！你爱懂不懂。（老舍《我这一辈子》）

例（49）"爱懂不懂"的构式义"无所谓"在上文"随便吧"中已体现出来。

B. 逻辑推断

逻辑推断主要指紧缩构式需要对散落在上文中的旧信息进行逻辑推断、分析和整合得出结论。

（50）瑞宣的脸瘦了一圈儿。三天没刮脸，短的，<u>东一束西一根</u>的胡子，给他添了些病容。（老舍《四世同堂》）

例（50）旧信息体现在具体叙述中，新信息则在这些叙述中推断得出：这里"东一束西一根"是由前面的"三天没刮脸，短的"推断出来的。

（2）向后映现，补足句在后

这种话语结构为后面提供一个描写起点或平台，指向整个后面内容。紧缩构式与后续句的衔接方式只有重复和转换（转移话题）两种，主要靠语义上的关联。

（51）"别不好意思承认，<u>喜欢就喜欢</u>呗。""你说你这人多没劲。你要那么巴不得我喜欢她，那我就喜欢她。"（王朔《过把瘾就死》）

上例中"喜欢就喜欢呗"只是杜梅的推断，单看构式无法了解"谁喜欢谁"，后面的补足句"那我就喜欢她"补充说明了"我"喜欢的正是"贾玲"。再如：

（52）董永生气地推开了他叔叔的手，说，你们<u>爱信不信</u>，我要回家了，七仙女还等我回去吃饭呢。（当代报刊《新天仙配》）

上例中"爱信不信"指向下文"我要回家了，七仙女还等我回去吃饭呢"。

（53）（他）挑来挑去，只挑中十九个人，其余都看不中了。（《中华上下五千年》）

上例"挑来挑去"后有表结果的后续句，完成了构式向后的映现对应。

（54）但人从来没飞过，往哪儿追溯也追溯不到鸟那儿，本能从何谈起？说鸡还差不多。（王朔《痴人》）

"V 也 VP"构式一般不能独立成句，要和前后分句构成因果关系。上例中紧缩构式本身作为最不典型的条件，而引发的事件则在后一分句里，即"本能从何谈起？"

紧缩构式之间往往以对举形式出现，这种情况我们称为"结构外对比"。根据前后关系，结构外对比分为：

〈1〉比兴对举

前一构式为后一构式作兴起或比喻以引起下文。如：

（55）打铁不惜炭，养儿不惜饭。（谚语）

（56）路遥知马力，日久见人心。（谚语）

〈2〉补充对举

前一句语义未足，后一句再做补充。如：

（57）种瓜得瓜，种豆得豆。（谚语）

（58）她唱又不会唱，跳又跳不动，能表演什么节目哇！（自拟）

例（58）中前后两个同词逆接构式不能单独成句，必须与其他同样的逆接构式相互对举，或带上其他补充说明的分句构成一个顺接连贯复句才完整。

〈3〉正反对比

（59）她只是生活在自己的未必广阔，然而确是很深邃，很有自己的趣味与苦恼的说大就大说小就很小的天地之中罢了。（《作家文摘》1996B）

（60）真是不看不知道，一看吓一跳，此人包内竟有 13 张各不相同的身份证。（《报刊精选》1994 年 09）

例（60）通过对比表结果。

（3）同时映现，补足句在前后

这是语篇中最完整的语义结构模式。紧缩对举构式的对举项一般都是超句法结构，对举后才获得句法上的合法性。但其整体语义仍然具有不确定性，语义表达不足，需要其他成分或分句与之配合，共同来表达确切的、具体的语义。因此，对举构式一般不能单独成句，对举比较容易形成语段形式。如：

（61）院子里的树种以榆树、褚树、槐树居多，这儿一棵那儿一棵，野生野长。（网络）

上例中的对举构式"这儿一棵那儿一棵"所描述的对象是前文出现过的"院子里的树种"，为了避免重复而没再次出现，而后面的"野生野长"也补充说明它。此对举构式在句子中作为分句，与其先行句、后续句构成并列关系的多重复句，表述具体语义。

再如，"V来V去"表现的活动因没有空间和时间上的起点和终点，不能算是一个有始有终的、完整的位移事件，因此它经常包含在一个更大的、完整的事件活动中。"V来V去"的前后一般会有相应的前加成分和后续成分，分别表示事件的起点和终点：

（62）一边这么嘟囔着，他一边摸索。摸来摸去，你猜怎么着，他摸到两个圆球。（老舍《小木头人》）

例（62）中"摸来摸去"表示的"摸"的活动是处于进行阶段，前文交代了"摸"这个事件的起点，而后续句才表示"摸到"阶段，摸的结果即活动的终点。

（63）晴雯笑道："我慌张的很，连扇子还跌折了，那里还配打发吃果子。倘或再打破了盘子，还更了不得呢。"宝玉笑道："你爱打就打，这些东西原不过是借人所用，你爱这样，我爱那样，各自性情不同。"（《红楼梦》（上））

这里"爱打就打"的前后都有补足句配合。构式既和前面先行句"打破了盘子"照应，又开启下文的"你爱这样，我爱那样"等具体说明解释，和先行句、后续句同时映现。

（4）多次映现，无补足句

这种映现具有丰富话语意义、产生推理和联想的功能，主要体现在习语中。

人们使用习语有时并没有进行从图式到某一个心理空间的映现①，使习语意义具体化，而是仅仅使用了习语来说明某一个问题。例如：

（64）我在理智上对"多行不义必自毙"这句古代的格言已经把握不大了，而在感情上依然坚信必当如此。（白桦《淡出》）

在上面的例子中，习语在语境下具有多个意义，说写者并没有根据语境提供的信息把这些意义减少为某个适合该语境的意义，也就是说，这种情境并不像关联理论所讲的，在交际中人们主要对"解除歧义"（disambiguity）感兴趣；相反，在这里是对语境中的"歧义"感兴趣。习语在语篇中的这种用法极其普遍，说写者利用了习语具有抽象概括意义的特点，故意使习语在语境中"具有"多个潜在具体意义。Kittay（1987：80）称这种现象是"针对性歧义"（purposive ambiguity）。这种用法背离语言使用的基本策略，即解释话语和语境背景，使得话语意义具体化。这种故意的背离是为了吸引人的注意力。

习语的"针对性歧义"为多个概念映现的产生提供了一个认知"平台"。习语形成的心理空间中的成分和关系可以映现到任何具有类似具体场境的心理空间中去，形成以习语空间为基础的多个推理，从而丰富了话语的意义，使意义具有无限可能性。

在例（64）中，习语构式"多行不义必自毙"的来源认知域是一个历史事件：东周时期郑庄公说他弟弟叔段坏事干多了，结果是自己找死。这件事后经过转喻和隐喻的认知抽象，形成一个抽象的图式，即"不义的事情干多了，必然会自取灭亡"。这个概念映现形成的心理空

---

① 具体见 7.2.5。

间之间的对应关系有：

不好的事：犯上作乱、坑蒙拐骗……；自毙：自我灭亡、失败、被捕……

这一心理空间在语境中可以进行多次概念映现，由于概念映现的目标心理空间是不固定的，因此我们可以运用想象力，使其映现到多个目标心理空间中去，从而形成多个符合该语境的意义。在语境中，从"多行不义必自毙"所做出推理的多少取决于听读者储存在头脑中的框架背景知识。这个习语作为平台，可以做出许多相关的推理和映现，使话语避免了死板，保持了活力，增加了想象的空间。

5.2.2 紧缩构式的篇章链接功能

5.2.2.1 链接结构

除了线性衔接连贯外，还可从非线性角度来看待篇章结构，即"节外生枝"的非线性链接结构。传统语言学假设文本以线性方式展开，我们认为文本是非线性结构，因此从计算机领域借用"链接"这个概念来分析篇章结构。刘大为（2004）分析了语篇的超文本结构特点，认为任何一种自然文本都是超文本，都存在着链接现象。链接本来是指在电脑操作中的一个技术程序，"链接是将不同思维层面连接起来形成超文本，也就是使文本的非线性组织成为可能的手段"。自然语篇形成一条语义主线，一个文本在线性展开着的思维主线上产生支线，出现链接分叉。篇章结构的两个要素就是"主线和链接的分叉"，"链接打破了思维的逻辑顺序，使思维在不同的层次跳越"。链接有如下功能："整个文本具有思维线性的主线，被主线贯穿的是一个接续不断的思维层面（表述层面），链接的出现意味着这条主线的断开，且使表述落入一个低一层的层面。"

篇章衔接发生在话语的同一个语义层次上，是主线上的信息接续，而链接则发生在不同的语义层面上。链接结构是从主线上分叉生长出来的，篇章存在"断语—例证"两个层次。[1] 链接的对象称为节点，即链接结构的双方文本：链接点和被链接点，它们分处在不同的层面。"链接点总是存在于语义主线上，是链接结构的在线结构成分中等待被说明的节点，被链接点总是位于支线上，是对链接点进行说明的节点，这样形成链接点的在线分布与被链接点的不在线分布。"[2]

非线性其实就是语言成分之间的实际排列次序与理解中的依赖顺序不一致。因此，链接实际也就是对主线的一次打破和再调节，表现为支线对主线的分叉，使得一个非线性链接结构横插进主线上。语义支线都是从主线上分离弯折出来的，偏离了原来语义主线的方向。链接结构是对主线上的一个局部进行信息修补、调整或拓展，它偏离了语义主线的方向，所以对主线上的线性推进不起作用，主线暂时断开容纳支线的插入，待支线表述完成后再返回主线，进行主线、支线之间跨越式的衔接。链接和主线、支线的关系如下：

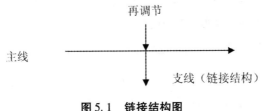

图 5.1　链接结构图

5.2.2.2　紧缩构式的链接结构类型

紧缩构式可以出现在主线或支线上，也就是紧缩构式可以是链接点，也可以是被链接点。下面我们具体说明紧缩构式的篇章链接结构类型及其功能。

（1）补充结构

补充指顺序颠倒，被补充的成分后出现。补充结构对语义主线中的

---

① 王弘宇：《说"一 A 就 C"》，《中国语文》2001 年第 2 期。
② 这里主线我们称为"在线"，支线称为"不在线"。

某一个链接点进行语义信息量的"追补、添加、敷陈、诠释"等。

〈1〉注释结构

注释结构是针对语义主线上的某一词语进行补充说明而形成，其被链接点位置在后。如：

（65）"祁科长……我们奉 命令，[进来一个抓一个]，现在抓人都用这个办法。"（老舍《四世同堂》）

（66）风波已经过去，大家都准备恢复过去 老样子，[干活就干活，加班就加班]。（陈冲《小米厂来了个大学生》）

（67）不是有"忍为高"的古训吗？根男也就来了个 想得开——[猴儿就猴儿……活道具就活道具，挨丈母娘骂就挨丈母娘骂，矮地蹦子就矮地蹦子]，人活着……怎么不是吃饭？怎么不是睡觉？（航鹰《寻根儿》）

（68）全县人常说 一句话：[再穷也不能穷教育，再苦也不能苦孩子]！（《人民日报》1996 年 10 月）

例（65）中"命令"的具体内容在后面的"进来一个抓一个"构式中得到补充说明，从而在主线上形成一个支线链接。例（66）中"老样子"的内容包括"干活就干活，加班就加班"，两者构成抽象概括与具体说明的关系，形成链接。多项并立格式经常用来解释前后词语的内容。例（67）链接点中的"想得开"的具体表现在被链接点里交代得一目了然，显示出支线对主线成分的深一层解说。例（68）"再穷……"是对前面主线上"一句话"的具体注释。

〈2〉解释结构

作为支线的解释结构针对的是主线上的整个语句，是提供理由以更好地理解这段语句。解释结构中出现的一般都是因果推衍逻辑关系，所以这类链接结构理解时中都可以插入一个"因为"。解释结构颠倒了因果顺序。当链接点出现时，不能按照惯常顺序到前面中去寻找原因，而要到后文中去等待解释的出现。

如为了突出"容忍"的语境意义，"X 就 X"构式后面往往带有表示"容忍""不在乎""无所谓"意义的词语和语句与构式共现，通过后续补足句对其进行解释，补充说明容忍性意义，它们都是支线内容。例如：

（69）有理走遍天下，打官司就打官司，[美国有全世界最公正的司法制度，怕什么]？（白帆《寂寞的太太们》）

（70）"别解释了。"我切着菜说，"来就来呗，[人多还热闹]。……"（王朔《浮出海面》）

上两例中，紧缩构式是链接点，在主线上，后面紧跟着一个支线被链接点作为解释，表示容忍意义产生的原因。又如：

（71）我盯着她直到她问，看什么啊？我才悠悠的告诉她，唉，快毕业了，[看一眼少一眼了]。（网络）

（72）马慕韩针锋相对地说："有路总得走，[走一步是一步]，困难也只能一个个解决。（周而复《上海的早晨》）

例（71）对举构式"看一眼少一眼"是被链接点，在支线上，和前面的"看什么啊"链接，表因果关系，是对前面问句的回答。例（72）"走一步是一步"是对前面的"有路总得走"的具体解释。

（2）平行结构

链接结构的链接点和被链接点这两种成分在语义关系上平行，彼此不互相依赖，从不同角度关注同一个对象，具体体现为：详略、总分、具体/抽象、本体/变体等。下面根据关注角度的差异，分别来观察。

〈3〉扩展结构

对同一个对象，在主线中对它进行概括粗略的表述，而在支线中对之进行细致的描述、补充或添加，是链接点在语义上的扩展和深入。如：

（73）"哎……写小说就写小说，[加上这么些乱七八糟的东西干嘛]？让人家找了碴，是不是？"（《作家文摘》1994 年 A）

（74）你 不说就不说 吧，［又何必揭人家的老底］！（陆文夫《人之窝》）

例（73）链接点"写小说就写小说"的主观容忍情绪在被链接点里从反面讲得很清楚，即通过表示否定意义的反问句与构式共现，来表示转折意义，以便于理解。例（74）也是一样。又如：

（75）这些人为什么 总爱管别人的闲事 ？大多数人［一见到未婚男女就要给他们出主意，甚至为他们介绍对象］。（白桦《淡出》）

例（75）中主线提出一个断语"总爱管别人的闲事"，支线"一见到……就……"用例证对断语进行进一步说明。

王弘宇（2000）指出，"一……就"包含两个部分："前一部分提出一个肯定或否定的断语，后一部分用一个例证对前述断语进行具体说明。'一……就'处在例证部分。"① 断语部分是概括性的，例证部分是解析性的。断语部分有时是模糊的，或是隐含的，但它必须存在。如果没有断语部分存在，"一……就"构式也就失去了实现条件。再看：

（76）他（祥子）好象是死了心，什么也不想，给它个 混一天是一天 。［有吃就吃，有喝就喝，有活儿就作……一问三不知，只会拉着磨走］。（老舍《骆驼祥子》）

（77） 多行不义必自毙 ，［凡是视法律为儿戏的盲目追求个人"幸福"的人，到头来不仅得不到任何"幸福"，反而会给自己酿成不堪设想的恶果，遗恨终生］。（《报刊精选》1994 年第 2 期）

例（76）主线上是紧缩构式"混一天是一天"，后面支线上是对它的具体描述。例（77）首先使用一个在语境下多义的习语"多行不义必自毙"，然后把习语抽象图式的成分和关系映现到后面的具体语境上去，从而产生出一个具体的意义，解除歧义。即"多行不义"对应"视法律为儿戏，盲目追求个人'幸福'"，"必自毙"对应"到头来不

---

① 王弘宇：《说"一 A 就 C"》，《中国语文》2001 年第 2 期。

仅得不到任何'幸福'，反而会给自己酿成不堪设想的恶果，遗恨终生"。习语具有"字面"和"比喻"两层意义，形成了一般词汇所不具备的多义意义（multiple meanings）。作为理解者，我们的目标是使意义具体化或选择一个意义，在语境中对多义词进行解除歧义（Sperber & Wilson，1995）。"多行不义必自毙"的图式"不义的事情干多了，必然会自取灭亡"可适应于任何与之不相悖的语境，这里比喻"视法律为儿戏的盲目追求个人'幸福'的人最终酿成恶果"的意义，习语的成分又分别对应后面的具体场境，形成支线的链接。

〈4〉总分结构

此链接结构是对主线的总说、分说。根据出现次序的不同，分"总提结构"和"总括结构"两种。

A. 总提结构

我们对思维的对象可以分成若干部分去认识。主线上总提这些部分，给人以总体的印象；然后支线链接则对主线上的每一部分逐次进行说明。两个不同角度共同构成了对一个认知对象的完整认识。即先总说、再分述，如：

（78）在北京城里，我看到了许多满、蒙族的亲戚朋友，如何在解放后由失业而就业，由无衣无食而吃饱穿暖。可是，这些人与事 都是分散的 ，［东一个西一个的］。（老舍《下乡简记》）

上例中的"都是分散的"起到了总提的作用，具体内容在后面紧缩构式中说明。这里，"都是分散的"是一个链接点，是语义主线上的总说，紧接着的对举构式是被链接点，是分说，是对前面总信息的分项陈述，它没有推进主线事件信息发展，与先行句形成解说关系。

（79）门外的汽车喇叭响成一阵，三条狼狗打着欢儿咬……大家仍然 很客气 ，［过一道门让一次］，话很多而且声音洪亮。（老舍《新时代的旧悲剧》）

例（79）中"过一道门让一次"是前面"客气"的具体表现，是支线链接，后面到后续句又回到主线上。

有时主线上的总说部分隐含，不直接表述出来，而由听话人自己去判断。

B. 总括结构

与"总提结构"相反，"总括结构"是先分说，后总说。主线链接点上是具体分说，支线被链接点上是对前面的总结、概括。如：

（80）天生的牛脾气害了我，认死理，[不到黄河不死心，不见棺材不落泪]。有人说，这是幼稚、不成熟的表现……（陆步轩《屠夫看世界》）

此例紧缩构式出现在支线上，是总说，前面的主线是对它的具体说明。再如：

（81）常四爷托福! 从牢里出来，不久就赶上了庚子年；扶清灭洋，我当了义和团，跟洋人打了几仗! [闹来闹去]，大清国到底是亡了，该亡! （老舍《茶馆》）

"V来V去"构式与上下文都存在一定的语义联系，表现出较强的语篇连接能力。这里上文出现与"闹"相关的信息"赶上庚子年、当义和团跟洋人打仗"等。由上文事件可以推导出"闹"来，"闹来闹去"回应、总结上文，是对主线的概括总结和评价。紧缩构式出现在支线上。

总提、总括这两种结构也会结合到一起，出现"总—分—总"的结构。看下例：

（82）……因此，他往往不固执己见，而无可无不可的，[睁一眼闭一眼] 的，在家庭与社会中且战且走的活着。（老舍《四世同堂》）

例（82）中"睁一眼闭一眼"与其先行句和后续句都形成解说关系，构成了"总—分—总"结构。"睁一眼闭一眼"作为支线链接出现。

〈5〉例举结构

例举结构中的链接点和被链接点之间是整体现象和个体实例的关

系，主线和支线成分分别从一般和特殊两方面构成了一个例举性的链接结构。如：

（83）他"全份武装"地穿着洋服，该怎样的就全怎样，例如[手绢是在胸袋里掖着，领带上别着个针，表链在背心的下部横着，皮鞋尖擦得很亮等等]。（老舍《牺牲》）

（84）至于韩愈留给后人的宝贵遗产，说小点的，如["不破不立，不塞不流，不止不行"]"大放厥词"之类，却成了写作"大批判文章"的时髦用语。（《读书》vol-030）

（85）所谓谨慎，就是不要听风就是雨，[特别是对名牌产品，不要一听说有什么毛病了，就急急忙忙采取简单化的措施]。（《人民日报》1994 年第四季度）

例举结构中经常会没有链接标记，但我们理解时都要加上一个"例如"。

〈6〉等价结构

等价结构是对同一个言语结构的同义表达。说是同义或者等价一致，其实在表达价值、语用效果上仍有许多差异，如情感的褒贬倾向、修辞效果等。为了追求这种语义差异带来的丰富性，我们常常在主线上选择一种表达形式之后，再以链接的方式选择另外形式来再次表述，从而构成等价性的支线链接结构。如：

（86）老人的年岁正象岁末的月份牌，[撕一张就短一张]，而眼看着已经只剩下不多的几张了。（老舍《四世同堂》）

此结构中经常会出现"也就是说""换句话说""即""或者说"之类的链接标记。在等价结构中，支线成分与主线成分可能意思非常接近，也有很多时候，不在线成分换了一个角度，从更为深刻的层次推进了在线成分的意义。

〈7〉意向结构

这类链接结构由一个意向性行为和一个意向域构成，是把别人的话语、文本通过言说动词、意向动词引进来。它是在现实里面嵌插进别的内容，引进不同话语、文本，是主线意义内容的扩展。

"意向性是具有意识的主体其意识指向外部世界的关系，意向动词如'发现'、'看见'、'希望'、'请听'等和言说动词'说'、'宣布'、'告诉'等都表现了一个意向行为，而这个行为的关涉范围——意向域则体现在动词的句子宾语中。"① 意向域所关涉的可能是和意向行为完全不同的另一个场景。如：

（87）董永生气地推开了他叔叔的手，说，你们 爱信不信 ，[我要回家了，七仙女还等我回去吃饭呢]。（当代报刊《新天仙配》）

（88）有时候，连蔡先生自己都有些 恍然 ，嘿，人怎么 [说富就富] 了呢？（李佩甫《羊的门》）

例（87）在主线引导的场景中，发生的事情是"相信"这个行为，而在这个心理行为的意向域中，发生的事情则是"董永要回家了，七仙女在等他吃饭"。这两件事情显然不在一个场景和层面上，通过链接将它们关联起来。例（88）"恍然"意向域指向的场景内容是"说富就富"。

"想（看到、记得、信）"什么、"说（问）"过什么，这些都是一个人意向域中的内容，必须通过意向结构提取，才能从私人认知领域跨越到共有认知领域，让听读者都能了解，从而实现信息共享和视域融合。

〈8〉评论结构

主线中出现一个表观念或事实的话语，链接部分对之进行扩展评论。如：

（89）"顺哥。"国强笑着迎上去，二人 又拍肩又握手 ，[称兄道弟，亲热得一塌糊涂]。（王朔《刘慧芳》）

---

① 刘大为：《意向动词、言说动词与篇章的视域》，《修辞学习》2004 年第 6 期。

这里将"拍肩"和"握手"并列在一起，起到了表达主观增量的作用，表现二人的亲密，而构式后面出现的"称兄道弟，亲热得一塌糊涂"恰好表现了这种亲密，和"又拍肩又握手"相互呼应，并对它进行评论，也强化了构式所具有的主观增量的表达作用。

5.2.3　紧缩构式的篇章管界功能

5.2.3.1　管界：链接的返回

篇章管界功能其实和链接功能紧密相连。链接的折返点就是起到管界的作用。紧缩构式可在时间、地点、原因、目的、话题、范围、依据等多方面起到篇章管界功能。如"V来V去"作为句子或段落之间连贯的形式标记，有"后置定位、结句"功能，在篇章中起到管界作用。

从语篇特征看，"V来V去"以结句形式出现，一般是先用较长的句子详细表述多种互相矛盾的念头，尽显心理活动的往复曲折性，充分展示内心激烈的矛盾冲突，然后用含"V来V去"的句子作结。如：

（90）"我们两口子给别人做饭月收入不到100块，五个孩子，……都待业在家，日子怎么过，[想来想去]，只有开饭馆。"他说。（新华社2004年8月新闻稿）

例（90）是一个人费工夫考虑家里日子怎么过的非常复杂的为难心理活动，试图找到好方法却又无能为力，最后好不容易拿定主意，决定开饭馆。这里表抽象位移的"V来V去"的构式意义表现在篇章功能上，"想来想去"是对整个前面内容的总结，是支线链接，属于总括结构，成为链接的折返点，起管界作用。

5.2.3.2　话语标记语：链接返回标记

我们把链接结构节点与节点之间的连接称为链接标记。当一个链接出现在语篇中时，一些专门起关联作用的词语将话语不在线成分与在线成分联系起来，这些关联词语就是链接标记，即话语标记语。话语标记语属于一种元话语，虽然游离在句子结构之外，对命题的真值意义不发生影响，但是位于语篇的结构之中。它作为一种结构手段将前后句组织成一个话语结构，成为语篇结构关系的标志。

语篇中链接发生后有一定的标记使表述返回主线。自然文本中折返点可通过有标或无标手段体现。折返点的关联手段可用插入标记语如"到此为止""言归正传""总之"等将逸出的思路拉回语义主线。而"V来V去"中的"说来说去"也已作为独立成分：插入语，成为从支线回到主线的链接标记。插入语的作用是使句子严密化，补足句意，包括说话者对话语的态度，表示肯定或强调的语气。它在句子里的位置比较灵活，起篇章连接和管界作用。请看：

（91）改革开放迈不开步子，不敢闯，**说来说去**［就是怕资本主义的东西多了，走了资本主义道路］。(《邓小平文选·第三卷》)

例（91）中的"说来说去"已发展出了一种特定的用法，就是概念意义完全虚化，不再表示任何活动，而只具有语篇功能，大约相当于"总而言之"，用在一段话的结尾处表示总结、返回，成为总括型链接标记语，具有话语标记作用，起篇章管界功能。构式后面的部分是对前面的总结、解释，并没有推进篇章主线的发展，而是延续、阐发话题，使同一话题向纵深发展。

"说来说去"前后都同属一个话题，它将前后项组合起来，"承前启后，从前项的开始到后项的结束，构成一个完整的相对独立的话语单元"[1]（李胜梅，2004），具有明显的"管界"，它管领至后项的结束，因此，它也是"带篇章管界的管领词语"（廖秋忠，1992：92）之一。

再如，"爱谁谁"已基本丧失原来的词汇意义，发展出一种用法，即已抽象为一个感情色彩很浓的表现情绪的词，类似于"无所谓、不在乎""随你的便"，它已发生词汇化了。我们看：

（92）对于天下人来说，国际足联是什么性质的组织、亏损还是

盈利、谁当主席、谁精明谁肉头，这些没人关心，［爱谁谁］。现在世人都在关注世界杯，这是喜庆的节日，国际足联家里的丑闻和脏事在这时刻抖，实在让人心烦，而且感觉有些居心不良。（新华社 2002 年 5 月新闻报道）

这里"爱谁谁"其语法意义表现在篇章连接功能上，作为独立成分，链接返回的标记，起话语标记语作用，有篇章总结、管界功能，使得话语回到主线上。它既是总括性支线链接，又是链接标记，所以我们用两种符号标记它。再看：

（93）"这话说来就长了——"慈禧太后一直有桩耿耿于怀，说什么也［无法自我譬解］的事，就是为什么她该低于慈安太后一等。（高阳《红顶商人胡雪岩》）

例（93）中"说什么也"已经固化，构式语义虚化，言说义不明显，成为话语标记，表示意愿，表达的是一种主观性和程序性意义。支线链接"无法自我譬解"是"耿耿于怀"的等价结构。再看：

（94）女人们说："猫子啊，一个怕老婆的毛坯子。"猫子说："怕就怕，［怕老婆有么事丑的。当代大趋势］。"（《修辞学习》2009 年第 6 期第 76 页）

这里，"X 就 X"是一个半实体图式构式，有"让步而接受一个看来不如意的事实"却又说出"为何对之不以为然的理由"的程序性构式义，"对前后语段进行了跨话轮的组织，在这个意义上它也是话语标记的一种类型"[1]（刘大为，2010），链接了主线和支线。

5.3　紧缩构式的篇章选择性

不同的句法结构对语篇的选用具有制约作用，对文体、语体的选择

---

① 刘大为：《从语法构式到修辞构式》（上），《当代修辞学》2010 年第 3 期。

有限制。语体是语篇选择的结果。紧缩构式对语体也进行选择，往往适应不同的语篇。

5.3.1　紧缩构式对语体的选择

5.3.1.1　语体及语体分类

近年来，语体研究越来越为人们注目。国外当代语体研究主要有四个角度：（1）语域（Crystal、Davy，1969；Gustafsson，1975；等）。（2）修辞（Selinkeretal，1973；Trimble，1985；等）。关注论辩、劝说之类，着重考察一些语法形式的使用情况。（3）交互。Bhatia（1987）等强调结合交际过程考察语言的具体使用，力求对特定语体现象做细致的动态考察。（4）体裁（Swales，1990）。

我国语体研究经历了以下三个阶段：

（1）文章学。主要研究体裁与风格，由来已久。如：刘勰的《文心雕龙》。

（2）修辞学。自陈望道（1932）至今，属于传统语体研究，将语体定义为功能变体，据"使用域"分类，归纳描写某语体的词汇、句式、修辞特征等语言特点，描写某语体文本或某作家、某作品的言语风格。即语体是话语在功能风格上的体现。

（3）语法学。近几年来，方梅、张伯江、刘大为等倡导的以语法解释为目的的语体研究。此种研究统计分析某些词语、句式在不同语体中的使用情况，根据语体特征及其组配来划分语体类型，解释某些语体现象。

国内语体研究视角单一，主要集中在修辞学的语体研究，语法学角度的研究成果比较分散、不系统，实证及应用型研究较少。

那么，语体究竟是什么？关于语体的定义主要有以下几种：

（1）语体即文体。从陈望道的《修辞学发凡》（1932）开始，是老一辈学者的传统看法。

（2）语体是言语行为的类型。（刘大为，1994）

刘大为（2013）认为，语体就是一种类型的言语活动得以实施而必须满足的、对实施者行为方式的要求，以及这些要求在得到满足的过程中所造成的、语言在使用方式或语言形式上成格局的变异在语篇构成中的表现。① 任何言语活动其实都是一些不同的行为方式，诸如叙事、报道、有准备、非正式、书写、运用网络、讲解、现场、口说等。正是这些行为方式作为语体变量构成了语体。如谈话语体、口头说讲体、叙事语体、书面正式语体、新兴的网络聊天语体（张伯江，2012）、说明语体等。语体就是实施某种类型言语行为时所形成的语篇格局、话语模式。

（3）语体是语言与特定的语境相联系的功能变体。（王德春，2000）随着国外语言学的渗透，许多语言学者开始持有此观点。

（4）语体是特定语言社群单位全体成员所共识的约定俗成的语用范式。（丁金国，1997）

我们倾向于刘大为先生的定义，同时在统计分析时兼顾第一、第三种定义。

当代话语语言学在语体分类上提出若干原则和方法、要素，但还比较粗线条。目前语法学家对语体的认识一般只限于口语和书面语的基本区别，简单两分。20 世纪 60 年代以来，语言学界越来越关注汉语口语的语法特点，不过绝大多数研究尚未深入到口语内部的复杂性以及口语次类语体之间的语法差异。② 朱德熙（1987）、胡明扬（1993）等提出："应该对口语语法和书面语语法分别进行细致的研究。"因此我们要细化语体研究，对语体进行多角度分类。

胡裕树（1995）把语体分为"口头语体"和"书面语体"两大类，又把书面语体分为"事务语体、科技语体、政论语体和文艺语体"四类。

---

① 刘大为：《论语体与语体变量》，《当代修辞学》2013 年第 3 期。
② 陶红印、刘娅琼：《从语体关系到语法差异（上）——以自然会话与影视对白中的把字句、被动结构、光杆动词句、否定反问句为例》，《修辞学习》2010 年第 1 期。

功能语法学者把语体分类的语法学意义提到前所未有的高度。陶红印（1999）介绍了功能语法学者关于语体分类提出的几种角度：传媒（medium）和表达方式（mode）、有准备的（planned）和无准备的（unplanned）、庄重的（formal）和非庄重的（informal）①，即语体特征差异。冯胜利（2010）也提出"语体不同文体"的观点，认为"正式与非正式（书面语/口语）、典雅与便俗（文雅体/白话体）是构成语体的两对基本范畴"②。所谓的文体就是语体的应用性变体，它们处在语体的外围。这些分类角度基本是基于语法差异进行的语体类型分类，不同于以往的、带有明显的修辞学色彩的传统语体分类。

下面我们立足于语言的使用，借鉴传统语体理论、语体语法理论，通过实际语料，对汉语紧缩构式的语体类型，传统语体、功能语体分布，语体特征的差异进行定量考察与定性对比分析，讨论汉语紧缩构式与语体之间的适应关系。

5.3.1.2　紧缩构式的口语性质

大量的例句表明，紧缩构式结构简单，表达简练，含义丰富，使用起来明快活泼，符合口语表达的要求，具有较强的口语风格，因而常常省略了一些语言成分，留下关键的词语以突出表达重点。由于口语具有一系列的语言外部特点，有说话的语境，加上说话的语气和口气、表情、手势，都可以帮助听话人理解，这使得说话者有可能突破句法常规，用最经济、紧缩、简化的语言手段，来传送尽可能多的信息，表达最复杂的语义，从而节省精力，产生大于或偏离词汇意义的整体意义，在形式上具备最大可能构式化的优势。因此紧缩构式中关联词语用得很少或者根本不用，这样使言语表达更加灵活生动。

紧缩构式随意、自由的性质特征决定它多用于随意的口语语体，一般出现在非正式的谈话语域、场合，是口语化句式。语体越是随意越使

---

① 陶红印：《试论语体分类的语法学意义》，《当代语言学》1999 年第 3 期。

② 冯胜利：《论语体的机制及其语法属性》，《中国语文》2010 年第 5 期。

用紧缩度高的构式。紧缩构式的使用，跟书面化程度的高低成反比。因此，在会议、报告、谈判等正式场合不宜使用，紧缩构式很少使用在严肃的议论性和说明性的公文、报告等书面语中，如在政论体、说明体中几乎不用。例如：

（95）啊，我这现在说就<u>东一句西一句</u>，你们［lem］等着你们［lme］来熟了长了咱们具体再说吧，一点儿一点儿再说，是啊……（《1982 年北京话调查资料》）

（96）"你说过你丈夫急了<u>逮什么摔什么</u>。"马青理直气壮地说，"你又要求我必须像他。"（王朔《顽主》）

（97）对地下光盘复制、贩卖窝点要深挖细查，<u>发现一个打掉一个</u>……（《人民日报》1996 年 5 月）

例（95）是典型的口语，附带了超语言的冗余部分，如"啊、是啊"等语气词，"你们"还发生了音变。例（97）中的双音节动词带有明显的书面语色彩和较浓的政论色彩，此种类型用得较少。

口语中的广告语言是一种强迫性的信息传播语言。广告用语要千方百计地吸引人们的无意注意，不能冗长含混，否则就很难抓住人的注意力，失去了应有的功效。紧缩构式的运用正好适应了广告语言的需要。例如：

（98）<u>不当家不知柴米贵</u>。（广告）

（99）牙好胃口就好，<u>吃嘛嘛香</u>。（广告）

（100）加州圣·玛丽亚某家报纸的一则广告："干活能手！<u>你丈夫会做什么我就会做什么</u>，不过我必须现在就做。"（《读者》合订本）

例（98）告诉人们"只有当家才知道持家之难"。例（99）这句广告词精练简单，表达随便吃什么都香。可以改为：如果你的牙好你的胃口就会好，不管吃什么都香。但加上了明确的假设关联词，表达啰唆烦杂，且少了主观强调义，显然不符合广播电视中对口头广告的要求。例（100）则表达了肯定、强调意味。

5.3.1.3　紧缩构式在语料库中的语体分布

（1）紧缩构式的传统语体及文体分布

为了对紧缩构式的篇章语体使用情况有更直观的了解，我们根据北大现代汉语语料库中的传统语体、文体分类，对偶标和疑问类准标紧缩构式及单标"X 就 X""爱谁谁"的语体及文体分布情况作了穷尽性统计，比较它们在不同语体、文体中的分布差异和适应情况。结果如表5.1所示：

表5.1　　　　　　　　　　紧缩构式的传统语体、文体分布

语体、文体\紧缩构式	文学					报刊	口语①	应用文②	科技政论公文	合计
	小说	散文	诗歌	戏剧	史传					
偶标 越来越……	2543	16	0	18	22	9636	385	4497	80	17197
越……越……	1693	38	2	27	2	2241	165	434	23	4625
愈来愈……	460	5	0	0	0	924	6	300	4	1699
愈……愈……	249	27	0	1	2	420	5	194	4	902
一……就……	1772	8	0	16	0	1410	65	331	28	3630
一……就是+数量	51	0	0	2	0	274	2	24	1	354
边……边……	215	0	0	1	3	259	11	8	2	499
又……又……	3297	37	0	14	6	1770	154	328	33	5639
没……没……	970	11	0	14	0	708	87	77	7	1874
不……不……	2318	35	0	8	10	3250	146	486	22	6275
非……不……	351	21	0	1	0	364	23	64	67	891
非……不可	2435	90	0	46	4	1577	84	267	49	4552
爱……不……	83	1	0	4	3	49	21	2	0	163
再……也……	256	3	0	0	5	237	34	30	1	566
说/想/爱……就……	454	5	0	2	1	275	49	48	3	837
说什么……也……	197	0	0	3	1	240	14	21	0	476
V 来 V 去	3542	103	0	24	7	1841	276	246	11	6050

---

①　我们将口语网文和电视电影进行了合并，都算作是口语语体。

②　应用文中大多是新华社稿等较随意通俗的语体，因此，我们把其中的政论、科技、公文语体单列出统计。

续表

紧缩构式		文学					报刊	口语	应用文	科技政论公文	合计
语体、文体		小说	散文	诗歌	戏剧	史传					
疑问准标	什么……什么	482	8	0	9	0	1100	89	80	17	1785
	怎样……怎样	8	0	0	0	0	25	0	3	0	36
	怎么……怎么	105	0	0	1	0	104	29	4	0	243
	多少……多少	141	3	0	3	0	305	14	32	8	506
	哪儿……哪儿	68	0	0	2	0	55	14	7	0	146
	哪里……哪里	71	3	0	0	0	195	6	20	0	295
	哪……哪	56	0	0	1	0	133	11	9	1	211
	啥……啥	27	0	0	0	0	168	0	2	0	197
	吗……吗	5	0	0	0	0	0	4	0	0	9
	嘛……嘛	3	0	0	0	0	1	5	0	0	9
	谁……谁	367	3	0	9	2	963	76	45	10	1475
单标	X 就 X	208	1	0	4	0	39	16	1	0	269
	爱谁谁	15	0	0	0	0	2	15	0	0	32
总　计		22442	418	2	210	68	28565	1806	7560	371	61442
		23140									
比例（%）		37.66					46.49	2.94	12.3	0.6	99.99

　　从表5.1可看出紧缩构式的文体使用情况。紧缩构式在文学作品的小说中出现数目最多。因为小说中对话、叙事、描写较多，较随意、口语化，所以出现比例比其他文体高。其次是散文、戏剧。最后是诗歌，因为诗歌较正式，所以出现较少。

　　在上面分布基础上我们进行了相关紧缩构式传统语体使用比例、频率统计，见表5.2。

表 5.2　　　　　　紧缩构式的传统语体使用比例及频率对比

语体	出现数目	所占比例（%）	总字数	使用频率（‰）
文学	23140	37.66	68609310	0.337
报刊	28565	46.49	155832589	0.183
口语	1806	2.94	8926881	0.202
应用文	7560	12.3	78300450	0.101
科技政论公文	371	0.6		
合计	61442	99.99	364454631	0.169

从表 5.2 可看出紧缩构式传统语体使用的基本情况。紧缩构式在整个语料库的各种语体中使用频率偏低。就分布数量差异来说，紧缩构式在报刊中出现数目最多，比例最高；其次是文学作品；再次是应用文；而在电视电影、网文、自然口语等口语中使用较少，在政论文、科技文、公文、报告等中则使用最少，出现比例最低，像法律文献、规章制度、政府工作报告、党政机关会议讲话等书面语体材料中很少有紧缩构式的用例。但在四类书面语体中，紧缩构式在文艺语体中的使用频率最高，即尤其适合于文艺语体（其实是书面的口头材料）；其次是口语语体及书面语体中的报刊。报刊中紧缩构式出现比例较高可能跟其内容较随意有关。虽然应用文的出现比例大于口语，但使用频率却低于口语，这可能跟语料库收录口语语料数目较少有关。

（2）"爱 X 不 X"类紧缩构式的功能语体分布

下面我们以"爱 X 就 X、爱 X 不 X、X 就 X、爱谁谁"类紧缩构式为例，考察紧缩构式的功能语体分布情况。

在上面分布统计基础上，我们根据功能主义的语体分类方法，对"爱 X 不 X"类紧缩构式的功能语体进行具体分层分类：首先将紧缩构式分为口语和书面语两大类，然后将口语体分为自然口述语、网文、谈话（电视电影）、文艺口语等 4 类，书面语分为文学散文、新闻评论（报刊、应用文）、论证说明语体等 3 类。

下面我们在北大现代汉语语料库中对此类紧缩构式的功能语体分布

情况进行具体的检索统计，结果见表5.3。

表5.3 "爱 X 不 X"类紧缩构式的功能语体分布

语体	具体分类	出现数目	合计	所占比例（%）
口语	自然口述语	5	553	79
	谈话（电视电影）	2		
	网文	144		
	文艺口语（小说、戏剧、史传）	492		
书面语	文艺书面语（散文）	6	47	21
	新闻评论等（报刊、应用文）	141		
	论证说明（科技政论公文）	0		
总　计		700	700	100

经考察我们发现，"爱 X 不 X"类紧缩构式在口语体中分布最广，占79%，书面语中占21%。所列四类口语语体中，"爱 X 不 X"类紧缩构式在文学口语体中占最多，其次是电视电影，再次是网文，最后是自然口述语。所列三类书面语体中，"爱 X 不 X"类紧缩构式在新闻评论语体中的出现比例最高，其次是文学散文，而论证说明语体中则没有出现。其实，报刊的《作家文摘》中有很多是小说，所以实际口语体的比例还要大些。统计结果印证了我们的分析。

5.3.2　紧缩构式的语体特征

语体可以被分解为若干语体特征（基本维度），任何语体都由一组语体变量组配而成，它们都可以从功能意图、人际关系、传介方式三个维度加以概括。如口说、书写，即时性、交互性以及正式程度、计划程度、传播空间的现场性与非现场性等；从人际之间的严肃、庄重到随意、轻松的关系变化；叙事、非叙事（程序、描述、评论）等[1]。

---

① 方梅：《语体动因对句法的塑造》，《修辞学习》2007 年第 6 期。

Bhatia（1993）提出原型性概念，认为语体并非固定不变的语言使用程式，在具体实例中会在一定范围内产生变化和差异。功能语体学家把语体看成原型范畴，建立对比意义的语体特征序列：如"口语体—书面语体"序列、"对话语体—叙事语体"序列①。下面我们基于语体语法思想对紧缩构式的几组语体特征进行多维分析②，提炼出所适应语体的优选序列。

〈1〉 口语-书面、正式-非正式

调查语料库发现，"爱 X 不 X"类紧缩构式是一种非正式语体的语法形式，基本都是在非正式场合出现的口语体，随意性、口语性强，总体都呈［+非正式］语体特征。典型口语语体、书面语体处在"口语体-书面语体"序列的两极上，具体语体处于这个序列的不同位置上。其中口述、电影电视、网文等口语语体口语性强一些书面语性弱一些，偏于［+非正式］特征；散文、报刊、应用文等书面语体书面语性强一点口语性弱一点，偏于［+正式］特征。文艺体则具有"开放性"特征，包容性极强，所以语体特征多样化：有口语化、非正式的文艺口语（小说、戏剧、史传），也有正式典雅的文学书面语（散文）。其"口语-书面""正式-非正式"语体特征呈现下面的序列：书面语>文艺体>口语，具体是：论证说明>新闻评论>文艺书面语>网文>影视>口述。

〈2〉 对话-叙述

紧缩构式一般用于对话性和叙述性话语中，是一种典型的谈话体和叙述体。紧缩构式在对话和叙述两种语体中都有，但分布有差异。

A. 紧缩构式出现在叙述体中

（101） 汪如龙脸上不觉有了骄傲神色，见了那江鹤亭，越发是瞧他不起。江鹤亭和他去攀谈，他爱理不理；江鹤亭满面羞惭。（《清代宫廷艳史》）

---

① 朱军：《汉语语体语法研究综述》，《汉语学习》2012 年第 5 期。
② 卢芸蓉、朱军：《"正式-非正式"语体特征及其制约功能——以汉语不同语体中转述句的使用情况为例》，《保定学院学报》2014 年第 2 期。

（102）即如这何玉凤姑娘，既打算打破樊笼身归净土，无论是谁，叫舅母就叫舅母，那怕拉着何仙姑叫舅母呢，你干你的，我干我的……（文康《儿女英雄传》（下））

（103）你不说就不说吧，又何必揭人家的老底！（陆文夫《人之窝》）

（104）把韵香与那个女郎都揽在一处，仿佛在梦中那样能把俩人合成一个人，他不知是应当后悔好，还是……不，娶了就是娶了，不便后悔，韵香又清楚的立在目前。（老舍《东西》）

（105）我这么年轻，刚到北京还没等实现自己的抱负，就这样不明不白地死去了，那真是冤得慌。（史传《中国北漂艺人生存实录》）

例（101）叙述了汪如龙对江鹤亭不理不睬的样子。例（102）是作者叙述何玉凤姑娘在接受叫舅母时的无所谓心理。例（103）是叙述对"不说"的勉强容忍。

例（104）是作者叙述自己在接受和拒绝韵香之间的矛盾心理。旧信息是"已经娶了韵香"，构式在重复了旧信息之外作为新信息体现了他心理矛盾斗争的结果，也传达出他无所谓、确定只能如此、勉强接受的态度、感情，这正是构式传达的焦点信息。

例（105）是差评义构式，具有结论性，出现在作者视角下的静态的叙述中。差评义构式的语力在于对事件或人物的贬斥评价，因此叙述者可以对评价的依据有所追溯，而对现场性与即时性要求并不严格。①

B. 紧缩构式出现在对话体中

"X 就 X"构式在对话中应用非常广泛，对话使得旧信息和新信息间形成了一种先行后续的关系。在会话语境中，后面的人可用此构式对前面人提出的建议、观点进行确认、表态，并表"决断容忍"的意义。旧信息凸显在对话的一方话语中，而另一方则在答话中表达自己的意愿，体现新信息。前 X 部分重复了旧信息的内容，成为新信息发出的

---

① 郑娟曼：《现代汉语贬抑性习语构式研究》，暨南大学 2010 年博士学位论文。

引发点。例如：

（106）娘子：不能！你给我说！

疯子：说就说，别瞪眼！我就怕吵架！我呀，有了任务。（老舍《龙须沟》）

此例旧信息体现在"娘子"的话中"你给我说"，由一方明确提出。她想知道发生了什么事情，于是要求丈夫给予回答。"疯子"则在此基础上表达了自己的意愿，认为"你叫我说我就说，也没什么大不了的"。后 X 部分传达新信息的核心部分内容，显然比旧信息的容量增大了，它包含了说话人同意给予回答的态度。信息的传递从旧到新，信息量增大，同时凸显了信息的焦点，也表达了说话人虽不同意又无奈的生气情绪。再如，"不……不……、非……不……"等也常出现在对话中。

（107）"咱们二人不如上吊死了倒好，省得受那些个罪过。"高源说："上吊就上吊吧。"二人拴好了套儿，刘芳说："你先伸脑袋。"（《彭公案（二）》）

（108）须得想出个计策，脱此牢笼；若是天明，则难活矣。"怀古道："死就死了，还有什么计策？"莫成道："小人倒有个计策在此。"（《海公大红袍传》）

（109）"五点半，一路车站，不见不散，我马上出来。"（王朔《给我顶住》）

（110）铁刚　老卜，没办法，我非走不可！我改天再来看老马，你们替我问他好。（老舍《西望长安》）

以上几例都出现在对话中，口语化也较强。例（109）表现一方对另一方的要求，例（110）表现"我"所处的情境：必须走。

功能语体学家同样将对话语体、叙事语体看成两类原型的语体类型，其典型性程度不同，体现语体特征的程度也不同。典型对话语体、叙事语体处在"对话语体—叙事语体"序列的两极上，其他具体语体处于这个序列的不同位置上。对话体是双向交际，具有即时性和现场性、对等交互性；叙事体是单向交际。对话语体的现场性和评论性决定了"X就X"在对话体中高频使用，叙事语体的过程性和事件性决定了构式"爱X不X"出现在叙述体中较多。

"X就X"构式多出现在对话体中，是一种典型的口头谈话体，面对面的口说会话，轻松随意的聊天。"爱X不X"是作者通过全知视角进行叙述，或说话者自言自语。责怪义构式"爱X不X"等是在致责因子的刺激下所作出的即时言语反应。只有作者通过全知视角进行叙述，或说话者自言自语时，责怪义构式才可能在叙事体中出现（郑娟曼，2010）。而"爱X就X、爱谁谁"两种构式在两种语体中出现比例差不多，叙述性与对话性相当。我们对"爱X就X、爱X不X、X就X、爱谁谁"类构式在语料库中的语体分布统计支持此观点，具体结果如下：

表 5.4　"爱X不X"类紧缩构式叙述语体与对话语体的分布差异

紧缩构式	叙述体	比例（%）	对话体	比例（%）
爱X就X	106	44.92	130	55.08
爱X不X	121	66.48	61	33.52
X就X	79	29.81	186	70.19
爱谁谁	18	56.25	14	43.75

综上，我们得出"爱X不X"类紧缩构式总体的语体特征分布倾向矩阵。

表 5.5　"爱X不X"类紧缩构式语体特征优势分布

语体特征 / 紧缩构式	叙述	对话	现场	过程	评论	事件	交互	正式	典雅	随意	准备
爱X就X	+	+	+	+	+	+	+	−	−	+	−
爱X不X	+	−	−	+	−	+	−	−	−	+	−
X就X	−	+	+	−	+	−	+	−	−	+	−
爱谁谁	+	+	+	+	+	+	+	−	−	+	−

5.4 紧缩构式的主观选择限制

5.4.1 紧缩构式对人称的选择

5.4.1.1 人称对构式语义的限制

人称能影响构式情态义及使用。人称和句子的语义直接关联。前后项主语人称的改变会改变情态成分的意义。如：

(111) 遇到再大的困难我也要克服。

(112) 遇到再大的困难你也要克服。

(113) 你怎么说我都不答应。

(114) 我怎么说你都不答应。

(115) 你说50就50。

(116) 我说50就50。

例（111）表达的是说话人克服困难的坚定信念，例（112）则是用于劝说，坚定对方克服困难的决心。例（113）表达说话人态度非常强硬，表明自己的决心；同样的结构形式，例（114）则反映了说话者的无可奈何。例（115）、例（116）两构式意义不一样，例（115）表示同意、认同，例（116）则表示强硬态度，这也跟主语人称有关。以上几组句子除人称外，其他因素都相同，所以我们有理由认为，人称代词"你""我"在构式中对表达的多义有解释的作用。

5.4.1.2 构式对人称容忍度不同

祈使句主语"你"在紧缩构式中用得最自由。如"你非去不可！"

贬抑构式与第二人称代词相互促成、相互选择。第二人称代词在贬抑性构式中比其他人称代词表现丰富，反映出了第二人称代词与其他人称代词的不对称性，即用第二人称表示贬抑性情感义。从形式特点上看，较多的责怪义构式包含有第二人称代词，所体现的责备行为主要发生在言谈现场。如贬抑构式"爱X不X"多与第二、三人称相互选择，尤其是第二人称较多，如"你爱要不要"。在对话中，"你"的参与使得不满情绪表达得更直接有力。

（117）别人瞧着我只拿钱、不做事，有时候甚至连钱也是<u>爱拿不拿</u>的，都以为我不是新雀子，都以为我是老于官场的狐狸精……（欧阳山《在软席卧车里》）

这里"爱拿不拿"是第一人称，较为少见，指"我"听凭自己拿不拿，态度随自己的便，想拿就拿，不想拿就不拿。

"爱/想X就X"类构式主观性强，意志性、情态性内涵丰富，这与人称有关。虽然此构式第一、二、三人称都可以使用，但当第一人称与之搭配使用时，言说主体和言说对象合二为一，这种意志性包含不受限制的任意性，比第二、三人称与之搭配时表现出的任意性、主观性更强。例如：

（118）简少贞回过头看了看妹妹，我没说不让你去，你<u>想去就去</u>好了，何苦要拦着你呢？（苏童《另一种妇女生活》）

（119）我不需要请帖。我有钥匙。我<u>想去就去</u>。（翻译作品《追忆似水年华》）

上面两例中，例（119）中的"想去就去"就比例（118）中的"想去就去"主观性、随意性更强。

"X（就）X"构式前后主语较复杂，可相同也可不同，用于第一、二、三人称，一般表层形式上无人称代词出现。如：

（120）不敢过去推门，恐怕又被人捉住。左右看，没人，他的心跳起来，试试看吧，反正也无家可归，<u>被人逮住就逮住</u>吧。轻轻推了推门，门开着呢。（老舍《骆驼祥子》）

此例中"被人逮住就逮住吧"的主语是"我"。

（121）<u>死了就死了</u>吧，管她依然年轻，管她是为了什么而来到这个国度，因为什么而失望绝望得不能再失望再绝望。（百合《哭泣的色彩》）

（122）又一想：<u>不认不认吧</u>，看这来头儿，认他也没有什么好处。（刘流《烈火金刚》）

此两例中"死了就死了"的主语是"她"。"不认不认吧"是"（何志文）不认我就不认我"义，主语是"何志文"。

（123）"<u>骂就骂了</u>嘛不要不敢承认。"我们七嘴八舌说宝康。大胖子一干人虎视眈眈，端坐如钟。（王朔《一点正经没有》）

此例中"骂就骂了"的主语是"你"。

（124）卫母　好，<u>坐坐就坐坐</u>！（坐）（老舍《女店员》）

此例中"坐坐就坐坐"是"你让我坐我就坐"，前后主语不同。

能进入"A—量 B—量"构式的人称代词主要是单数"我""你""他"。对举的时候，进入构式中的词语一般都失去了其自身实在的词汇意义，人称代词、指示代词失去了具体的称代、指示作用，意义虚化或者泛化了，而与之相对应的复数形式如"我们、你们、他们"所指一般是确定的，是实有所指，因而都不能进入此构式。

5.4.2　紧缩构式表达视角的转移

"视角"主观性经常以隐晦的方式在语句中体现出来。表达视角或认知域有行域、知域、言域三种。行域反映客观的实际情况，属于"客观域"；知域、言域体现说话者的立场、态度和情感，属于"主观域"。表达视角对构式的语义、使用有影响。紧缩构式的表达视角往往从行域转到知域和言域，从而反映主观性构式义。行域义是原始的基本意义，然后引申出较抽象的知域义，再引申出更抽象的言域义。

如"V 来 V 去"三类（走来走去、想来想去、说来说去）分别属于行动概念域、知识概念域、言语概念域，后两者都属于意向域，语义不同。"说来说去"属于言域，表示一种评价（说法）以及做出这种评价的依据。

从行域的表示词汇概念义，到知域的表达主观责备、不满、不如意、否定等消极情绪和态度，再到言域的话语处理功能，语义发展经历了一个虚化过程，临时的话语义高频出现后被规约化，并进一步抽象化了，表达视角即认知域发生了转移。这是"V 来 V 去"语用功能主观化的过程，也是其成为话语标记的演变过程。

再如"非 X 不可"中"不可"的隐现也跟表达视角[①]有关：

视角 a，他的行为是：他非去不可（"他"是"去"这个自主行为的主体）；

视角 b，据我所知（或我推测）：他非去不可；

视角 c，我要求：他非去不可（这是一个"命令性"的言语行为）。

"行"域一般都与当事人视角（视角 a）的表达相一致，是从句子的主语所表示的行为主体角度来看的，故凡属"行"域的表达，"非 X 不可"中的"不可"可以隐去。"知"域和"言"域都是跟言者视角表达相一致，是从言者的角度来观照的。语段中一般存在一个更高层次的主语，即言者主语，比如在小说中建立一个虚构的空间，有一个文章的叙述人或评说者，是言者视角。实施"VP"这个动作的总是当事人（限主语），而作出某种推测或要求的通常总是说话人（即言者）。动词对行为主体的陈述是言者"强加"的。所以后两种视角（视角 b、c）中"非 X 不可"的"不可"不可隐去。

5.5　本章小结

本章基于语篇语法、语体语法理论思想，分别阐述了紧缩构式的语用语篇功能、对语篇语体的选择、语体特征及主观选择限制，揭示紧缩构式使用的规律性。

---

① 王灿龙：《"非 VP 不可"句式中"不可"的隐现——兼谈"非"的虚化》，《中国语文》2008 年第 2 期。

在分析了紧缩构式的话题选择、焦点建构、对句类的选择等语用功能后，考察了紧缩构式的篇章衔接功能，分析了话语结构特点，并采用链接结构分析法对紧缩构式的篇章链接功能、链接结构类型、管界功能进行了分析。还从语体角度探讨了紧缩构式对篇章的选择性，包括紧缩构式的传统语体类型分布、"爱 X 不 X"类紧缩构式的功能语体类型及语体特征分布。最后还从紧缩构式对人称的选择及表达视角等方面分析了紧缩构式的主观选择限制。

紧缩构式话题选择有三种：主语话题、前项话语话题、后项话题。其焦点设置可在前、在后，也可是双焦点或焦点隐含，焦点受制于语境。紧缩构式有篇章衔接及链接、管界功能。紧缩构式往往是不自足的，有越界启下功能。紧缩构式通用的话语衔接手段有词汇重复、相似性、上下义、替代、回指等。紧缩构式的话语语义结构有四种：紧缩构式和先行句、后续句有向后映现、向前映现、同时映现、多次映现关系，在语篇中具有"解除歧义"和形成"针对性歧义"、丰富话语意义的功能。链接是对主线的偏离。紧缩构式的链接结构有补充、平行等类型。表抽象位移的"V 来 V 去"构式有后置定位、结句、篇章管界功能。"说来说去"已成为总括型话语链接标记语。"爱谁谁""X 就 X""说什么也"等都具有话语标记功能。

紧缩构式对语体具有选择性，在不同语体中的使用分布有差异，有不同的语体变量，具有口语性质。紧缩构式在小说文体中出现数目最多，诗歌中出现最少。紧缩构式传统语体使用情况如下：紧缩构式在报刊中出现数目最多，其次是文学作品、应用文，而在电视电影、网文、自然口语等口语中使用较少，在政论文、科技文、公文、报告等中则使用最少。但紧缩构式在书面语体中的文艺语体、口语语体及书面语体中内容较随意的报刊中使用频率较高。紧缩构式在应用文中的出现比例大于口语，但使用频率却低于口语。"爱 X 不 X"类紧缩构式在语用、语篇功能上呈现出异同，它们的功能语体分布如下：在口语体中分布最广，书面体中分布较少。口语语体中文学口语体占最多，其次是电视电影、网文、自然口述语。书面语体中，新闻评论语体中的出现比例最高，其次是文学散文。紧缩构式有"口语-书面""正式-非正式""对话-叙述"等语体特征，前两种语体特征呈现有对比意义的序列：书面语>文艺体>口语，具体为：论证说明>新闻评论>文艺书面语>网文>影视>口述。"爱 X 不 X"多出现在叙述体中，"X 就 X"多出现在对话体中，而"爱 X 就 X、爱谁谁"在叙述体、对话体中出现比例相当。

　　紧缩构式主语人称的改变影响情态义，主观表达视角或认知域从行域向知域、言域转移，对构式的语义、使用有影响。

第六章

紧缩构式的构式化与语法化考察

紧缩构式在历史上有一个长期发展的构式化过程。紧缩构式形成来源如何？其演进和虚化遵循什么样的轨迹，又具有什么样的语法化层级？下面我们尝试回答这些问题，重点讨论常见紧缩构式的构式化、语法化演变过程、特征及关联标法的省缩层次、语法化层次，探究不同来源紧缩构式语法化的不同路径和跨层语法化等多元模式。

6.1 紧缩构式的历史发展概况

构式具有历史承继性。从历时角度来看，有些构式在古代汉语中就已经初见雏形。紧缩作为一种语法手段，自古便在语言表达中发挥着重要的作用。古汉语中就有紧缩构式，如"他非肉不饱，非酒不醉"，且无连接词的意合形式比有连接词的产生得早。但各类紧缩构式出现时间不平衡，有早有晚。除了"非……不……、不……不……"等出现较早外，其他形式出现的时间较晚，大都是从明清白话小说里开始出现（个别如"走来走去、说来说去"等格式在北宋语录\朱子语类中出现），并固化表示一个整体的构式义。这说明大多数紧缩构式是在已有结构基础上的句法创新现象。所以紧缩构式基本上有两个来源：一个是自古就有的传统紧缩构式，如"非……不……（非肉不饱）、不……
不……"等；另一个是从近代汉语中开始出现的后起紧缩构式（句法
创新），如"爱 X 不 X"（爱信不信）。

我们将北大语料库中《水浒传》《金瓶梅》《红楼梦》及老舍和王
朔作品中偶标、单标、准标构式分别做了对比，对紧缩构式在明清、现
代、当代的发展状况、使用特点进行了封闭式考察，结果见表6.1、表
6.2。

从下面两个表可看出，紧缩构式在各个时代中偶标出现最多，使用
频率最高；准标其次；单标最低。各类型在不同时代所占比例大体一
致。现当代作品中紧缩构式使用频率明显比明清时增高。王朔作品中紧
缩构式使用频率最高，说明在当代紧缩构式的使用频率有所增加，但使
用种类分布变化不大。

表 6.1 紧缩构式不同时代①分布

类　别		明　清	现　代	当　代	合　计
偶标	越……越……	42	303	90	435
	愈……愈……	8	0	37	45
	不……不……	47	105	152	304
	一……就……	40	108	198	346
	一……就是+数量	0	26	11	37
	爱……不……	1	4	1	6
	非……不……	15	394	11	420
	没……没……	23	28	52	103
	说/想/爱……就	9	21	26	56
	又……又……	72	94	113	279
	边……边……	0	7	213	220
	再……也……	7	22	59	88
	V来V去	24	130	114	268
	说什么……也……	0	6	4	10
准标	多少……多少……	2	20	7	29
	谁……谁……	8	33	63	104
	啥……啥……	0	0	1	1
	嘛……嘛……	0	0	2	2
	吗……吗……	0	0	3	3
	哪儿……哪儿……	0	13	16	29
	哪……哪	1	2	6	9
	哪里……哪里……	0	8	0	8
	什么……什么……	10	70	37	117
	怎么……怎么……	4	20	40	64
	怎样……怎样……	2	5	3	10
	一……一……	81	198	100	379

---

① 我们只统计了明清、现代、当代的用例。明清以《水浒全传》《金瓶梅》《红楼梦》中的用例为代表，现代以北大语料库中老舍的所有作品为代表，当代以王朔的所有作品为代表。

类　别		明　清	现　代	当　代	合　计
单标	X 就 X	0	19	41	60
	V 都 VP	0	17	21	38
	V 也 VP	3	68	19	90
	V 还 VP	2	0	0	2
	V 又 VP	0	2	0	2
	没有……就没有……	1	1	10	12

表6.2　　　　　　　　紧缩构式不同时代出现比例、频率对比

时代	偶标	比例（％）	单标	比例（％）	准标	比例（％）	总例数	语料总字数	使用频率（％）
明清	288	71.64	6	1.49	108	26.87	402	2189572	0.02
现代	1248	72.39	107	6.20	369	21.40	1724	2928366	0.06
当代	1081	74.55	91	6.28	278	19.17	1450	1468126	0.10

6.2　紧缩构式的构式化、语法化演变过程

6.2.1　构式化与语法化

构式化（constructionalization）指非构式演变为构式的过程，以及普通句法结构经紧缩固化成特定的构式的定型、凝固化的过程。即一个原本松弛的结构演变为相对固定的结构的过程，是形式和意义的规约化。

构式的形成要经历较长的演变过程，构式化的动因与机制并非仅存在于共时平面上，还在于历时的变化中。构式化包括语法化和词汇化、习语化等。紧缩构式的构式化过程大多都伴随语法化，意义已经过语法化的过程稳定下来。紧缩构式由分析型双小句、事件链框架不断缩并，

自然演变成一个黏聚型的紧缩式。紧缩构式发展演变过程，就是一个"主观化与词汇化、语法化进而标记化、构式化的过程"①。

　　自 20 世纪初 Meillet 提出"语法化"（grammaticalization）这一概念以来，语法化理论得到了很大的丰富和发展。"'语法化'指的是语法范畴和语法成分产生和形成的过程或现象。"② 典型的语法化现象是"语言中意义实在的词语或结构式转化为无实在意义、仅表语法功能的语法成分这样一种过程或现象"③。

　　近年来，随着认知语言学的发展，语法化及相关问题研究在广度和深度上都取得了突破性的进展。语法化的研究对象也在不断扩展，词汇化现象也是近年来讨论的热点。语言的演变既有语法化又有词汇化。

　　当今语法化的研究范围已打破了词的层面，从最初的实词虚化的词层面扩展到句子、篇章、语用，甚至是典型的概念结构、事件结构等层面。除了词汇语法化以外，还包括句式结构、语用结构等的语法化。从话语分析的角度考察汉语标记在话语或篇章组织中的衔接和连贯功能，或是从汉语交际的角度考察话语标记在话语理解中提示、引导或制约作用，即广义语法化④。Hopper 甚至提出，根本没有什么语法，有的只是语法化⑤。也就是说，没有现存的静止不变的语法，只有不断产生和交替的动态语法。

　　吴福祥（2006）认为，最近十余年来，汉语语法化研究主要集中在两个方面：一是"基于词汇/句子"的历时语法化研究，即研究词汇语素是如何演变为语法语素的词汇语法化（如"着""了""是""来"等）和句法结构式（如连动式、双宾语句、"被"字句、"把"字句、

---

　　① 张谊生：《试论骂詈语的词汇化、标记化与构式化——兼论演化中的骂詈语在当代汉语中的表达功用》，《当代修辞学》2010 年第 4 期。

　　② 吴福祥：《语法化与汉语历史语法研究》，安徽教育出版社 2006 年版，第 1 页。

　　③ 沈家煊：《"语法化"研究综观》，《外语教学与研究》1994 年第 4 期。

　　④ 王寅、严辰松：《语法化的特征、动因、机制——认知语言学视野中的语法化研究》，《解放军外国语学院学报》2005 年第 4 期。

　　⑤ Hopper, P. J., Traugott, E. C. *Grammaticalization* 2*nd ed.* Cambridge University Press, 2003：75–76.

"比"字句、使役句）自先秦以来的语法化过程。主要成果有解惠全、刘坚①、江蓝生、张谊生、刘丹青、洪波②、吴福祥③、蒋绍愚、徐丹等学者的论著。二是"基于话语/语用"的共时语法化研究，即研究篇章成分或语用法是如何凝固为语法成分的。如方梅《空间范畴到时间范畴——说北京话中的"动词-里"》一文，讨论了该格式的意义、用法和"里"的性质和虚化轨迹及篇章动因④。

紧缩构式的语法化包括这两个方面。本书主要考察松散的篇章话语结构是如何凝固为新的句法结构和构词成分的历时、共时构式化与语法化演变过程。

6.2.2 常见紧缩构式的构式化与语法化

紧缩构式的语法化包括结构式语法化、结构式词汇化、关联标记语法化三个方面。不同来源的紧缩构式语法化路径不同。下面我们来看常见紧缩构式的构式化、语法化演变路径和语义虚化轨迹⑤。

6.2.2.1 V 来 V 去

"V 来 V 去"构式首先是用来表示实际的位移事件，然后从空间域（走来走去、逃来逃去）进入非空间域（说来说去、想来想去），表抽象的位移活动。Heine（1991）把语法化看作"若干认知域的转移过程"。"V 来 V 去"的语义演变顺序是：空间→抽象的空间→性质，语义发展经历了一个虚化过程。它不仅具有篇章连接功能，而且具有主观

---

① 刘坚、曹广顺、吴福祥：《论诱发汉语词汇语法化的若干因素》，《中国语文》1995 年第 3 期。

② 洪波：《使动形态的消亡与动结式的语法化》，吴福祥、洪波：《语法化与语法研究（一）》，商务印书馆 2003 年版，第 330—348 页。

③ 吴福祥：《近年来语法化研究的新进展》，《外语教学与研究》2004 年第 1 期。

④ 方梅：《从空间范畴到时间范畴——说北京话中的"动词-里"》，吴福祥、洪波：《语法化与语法研究（一）》，商务印书馆 2003 年版，第 145—165 页。

⑤ "爱 X 就 X""爱 XX""爱谁谁""爱 X 不 X""X 就 X"的构式化、语法化过程在 8.3、8.4 中会具体论述。

表达功能，表明"折返、不如意"的主观态度。

因此，"V来V去"的语法化过程也是一个主观化不断增强、篇章功能逐渐关联化的过程。"V来V去"中的"说来说去"在语法化过程中概念意义完全虚化，不再表示位移活动，经历了一个去前景化的过程，词汇化了，变成话语标记语，用在一段话的结尾处表示总结。它在句法语义和语用功能等层面都发生了相应的变化：①从命题功能到篇章功能。②从自由形式到黏着形式。③从句子主语到言者主语。（王平，2007）

6.2.2.1　爱 X 不 X

不同构式的紧缩模型不同。下面说明从同谓复句到四字格"爱 X 不 X"的构式化、语法化过程。

此构式紧缩演化轨迹如下：

（1）Ⅰ．如果你爱信你就信；如果你不爱信你就不信。（语气和缓，态度客观）

　　　Ⅱ．你爱信就信不爱信就不信。

　　　Ⅲ．你爱信信不爱信不信。（语气生硬，态度不满）

　　　Ⅳ．爱信信不信拉倒。

　　　Ⅴ．你爱信不信。（语气很生硬，态度很不满）

Ⅰ是复句，Ⅱ—Ⅴ都是紧缩后的形式。从Ⅰ句到Ⅴ式，紧缩程度逐渐加强，句法成分逐渐减少，句长越来越短：Ⅱ式省去停顿，Ⅲ式省去副词"就"，Ⅳ式省略了后小句的"爱"字，并用贬义、抽象的"拉倒"类动词替代语义具体、中性色彩的"不信"。这样，就省去了双小句范围内所有能省的成分。最后，Ⅴ式通过省缩把双小句变为"爱 X 不 X"构式。从Ⅰ句到Ⅴ式，通过成分省略与紧缩双重手段，双小句不断缩短长度，发生凝固化、通用化、能产化，省缩引发了句法创新，同时这种新结构在口语中逐渐推广开来，从而完成了由句法创新到句法演变的过程。

"爱信不信"前后两个紧缩结构分别从正反两方面进行说明，是两个紧缩结构压缩为一，分别省略后项，将两个语义相反的前项结合起来形成构式。在紧缩过程中，有一系列紧缩的中间项，结构越来越简单，语气也越来越强烈。"爱信不信"所表达的不是"要信就信，不信就不信"义，而是表达"无所谓、随便、不满"的态度，原来由双小句共同表达的意思（双重心）逐渐后移，最后几乎全部落在后项上（后重心）。

从上面演化过程可看出，扩展句的语义跟省缩的四字格有差异。扩展双小句的感情色彩较中性，而四字格偏负面、消极，其构式义不能通过其表层的句法关系分析而得。这是因为，从正反并列的双小句省缩为四字构式，期间经历了一个跨层的语法化的过程。而"随着结构语法化程度的加深，语义表达的承担者逐渐由结构中的各个成分及其句法关系转向结构的整体框架"①。在语法化过程中，紧缩程度的不同导致主观情感的不同。随着句子结构的紧缩和词汇的替换，构式化、语法化程度的加深，消极否定的主观感情色彩不断加强，其语义也不断主观化、情态化，最后，表示抽象的贬抑构式义"随便、任意、无所谓"。所以"爱 X 不 X"只在表层上维持了原型形式，其深层是一个与原型结构异常的同形异构的新构式，表层结构与深层结构的不对应，造成句法异位，语义异指，语义重点、感情色彩有异。如：

（2）我把一个养不肥的小壳囊送去，爱要不要。（周立波《暴风骤雨》）

6.2.2.2　A 一量 B 一量

"A 一量 B 一量"类主观增量构式能够检索到的最早用例是在清代，其中"一"不表实际数量，而表量的扩散、增大。构式从并列义发展到交替义，然后再到周遍义等，是渐变的：交替增量→周遍增量→顺序增量，也体现了"有界（紧缩结构）—无界（紧缩构式）—全量（紧缩构式）"的变化。如：

---

① 江蓝生：《同谓双小句的省缩与句法创新》，《中国语文》2007 年第 6 期。

（3）"仔细看还是象阿里斯顿，只不过阿里斯是对眼，这孩子<u>一个眼儿东一个眼儿西</u>。"（王朔《千万别把我当人》）

（4）四个月的治疗，杨选春瘦得只剩一副骨架子了，人是<u>醒一阵昏一阵</u>，说话艰难，命若游丝。（网络）

（5）陈蓝又心软，不忍让读者等，提出提前签售，<u>来一个签一个</u>，发行部主任坚决不允。（电视电影《新结婚时代》）

例（3）由于先行句中有"对眼"，因此，这里的"一个眼儿东一个眼儿西"是确指，格式的意义与其字面义一致，是紧缩结构。例（4）是表无界交替义的紧缩构式。例（5）是表全量周遍义的紧缩构式。

6.2.2.3　一 A 就 B

（1）承接——条件，表主观小量

"一……就……"先表承接，后表结果，构式出现虚化、语法化：表主观小量。如：

（6）说罢，杨主任<u>一摆手就走开了</u>。（杜鹏程《保卫延安》）

（7）瞧，我们总是<u>一出手就消灭他一大堆</u>！"（杜鹏程《保卫延安》）

例（6）中"一……就……"表承接，是指具体的一次性事件。例（7）中"一……就……"表条件，是指惯常事件，前面有"总是"共现。

（2）一 A 就 B——一开始就……

在分析语料过程中，我们发现"一 A 就 B"构式中有大量"一开始就……"格式，其意义发生了变化，跟一般的"一 A 就 B"构式有差别，有表示时间"在一开始的时候"之义，由动词结构逐渐虚化为时间状语，是时间限制的结构，有词汇化倾向。如：

（8）基于这样的优势地位，中国高科集团公司领导<u>一开始就提出</u>，要开拓国内尚为空白的高科技产业新领域……（《人民日报》1995 年 9 月）

6.2.2.4　疑问类紧缩构式

疑问类紧缩构式形成于明代。近代汉语（明清）中就出现了由"怎"类疑问词构成的紧缩构式："我待怎么说就怎么说！只是由的我！"

疑问类紧缩构式出现形—义错配现象。疑问代词的主要功能是表示询问。但由于代词在表义上具有高度的抽象性特征，如世界上所有的"物"我们都可用"什么"来代替，因而"疑问代词具有任指或虚指的功能就不足为怪"①。吕叔湘认为："一句话，从形式上说，不是肯定就是否定。疑问句，在某种意义上，可算是介于二者之间。"② 在功能迁移的过程中，疑问代词发生虚化、泛化。比如：

（9）你愿意叫他什么就叫他什么。（谌容《梦中的河》）

疑问类紧缩构式如"V1 什么就 V2 什么"中的"什么"不表疑问，而是表现说话人的主观肯定，其肯定意义是由虚指、任指疑问代词指向 V1 并对其肯定而来。疑问代词"什么"在引申用法中，疑问信息逐渐减弱，指代作用弱化，疑问作用转化为肯定作用。而"什么……什么……"构式在由表疑问引申为表肯定过程中，虽然其指代作用减弱，但是却依旧保存下了这种"指代"的特性，即代表某个"实体"或指代某种具体内容。因此，我们就能概括出其构式义：表示说话者对动作行为或存在、状态所关涉内容、方式等的主观肯定。

再如："爱咋咋地"的历时构式化发展过程为：S1 爱怎么 X，就怎么 X→S1 爱怎么 X 就怎么 X→S1 爱怎么 X 怎么 X→S1 爱怎么着怎么着→爱咋咋地。

代词由同指到虚化，到不同指，再到习语构式，语法化程度渐高。

综上，我们推测，疑问代词构式化、语法化的过程应该是先产生疑问用法后产生非疑问用法，疑问代词的虚指用法是其非疑问用法的最初形式，而任指用法又是虚指用法的进一步发展。事实上，当一个虚指用

---

① 寿永明：《疑问代词的否定用法》，《上海师范大学学报》（社会科学版）2002 年第 2 期。
② 吕叔湘：《中国文法要略》，商务印书馆 1982 年版，第 341 页。

法有了限定范围，也就发展成为任指用法。由表疑到非疑，从非疑再到肯定，这个过程是语法化程度不断加深的过程。

6.2.2.5 不 X 不 Y

"不 X 不 Y"根据具体语境的不同呈现出中性、消极贬斥、积极褒扬三种截然不同的语用意义和情感色彩，其否定意义发生明显的构式义偏移，显示出多义性，在构式语义偏移过程中同时也显示出语法化的过程。比如：

（10）具体来分析，近来道指不断爬升主要有这样三个因素：其一，从宏观上看，当前美国经济不冷不热，增长适度，从而为股票牛市奠定了基础。（《人民日报》1996 年 10 月）

（11）2 月的昆明，早已是春暖花开，不冷不热，气候十分舒适。（《人民日报》1994 年第一季度）

（12）作者写道，直到今天，这个村庄的人际关系还是又僵又涩，不冷不热。（余秋雨《小人》）

例（10）只是客观陈述事情发展的中间状态、事实，指经济状态和关系平和适度，带有中性色彩。例（11）是否定两极，肯定中间，是"气候适宜、恰到好处"义，带有褒义的主观评价色彩。例（12）是指人际关系僵涩，偏向"冷"，表示贬义。这里"不冷不热"发展的三种状态形成一个连续统：中性—恰好—否定，由中性义发展、偏移引申出肯定义"气候适宜"、否定贬抑义"人的态度不友好"（语义倾向于"冷"）。语义偏移可分 1 度肯定偏离、2 度否定偏移。同时，语义偏移过程也是语法化过程，主观色彩越强，构式义越明显。

6.2.2.6 非 X 不 Y

从历时角度看，"非 X 不 Y——非 X 不可（行，成）——非 X"这三种形式是紧缩构式"非 X 不 Y"构式主观义发展、语法化的对应三阶段：双重否定式、凝固虚化式、隐含简略式。此构式紧缩演化轨迹如下：

"非 X 不 Y"中的"不 Y"凝固成三个表否定的语气副词"不可、

不行、不成"。此构式经过长期的语言演变，发生了语法化，具有了特殊的意义、用法和较高的凝固度。近年来"非 X 不 Y"在使用过程中产生变式，可以直接省略"不 Y"，单用"非 X"而语义不变，说明此构式的虚化程度更高，字面义完全失去了对构式的解释力。例如：

（13）半路上他非要拿出来玩，哗哗，就飞了一个。（《曹禺选集》）

6.2.2.7　X 就 X

"X 就 X"本身也反映了语法化的三阶段（焦慧莹，2007）。

（1）前 X 与后 X 是两个事件，前 X 重在叙述事实

构式中包含言语事件：间接引语前 X，是源信息的重现；后续事件后 X。如：

（14）两块钱就两块钱，京京，你还玩不玩？（刘心武《公共汽车咏叹调》）

此例前 X 表示的言语事件是某人的话"玩一次要两块钱"；后 X 表示的是对前一事件即某人出的价格的接受。由此看出，前 X 和后 X 是先后连贯的两个事件。这类结构表示的语义关系比较实在、单一，可以清楚地划分为前后两个事件，尚处于语法化的起始阶段。

（2）前 X 与后 X 的事件性界限模糊，前 X 重在凸显意愿

这类构式虽然也可看作两个事件，但两个事件之间的关系不很清晰，且前 X 多侧重于表示某种意愿，后 X 表示这种意愿下可能发生的事情。如：

（15）它们适性任情，对就对，错就错，不说一句分辩话。（鲁迅《朝花夕拾》）

例（15）两个对举格式中前后两个事件的划分已比较困难，通过对举形式表达对其中一种可能情况的肯定，表达"不管对错它们都不会争辩"的概括意义。

这类构式表示的语义关系已经开始了由实到虚的变化，前 X 由事件性向主观性变化，这类构式正处在语法化的过程当中。

（3）前 X 已无事件性，完全成为后 X 的背衬成分

此类构式前 X 的事件性已经消失，并不表达实在意义，而是描述客观世界中突然发生的某种事件、状态。它作为后 X 的背景、背衬成分出现，为了抬升后 X 的语气，更有利于主观态度的表达。如：

（16）听见就听见呗，咱们也没说什么……（王朔《我是你爸爸》）

例（16）描述的是"听见我们谈话"这一突发事件带来的令人难以适应的主观感受，是对这种主观感受的容忍。前 X 的作用主要是在语气上造成一种上仰的趋势；后 X 在前 X 的基础上语势更强，以达到强调的效果。

这类构式的语法化程度最高，前 X 由侧重主观意愿的表达发展到仅作为后 X 的背景和铺垫，它的事件性已经在历时的发展中逐渐消磨，这就使得后 X 传达的焦点信息更加凸显。至此，构式的语法化基本完成。

6.3　紧缩构式的紧缩度、透明度、构式度与标记度

6.3.1　紧缩构式的紧缩度与透明度、构式度

紧缩构式的形成实际上有一个构式度从低到高的变化过程。紧缩构式是由复句到单句的过渡或中介形式。紧缩构式省略的只是非核心部分，压缩的多是只具有句法结构连接作用的篇章、句子间关系成分。紧缩这一范畴内部也是不平等的，紧缩范畴内没有统一规整的紧缩层次。由于语用环境的需要，紧缩构式有不同程度、层次的紧缩形式。各类紧缩构式紧缩程度不同，内部构式化的程度也不同。紧缩构式的透明度高低有别，呈现出从形—义透明的普通句法结构到形—义不完全透明、不透明的构式的对立。透明度与紧缩度、构式度呈反比关系。我们看：

（17）各例的逻辑关系　　　　　　　　　　　条件关系

只要谁不听话，我就揍谁！Ⅰ　　典型角色搭配 低紧缩度 高透明度

只要谁不听话我就揍谁！Ⅱ

只要谁不听话就揍谁！Ⅲ　　非典型角色搭配 较高紧缩度 低透明度

谁不听话就揍谁！Ⅳ

谁不听话揍谁！Ⅴ　　　　　表虚指 不同于字面义 高紧缩度 不透明

以上紧缩构式有不同的紧缩程度，分别标上Ⅰ、Ⅱ、Ⅲ、Ⅳ、Ⅴ度标记。Ⅴ度式为紧缩构式的典型，Ⅱ度、Ⅲ度、Ⅳ度式都逐渐靠拢这个典型。紧缩构式从复句到最简的Ⅴ度形式，层层缩并，不断缩减语音停顿、（后件）主语或关联词语。"紧缩结构由复句开始，逐渐靠拢Ⅴ度句的形式所表现的不同程度紧缩，可称为'紧缩度'。"①

从上面可看出，有关联词语的Ⅰ式由于有语音停顿，所以起始状态都是复句。关联标记通过强调，加强了前后项之间的关联度，复句逻辑感强，无明显虚指义，形义之间对应关系透明，不违实，是形—义透明的结构。因此，构式合格度低，但可作为其语言基础。从Ⅱ度句开始至Ⅴ度句为止，则是不同程度的紧缩结构，但只有Ⅳ、Ⅴ度才是紧缩构式。Ⅱ、Ⅲ式是紧缩结构，Ⅳ式是形—义不完全透明的结构，半融合，可作为紧缩构式的开始。Ⅴ式构式度最高，完全融合，有构式整体语义（不可分解的非透明要素），是不透明构式，明晰度不足，内容含蓄，形式简练。Ⅰ式到Ⅴ式透明度逐渐降低，紧缩度、构式度逐渐增高。由复句"紧缩"成构式，随着紧缩程度的加强，有的已经凝结为固定习语形式了，但大部分还处于过程中：有的刚刚起步，保留有原始结构义；有的已经发展得比较成熟，有特殊的构式义。

在紧缩过程中，从最繁形式到最简形式，中间还有各种紧缩形式，构成了一个紧缩内部的连续统。紧缩程度最低的最繁形式倾向于复句，只是取消了分句间的停顿，如最不典型的Ⅱ度句；最简形式倾向于单句

---

① 参见陈颖：《紧缩句的有标关联和无标关联》，华中科技大学 2005 年硕士学位论文。

（复杂单句），即紧缩程度最高的，在结构上删略了所有能删略的成分，完成了紧缩的全部过程。

当然不是任何复句都能从 I 度开始形式发展到 II 度紧缩形式，有很多复句不能凝固成紧缩结构；也不是所有的紧缩结构都能从各紧缩层级进一步缩减到最简 V 度式。不同的结构有不同的紧缩能力：紧缩能力强的可以不断向高层次缩省形式发展，紧缩能力弱的只能停留在某一紧缩层面上，不能继续紧缩下去。试比较：

（18）什么时候方便就什么时候来。→什么时候方便什么时候来。→什么时候方便就来。→*什么时候方便来。

（19）你来你就来吧。→你来来吧。

（20）一来就哭。→*一来哭。

6.3.2　紧缩构式的标记度与紧缩度、构式度

标记度与紧缩度、构式度并不完全统一，也有相反情况。大体说来，偶标固定构式可看作紧缩构式的中心成员、典型形式，如"爱 X 不 X"。其特点是结构紧密凝固，密不可分，不能拆开，关联词语完全融入构式，体现出较为突出的构式义。准标关系相对松散，半融合，是范畴的不典型成员。单标一般式"V 也 VP"结构不如固定格式紧密、凝固，是紧缩构式中的边缘成员。所以紧缩度最高的不一定无标记。偶标及单标的固定形式构式度较高，构式义较明显。如"爱去不去""X 就 X"。各标记的凝定形式构式度最高，构式义最明显，如"爱谁谁""嫁鸡随鸡"紧缩度一样高。构式越凝固、词汇义越服从构式义，构式度就越强。因此，各种标记形式和紧缩度、构式度的关系可排列成如下语义等级方阵：

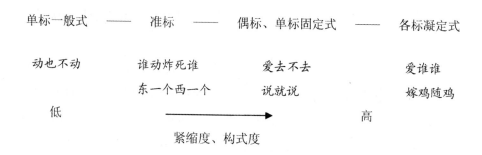

图6.1　紧缩构式标记度与紧缩度、构式度关系

此外，紧缩构式构式化水平还跟其变项音节数、紧缩可预期程度、紧缩组合的习语化程度成正比。当其变项是单音节词或语素时，紧缩组合的习语化程度升高，构式化水平也跟着提升；当变项是短语或子句时，紧缩组合的自由化程度升高，构式化水平也随之降低。比较：

没老没小、不高不低、不怕累不怕苦。

上面例中前两个构式的构式化水平比后一个高。

6.3.3　紧缩构式的构式化、语法化连续统

原型范畴理论认为：一个范畴的内部成员之间并没有什么共同特性，只有家族相似性。范畴的边界是模糊的，范畴成员有典型和非典型之分。语言的范畴是非离散的，"语言成分在属于某个范畴的典型性程度上形成了一个连续体"。这符合我们讨论的紧缩现象，两端和中间形式在"紧""缩"等一些特征上相交。紧缩构式从"初始状态""一般状态"到"完成状态"，其中"初始状态"在"缩"这个特性上表现不突出。

综上，我们得出紧缩构式由自由到凝固、由繁到简的典型性连续统，也因此是构式化、语法化的连续统：

零紧缩度复句 ……低紧缩度紧缩结构 ……高紧缩度紧缩构式 ……习语构式

（语法化程度最低）　　　　　　　　　　　（语法化程度最高）　（词汇化）

透明　最繁　　　　　半透明　　　　　　　　　　不透明　最简

图6.2　紧缩构式构式化、语法化的连续统

因此，紧缩构式遵循"复句>紧缩结构>紧缩构式>习语构式"的构式化、语法化演变路径。

6.4　紧缩构式关联标记的省缩层次

关联标记的信息在紧缩构式中可被隐藏、压缩。紧缩构式关联标记有不同的缩省形式，形成有标、准标、隐标形式共存局面，构成语法化连续统。但是怎样缩省、可缩到什么程度不是任意的，各类构式可缩性不同。下面我们对紧缩构式关联词语的省缩规律、层次进行探讨。

6.4.1　第一层次省缩：省掉前后标或前标

6.4.1.1　形成偶标

偶标"非X不Y""不X不Y"是复句省略前后标"如果、就"得来：（如果）非X（就）不Y、（如果）不X（就）不Y。

"再X也Y""爱X就X"是复句省掉前标"即使、如果"得来：（即使）再X也Y、（如果）爱X就X。

6.4.1.2　形成单标

如："X就X、不X就不Y、谁……就……谁"是省略前标"如果"得来：（如果）去就去。（如果）不说就不饶你。（如果）谁上来就炸死谁！

6.4.2 第二层次省缩：省掉后标

6.4.2.1 偶标缩为单标、准标

（1）偶标缩为单标

"再怎么说也……"里，如果后项谓语中心语是"是"或有助动词，后标"也"可省略，紧缩构式由偶标变为单标。如：

（21）再怎么说也是亲戚。→再怎么说是亲戚。

（22）再怎么说也不能泄露机密。→再怎么说不能泄露机密。

"爱/想 X 就 X"中可进一步省略关联后标"就"得到"爱/想 XX"式单标：爱/想/ X 就 X——爱/想 XX。如：

（23）爱怎样走就怎样走。→爱怎样走怎样走。

（24）爱去就去。→爱去去。

（25）想去就去。→想去去。

这几例是用动词重叠和前面的动词"爱、想"来充当标记。

"非 X 不可"可进一步缩去后标"不可"，也变为单标，形成"非 X"式，即：非 X 不可→非 X。这时"X"要求是谓词性词语，而排斥单个名词、代词等。如：

（26）我无所谓，星期天待家里也可以，不一定非去，真的。（王朔《我是你爸爸》）

这里"非去不可"紧缩为"非去"。

其他由"一……就（是）……"连接的偶标也可省略后标，变为单标。

（27）一坐就是三小时。→一坐三小时。

（2）偶标缩为准标

前、后项里有一致的疑问代词呼应时，后标"就"往往可以省略。如：

（28）我从来想什么就说什么。→我从来想什么说什么。

6.4.2.2　单标缩为偶标

如前、后件都是"否定词+名词或动词（短语）"的结构，可省略后标"就"：

（29）不说就不饶你。→不说不饶你。

（30）没有共产党就没有新中国。→没有共产党没有新中国。

这两例中左边构式既有第一层次的关联词"就"，也有第二层次的关联词"不、没有"。我们以第一层次为标准，把这两例归入"单标"，第一层次的"就"省去后的形式才能称为偶标，其中第二层次的否定词提升上来代替原有关联标记起关联作用："不……不……、没有……没有……"。

6.4.2.3　单标缩为准标、隐标

（1）缩为准标

如准标构式"谁……谁……"就由单标"谁……就……准"构式省缩后标"就"得来：

（31）谁上来就炸死谁！→蒋经世……堵着门口，凶恶地叫道："谁上来炸死谁！"（冯德英《迎春花》）

这里省略"就"后，疑问代词"谁"上升为关联标记充当前后标。

（32）虽然受到了一些误解，但这样的故事，谁听了谁都会由衷地感到欣慰。（《报刊精选》1994年10）→谁听了谁会由衷地感到欣慰。

例（32）副词"都"充当关联标记时，后面的疑问代词"谁"属于后项成分。省略"都"后，前后项里的疑问代词"谁"上升为关联标记充当前后标，从而保持对称形式。

（2）缩为隐标

同词顺接式"X就X"省略后标"就"：

（33）杀头就杀头。→杀头杀头吧。（杀杀吧）

习语构式省略后标"就"：

（34）做一天和尚就撞天钟。→做一天和尚撞天钟。

这里关联标记完全消失，变成隐标构式。

同词逆接式也可省略后标"也、又",它的后项动词为否定式,由一个假设的前项和表结果的后项构成。如:

(35) 他吃也吃不好,睡也睡不香。→他吃吃不好,睡睡不香。

(36) 走又走不动,不走又不行。→走走不动,不走又不行。①

例(35)的"也""通过虚用手段来表现类同关系"(陆俭明,1999)。

这是关联标记消失,用动词重叠表示原来关联标记的意义。

但是下面情况不能省略,否则将引发歧义:

(37) 动也不动→*动不动

6.4.3 第三层次省缩:省掉动词

缩去动词的有:"爱谁谁、爱怎怎、爱哪儿哪儿"等。它们都是在单标基础上继续缩掉动词而形成。如"爱怎么 VP 怎么 VP"进一步省去 VP,变为"爱怎么(着)怎么(着)",口语中再缩成"爱怎怎""爱咋咋"。

"爱哪儿哪儿"与"爱怎怎、爱咋咋"类似,紧缩过程可以推导为:

爱上哪儿上哪儿→爱上哪儿哪儿→爱哪儿哪儿

其实,紧缩构式内部(紧缩式的成员)、外部(句子体系中的位置)两方面也都证明紧缩构式具有不稳定性,处在变化之中,因此会有紧缩的不同层次。

6.4.4 不可省缩

6.4.4.1 疑问代词和"也""都"等组配时,不能省略

(38) 他说什么也不听你的。→*他说什么不听你的。

---

① 后半句前后不同词,不能省略。

这种构式前、后件之间是让步假设关系，虚拟义标志"也""都"使得疑问代词表虚指、否定意义，从而构成让步逻辑关系，因此不能紧缩。

6.4.4.2　有固定关联标记的偶标构式不可再省略

偶标除"非 X 不可""再怎么说也……"外，不可再省略，如：越……越……、一……就……、又……又……、不……不……。

（39）不吃不喝、不偷不抢→*吃喝、偷抢

（40）（这本书很浅，）一看就懂。→*（这本书很浅，）一看懂。

（41）旅客都又饿又渴。→*旅客都又饿渴。

（42）水再深点也不怕！→?水再深点不怕！

上几例省略、取消偶标关联标记后，语义发生变化，如例（39）"吃喝"跟"不吃不喝"语义刚好相反。而且由于谓语距离的缩短，动词在结构关系上起了变化，有的紧缩构式变成了连动结构，同时语义发生了变化：

（43）他一起床就读英语。→他起床读英语。

以上分析表明，紧缩构式基本都是第一、第二层次的紧缩，都是省缩掉第一、二层次的关联词语，即前后标；第三层次紧缩较少。如"非 X"是在已经缩省掉第一层次关联标记基础上继续往前缩省第二层次的关联词语，属于第二层次紧缩。某个具体紧缩构式有标、准标、隐标连续统中只能有其中两种形式共存。

除了关联标记的缩省，零形回指使紧缩构式大量删略主宾语成为可能和必要。如：

（44）孟尝君说："你瞧着办吧，看我家缺什么就买什么。"（《中华上下五千年》）

例（44）前项宾语跟后项宾语相同，后项宾语"什么"使用代词回指，同时后项删略主语"你"，是零形回指，回指前一分句的主语"你"。

可见，语言系统从复句出发，借助形式、语义、表达、认知等控制

因素引发紧缩构式从有标到无标，从主语全现到全隐，不断紧缩，满足了言语创新的需要。

6.5　紧缩构式关联标记的语法化层级系统

上面我们探讨了紧缩构式关联词语的省缩层次，那么关联标记的构成与形成来源如何？其演进和虚化遵循什么样的方式、路径，又形成什么样的语法化层级？

紧缩构式的语法化包括实词虚化。紧缩构式关联标记形成过程中也大多伴随语法化、抽象化、主观化。紧缩构式中的关联词语都有语法化倾向。随着语法化程度的加深，一些实词逐渐衍生出附加性的标记化用法，作为情态标记编入特定的句法或词法结构内而标记化，以表达发话人特定的主观感受和态度，从而语法化为关联标记。

紧缩构式关联标记的语法化包括三个层级：

6.5.1　实词向关联副词的转化

从词义演化的理据和轨迹来看，大部分副词都是由实词虚化演变而来的。词类的虚化总是从开放到封闭、从自由到黏着、从较虚到更虚逐级降格。紧缩构式中随着语法化程度的加深，一些实词在功能上趋于单一化和固定化，实义性程度降低，意义发生了虚化、抽象化、泛化与主观化，聚合组织趋于封闭，使用频率相对较高，标记性增强，以表达发话人的主观感受和态度。即由实词转化为关联副词，具体表现为：

6.5.1.1　动词"来、去"的虚化

"V来V去"中作为关联标记的动词"来"和"去"都是作为基本词汇笼统地表示"靠拢"和"离开"的移动行为，并没有表明移动的具体方式，"来/去"的意义虚化为表动作的趋向、结果乃至纯粹表

动态，意义有了引申，即表示某事物或情况的产生、出现或消失。这就为它们的用法留下了发展的空间。

实际位移类动词"来""去"由独立地表示位移事件，发展到用在动词之后表示移动趋向，这是词义的第一次引申。"来/去"不再独立地表示一个活动，进一步虚化为表示活动的动态，如：跑来、离去。这种"来/去"的意义都由其本义（位移活动）引申而来，表抽象的位移事件和方向。"来/去"成为空间类"V来V去"的构成部分之后，活动"指向"/"背离"说话人（参照点），这是词义的第二次引申，如"走来走去"；当"来""去"与非位移动词（如"想、说、考虑"等）相结合，构成非空间类"V来V去"之后，词义又发生了改变，是第三次引申（王平，2007）。"来、去"表示虚拟活动趋向，表示活动的持续、变化并呈阶段性，虚化为关联标记。如"说来说去、劝来劝去、想来想去"等。

而"越来越Y"是"越X越Y"构式下的特例，是X为动词"来"的构式中"来"语义虚化而成，"来"泛指动作或性质。如：

（45）越来越多的私人飞机将翱翔中国天空。（新华社2004年新闻稿_002）

6.5.1.2　疑问代词的虚化、泛化

由于代词在表义上具有高度的抽象性特征，因而疑问代词具有任指或虚指的功能。疑问代词"什么"等在功能迁移的过程中，发生虚化、泛化，疑问信息逐渐减弱，指代作用弱化，疑问作用转化为肯定、关联作用。

如"哪里"在空间范畴内，它既可以由实有所指的空间转化为虚有所指的空间，形成"哪里"的虚指用法，又可以由具体的空间延展到全空间，即从特指发展到任指，起关联标记作用。这是"哪里"在空间范畴内逐步泛化的结果。如：

（46）"走到哪里算哪里，今晚反正不能在城里。"（彭荆风《绿月亮》）

此例中构式"走到哪里算哪里"是对去的地点的肯定，表示主观任意性，随便去哪都行。

6.5.1.3　实义动词"爱、想、说"等虚化为助动词

偶标固定构式如"爱 X 就 X""爱 X 不 X"结构密不可分，在紧缩过程中，随着整个结构的语法化，心理动词"爱"语义也不断主观化、情态化，由"喜爱"义虚化为"愿意、要"义，由实义动词变为助动词，表主观意愿。如：

（47）"不怕！不怕！"张秃子回头向小坡吐了吐舌头。"爱怕不怕！破秃子，坏秃子，猴秃子！"小坡希望张秃子回来，和他打一场儿……（老舍《小坡的生日》）

例（47）"爱怕不怕"表示"随便你怕不怕，无所谓"义，"爱"表主观意愿，变为助动词。

"爱/想/说 X 就 X"构式表达说话人的主观情态，其中心理、言说动词"爱、想、说"等不断虚化为助动词，成为关联标记，表示意愿、计划、想法。如：

（48）你说那时候，嘿，无忧无虑，想吃就吃，想睡就睡。（电视电影《编辑部的故事》）

（49）你想买什么就买什么，你想做什么就做什么，你给我们什么就吃什么，我们信任你！（王蒙《坚硬的稀粥》）

例（48）例（49）表达一种任意、积极、轻松的心态。在"想 X 就 X"中"想"已不是一个单纯的心理活动动词，它由"思索、希望、打算"进一步虚化，表示说话人的某种主观态度、意愿。

再看"说"。《现代汉语八百词》中，"说"的用法归为两个义项：一是指用言语表达；二是责备、批评。但"说 X 就 X"构式中"说"的含义，在这里找不到合适的解释。"'说'已不表示具体的言说意义，而是已经虚化，可以表示打算、计划、考虑等心理活动。"① "说"之所

---

① 董秀芳：《"X 说"的词汇化》，《语言科学》2003 年第 2 期。

以意义虚化，"是由于言说动词的主观化所引起的语义虚化的结果"（董秀芳，2003）。言语与人的思维活动紧密联系，所以"说"在发展过程中从最常用的表示具体陈说义的言说动词不断虚化为表现说话人主观情态的标记词，遵循了从具体到抽象的认知规律。"说"由行为动词到话题标记词，其语法化过程可以表示为：言说义→表意愿、态度→标记词。

具体来说"说"经历了语法化的三个阶段。

在"说 X1 就 X1"格式中，"说"的意义虚化，多用来表示说话人主观的意愿和想法，但还含有言说义，通过语言来表达内心的思想活动。如：

（50）女儿成了一块用过的抹布，人家说不要了就不要了，这是多么大的难堪哪！（李佩甫《羊的门》）

（51）请你细细查看一下，什么地方记错了，就像你是我们公司的总经理在查帐一样，我请你全权作主，你说怎么样就怎么样。（翻译作品《人性的弱点》）

这里的"说"包含说话者的主观意愿，不是单纯的言说动词。

在"说 X2 就 X2"中，"说"的含义进一步虚化，用以连接动作或事件，可理解为"提到""谈及"，并无具体实在的意义，只是言其快。如：

（52）可是他一夜间就变了，他说不理我就不理我了……（莫言《红树林》）

在"说 X3 就 X3"构式中，"说"没有具体实在的意义，只是作为引入一个言语表达命题的标记，引出观点和想法。如：

（53）这会关系重大吗？说大就大，是为不正义张目。还是反求诸书生自己，就算是小焉者吧。（《读书》vol-132）

"说什么……也……"是晚近才出现的，表无条件让步。我们查到的较早用例是在明清以后。如：

（54）董国度想起临行前小妾的嘱咐，坚决不收。那兄长说："不

行，你说什么也得收下，要不你赤手空拳回家，难道想和妻子一块饿死吗？（民国小说《古今情海》）

关联词语"不管"的脱落与"说什么"的固化，副词"也"的优势句法地位使"说"的语义泛化，"什么"任指义加强，语义上获得了补偿。"说什么"已经固化，构式语义虚化，言说义不明显。再如：

（55）我咬紧牙关。竭力将胸中涌起的恐惧压抑下去。说什么也得保持镇静。（《读者》合订本）

上面例中的"爱""想""说"语义虚化，表达主观态度、意愿。正因为虚化、主观化，意义差别不大，具有一致性。当 X 为自主动词 X1 时，三者可以替换，如：

（56）想（爱、说）怎么着就怎么着，想（爱、说）揪谁就揪谁。他们怎么有这么大的权？（汪曾祺《八月骄阳》）

比较而言，"说 X 就 X"构式的使用范围更广，如"说走就走、说死就死"等，表示动作反应之迅速，事情发展进程之快。这与"说"的语法化程度较深有关。

总体说来，随着"爱 X 不 X、爱/想/说 X 就 X、爱 XX"类构式使用范围的扩大和功能的扩展，在构式化、语法化过程中，动词"爱、想、说"等不断地形态化，并由心理动词"爱、想"及言说动词"说"虚化为助动词，表主观意愿、情态。

词类就是一个边界模糊的没有充分必要特征的相似家族。① 助动词是一个非典型的词类，它与动词内部其他小类及副词之间存在着一系列连续渐变的语法等级，界限往往难以划清。因此，也可以说紧缩构式中的动词"爱、想、说"等正处于向关联副词转化之中。

6.5.1.4　动词"没"虚化为否定副词

按照汉语的语法规则，一般情况下，"没"是不能否定形容词的，例如不能单说"没大""没小"，可是在"没 A 没 B"这一构式里，可

---

① 赵艳芳：《认知语言学概论》，上海外语教育出版社 2001 年版，第 144 页。

以放在一起说"没大没小"。实际上，这里动词框架虚化为副词框架。即副词框架"没……没……"由同形的动词框架虚化而来。其中"没X""没Y"由动宾关系语法化为状中关系，"没"由动词虚化为否定副词。如：

（57）就是两年前，家乡那场大水灾，田地都淹没了，<u>没吃没喝</u>的，跟着就闹瘟疫，饿死的饿死，病死的病死。（琼瑶《水云间》）

例（57）"没……没……"还是动词性框式结构，前后项内部是动宾关系。

（58）什么叫"被抛弃的老糊涂"？我连听都没听说过，你这孩子说话真是<u>没大没小</u>！（翻译作品《生为女人》）

（59）她就这么个人，<u>没深没浅</u>，你别往心里去啊。（王朔等《编辑部的故事》）

例（58）例（59）"没……没……"已凝固成副词性框式结构，出现语义偏移。这里的"没"已由动词虚化为副词，是"不分"义，不是"没有"义。"没大、没小""没深、没浅"已不是动宾关系，而是虚化为状中关系，表示"不分大小、深浅"。"没大没小"指不顾长幼尊卑、不尊重长辈，"没深没浅"指不知道分寸。

6.5.1.5　动词"越（愈）"虚化为程度副词

"越"原是"跨过、跳过"义，"愈"原是"病好，较好、胜过"义，它们在"越（愈）……越（愈）……"中叠用，由动词虚化为程度副词，表达两个事物之间的数量倚变关系，表程度随着条件的变化而变化，在"越（愈）来越（愈）……"中表程度随着时间发展而发展。如：

（60）营<u>越</u>办<u>越</u>热——【夏令营】烫嘴的话题（《报刊精选》1994年07）

我们在表2.1中对偶标的统计显示"越来越……、愈来愈……、非……不可"在语料库中出现的数目都大大超过其一般式"越……越……、愈……愈……、非……不……"，说明它们已形成更凝固的格式，并语法化了，它们词汇化倾向后使用频率增高。

6.5.1.6 数词"一"虚化为时间副词

"一……就……"中的"一"本来是数词，因为在此构式中处于状语的位置，在发生语法化的时候，就向副词转化，已虚化为时间副词，使后面的动词带有"小量"义。如：

（61）别人都说陆小凤惊才绝艳，聪明绝顶，无论什么样的武功，都一学就会，可是你唱起歌来，却实在比驴子还笨。（古龙《陆小凤传奇》）

6.5.2 关联副词内部的再虚化

实词虚化为副词后，其虚化进程不可能停止，会继续向前发展，由略虚向较虚变化，进一步虚化为评注性副词，发生主观化、情态化，导致副词的多功能。

6.5.2.1 重复副词"再"虚化为评注性副词

"再"基本义是表示一个动作（或状态）重复或继续，而在"再……也……"中表示让步假设，省去的连词"即使"的意义附加在"再"上，使其含有"即使"或"无论怎么"义，原来的重复副词"再"就虚化为评注性副词，表肯定、强调义。

（62）她曾多次告诫当地的领导，经济再困难也不能忽视了教育，不能苦了孩子。（《报刊精选》1994 年 07）

6.5.2.2 否定副词"不""非"虚化为评注性副词

"不"否定一种动作行为和事件时，表示了说话人的主观意志，态度和认识。"不 X 不 Y"构式根据具体语境的不同呈现出中性、消极贬斥、积极褒扬三种截然不同的语用意义和情感色彩，其否定意义发生明显的偏移，显示出语法化的过程。如"不冷不热"发展的三种状态形成一个连续统：中性—肯定—否定。可见，紧缩构式"不 X 不 Y"中"不"的否定副词功能也已衰退，"不"已不是一般的客观否定，而是由客观否定虚化为主观认定性否定，成为评注性副词，表示情态意义。

"非 X 不 Y"中"非、不"都是否定副词，强调不能不 X，尚未凝固虚化。

（63）韩愈的古文，每以气势胜，铺天盖地而来，逼得你无处可退，非读罢不能释卷，其风格以一个"潮"字了结，可以说是点睛之笔。（《读书》vol-111）

"非 X 不可/行/成"是"非 X 不 Y"中"不 Y"凝固虚化而成，尚有双重否定的痕迹。"非"仍带有一定程度的否定性语义，但已不再是严格意义上的单纯的否定副词，已经开始向评注性副词转化了①，语气坚决，强调义逐渐凝固。

"非"由于经常用于"非 X 不可/不行"的构式，"非"的意思因此被发展了。随着语言的发展，在"非 X 不可"构式中，"不可"的语义已经弱化，常可以省略，却不影响构式的意义表达。李卫中（2002）认为，"'非 X 不可'在长期的语言发展中格式化之后，表示强调的含义逐渐凝固，故在此基础上形成的'非 X'格式中，'非'的含义是'一定、必须'，表示强势的肯定意义"。

（64）我不发任何命令允许这样做，但也不禁止，可是我不能赔偿，非这样不行。（老舍《牛天赐传》）

"非 X"直接省略语气助词"不可/行/成"，虚化程度更高，口气干脆。这样，原构式所具有的强调情态就都归结到了"非"的上面，这就导致"非 X"构式中"非"已从原来的否定副词虚化、转变为评注性副词，强调、强势的肯定的含义逐渐凝固，"非"加强肯定态度，表示"一定、必须"的强调义。如：

（65）他常常在我们还根本看不出已是败局时就开始重码棋子，说："再来一盘吧。"有的人不服输，非要下完，总觉得被他那样暗示死刑存些侥幸。他也奉陪，用四五步棋逼死对方，说："非要听'将'，有瘾？"（阿城《棋王》）

---

① 张谊生：《现代汉语副词研究（修订本）》，商务印书馆 2014 年版，第 326 页。

综上，"非 X 不 Y"经过长期演变产生了一系列变式，"非"的词义和功用也发生了一定程度的转化。它们的历时发展演变轨迹为：从复杂的自由组合到简单的定型搭配，从推断式强调到主观评注式强调，从开放型"Y"到封闭型"Y"。

6.5.2.3　副词"也/都"的虚化、趋同

"V1 副 V1P"中"也/都"的语义"不但虚化，而且趋同，只是表示一种共同的'提示'功能，即提示隐含的照应项，可能在上下文里存在，也可能只是在说话人的认知中存在"（邵敬敏，2011）。如：

（66）可是，钱进得太少……他连攒钱都想<u>也不敢想</u>了。他知道怎样省着，虎妞可会花呢。（老舍《骆驼祥子》）

6.5.3　关联副词的功能扩张[①]

"当关联词以它的某些特征为常项，而将突破了其他特征约束的成分投放在由它系联的框架内时，前后项间新有的文义关系就会逐渐凝定于关联词的意义中，致使关联义项增多"[②]，导致功能扩张，从一种语法功能向另一个语法功能转换。如关联副词"就"表现出广泛的多义性，可以表达多种语义关系。

相对来说，并列、顺承主观性较弱，易变化，并列关系特性易被淡化，形成表转折、假设等功能的新义项。

典型并列结构可演变偏移为非典型并列乃至非并列结构。并列关联词由不太虚向更虚变化，在使用中滋生出别种关联功能。并列关联词的多义关系表示为"并列＞顺承：转折、假设"的语法化扩张演变序列。并列关系偏移和控变机制有：

---

① 参见马清华：《语义的多维研究》，语文出版社 2006 年版，第 60 页。
② 马清华：《关联成分的语法化方式》，《中央民族大学学报》（哲学社会科学版）2003 年第 3 期。

6.5.3.1　构式赋予

构式赋予指紧缩构式"将其关联意义注射到某个词中，成为它的一个义项"，是构式赋予而不是词本身义。

紧缩项均衡格局的破损可导致它向承接、转折等非并列关系偏移。表示顺接关系的关联词语，因为所连前后项具体语义关系矛盾对立，自动生发出转折功能。如：又大又好（并列）、又好气又好笑、说又不能说（转折）。

再如，构成疑问类复现式的成分不少都丧失了实义性，只要同指，就转而表示非并列关系，如"谁……谁……"同指时表假设性的连锁关系：

（67）对于勇于坚持正义的密勒来说，它无疑是一个极好的报偿，用英国谚语来形容，正是所谓的"谁笑在最后谁笑得最好"。（《读书》vol-156）

6.5.3.2　语义共振

语义共振指标记词吸收突变式上下文的意义，发生语义共振，导致功能扩张。吸收有的是基于语义相似性，有的是基于语义相关性。

（1）"就"吸收条件关系

关联词从承接向因果的演变具有语言普遍性。因果关系跟承接关系通常按时序排列。承接表时间先后，因果表事理先后，它们之间具有明显相似性，导致承接向因果的扩张。因此"就"先表承接（说走就走），后表结果（一看到他就想起往事），出现关联词的虚化、语法化：承接—条件。

（2）"也"吸收虚拟相背假设关系

各并列关联词有的演变到承接便停止，有的继续扩张，由原先的联合关系扩张到偏正关系。"也"关联的构式可表假设、转折、条件关系，由表同一关系发展为表同一关系的背反。语义共振使"也"在原有表求同义基础上吸收了相背假设关系义。如"说也说不清楚、动也不动"。

（3）"又"吸收转折、假设关系

"又"在本表累加、追加的意义基础上，吸收了基于追加的推进式转折关系，加强对比性并列的紧密化程度。如：走又不能走（转折）。再如：

（68）赵子曰的两片厚嘴唇一动一动<u>要笑又不愿笑出来</u>，点着头呷摸着欧阳天风的陈说。（《老舍长篇》2）

6.5.4　标记词的形成

6.5.4.1　关联标记的主观化、对象化

标记词的形成同时涉及主观化和对象化两个方面。主观化指表达主观性的途径或手段。对象化指说话人将语言某一片段临时变为另一片段的说明对象，直接介入自己的主观说明，即句法控制因素，如标记性成分的介入。借助关系标记来表示希望表达的句法关系，原先非法的组合便合法化了。如"又……又……、边……边……、一……就……、……就……、想……就……"等的使用正是主观化和对象化的结果。

6.5.4.2　句法位置改变和词义变化

标记词形成过程中发生了语法化，而句法位置改变和词义变化是影响关联标记语法化的主要动因。

句法成分在句法结构中的地位并不相同。主、谓、宾为核心成分，定、状、补为非核心成分。因此，"词汇在这些句法上发生语法化的可能性也不相同。一般说来，状语和补语的位置较容易引发语法化，这是因为表示范围、程度、时间、工具、方式、原因、对象、结果等语法范畴的词汇一般都出现在这两个位置上"①。关联标记大多作定语、状语或补语等非核心句法成分，所以其语法化程度相对要高。如：

作状语：［又］快［又］好。

---

① 刘坚、曹广顺、吴福祥：《论诱发汉语词汇语法化的若干因素》，《中国语文》1995 年第 3 期。

作补语：跳〈来〉跳〈去〉、叫〈来〉叫〈去〉。

另外，关联标记即固定部分的意义发生了泛化或虚化，整个构式的能产性就比较强。

6.6　紧缩构式的构式化、语法化特征

综合以上对紧缩构式构式化、语法化过程、路径的描写，我们可以概括出紧缩构式的构式化、语法化特征。

6.6.1　结构的凝固化

紧缩构式构式化进程中结构变得紧凑凝固。语法化在句法结构形式上表现为由自由转为黏着、由复杂变为简单、由基干转为辅助等。如"爱 X 不 X"从同谓双小句逐渐省缩为四字格、"爱 X 就 X"省缩到"爱 XX"的过程中，紧缩构式的结构逐渐变得凝固紧凑、黏着。"爱 X 不 X"由分析型的并列同谓双小句演变成一个黏聚型的紧缩式，发生了非句化、级降。它对两个原型结构进行压缩，内部边界消除。"说来说去"等也由一个基干构式变为辅助性的话语标记语。

6.6.2　意义的虚化、抽象化与主观化

语法化在内容上表现为语法成分意义逐渐虚化，即基本义的抽象化、泛化与主观化。紧缩构式在由省略和紧缩而产生句法创新的构式化、语法化过程中，形式固化的同时也伴随着意义的虚化和构式义的形成。在历史发展过程中，语法化一般遵循"从具体到抽象、从一般义到特殊义、从表层义到深层义"的发展轨迹。

如"X 就 X"第一类中前后 X 可以划分为两个事件，即前 X 事件

性明显。第二类中前 X 的事件性质逐渐弱化，前后 X 勉强可以划分为两个事件。第三类中，固化程度更高，无法区分前后 X 两个事件，前 X 则作为后 X 的一种背衬成分。可见，前 X 表达的意义经历了一个由实到虚的逐渐演变的过程。前 X 的事件性逐渐模糊，意义逐渐虚化，直至完全虚化为后 X 的背衬成分。此类构式经过语法化，不可推测的构式义已经稳定下来。紧缩构式语法化过程中表义的总趋势是从字面上的词汇义逐渐转向构式义，语义虚化与抽象化常伴随着客观义减弱，主观义加强。

E. C. Traugott 从历时的角度来看待主观化。她认为主观化是一个语义—语用的演变，即"意义变得越来越依赖于说话人对命题内容的主观信念和态度"。语言中用来表达主观性的可识别的语法成分是如何通过非语法成分的演变而逐步形成的，这就是"语法化中的主观化"问题（Traugott，1995）。主观化的表现形式有：由命题功能变为话语（discourse）功能；由客观意义变为主观意义；由非认识情态变为认识情态；由句子主语变为言者主语，由自有形式变为黏着形式等。（Traugott，1995：48）

R. W. Langacker 的"认知语法"从共时的角度来看待主观化。他主要关心的不是语言中的主观性成分形成的历史过程，而是从认知出发来观察日常语言的使用，看说话人如何出于表达的需要，从一定的视角出发来"识解"一个客观的情景。"主观化"被定义为：将实体与实体之间的关系从客观轴调整到主观轴。

紧缩构式的发展与演变也体现出主观化特点。紧缩构式和关联标记从主要表达具体、客观的词汇意义逐渐过渡到更加抽象的、语用的、人际的和以言者为中心的层面上。

如"爱 X 不 X"由并列双小句演变成紧缩式，它对两个跨层原型结构进行压缩、理据重构，内部边界消除，意义更加泛化、主观化——由"选择"义变为"无所谓、不相干或不满"义，最后变为与否定式语义相近。

"说来说去"的语法化过程也是一个主观化不断增强、篇章功能逐渐关联化的过程。

有些结构式在语法化过程中并不涉及任何实词虚化，但整个结构式的意义却发生了明显的语法化。比如结构式"X 就 X"的意义由动词义语法化，产生出一种新的主观化情态、评价义，但结构式中并没有任何词语或语素发生语义变化、虚化。[①]

6.6.3 表达的叠加与羡余

历时语法化中，语言单位的意义并非都发生虚化，同样也可以强化，意义强化的语法化即 Traugott 所用的"语用强化"。在语用表达过程中，由于语法化的演化发展，发话人为了强调某些表现成分或者为了使表达更为精确，有时会运用强化方式导致叠加与羡余。如"不 X 不 Y""没 X 没 Y""非 X 不 Y"及"爱/想 X 就 X""爱 X 不 X""X 就 X""V 来 V 去"等构式都具有此特点，构式表达中出现了叠加与羡余。紧缩构式整合后都会产生叠合式，具有强调、确定等功能。

6.6.4 构式的关联化与词汇化、习语化、标记化、修辞化

紧缩构式构式化、语法化进程中伴随着关联化与修辞化、词汇化、习语化、标记化，其中句法化和形态化互相促动。语言中词义的虚化经常伴随主观化的增强，而语篇中小句的凝固化常会伴随关联化的发生。篇章中的一些言语小句在频繁使用及语法化的作用下会逐渐凝固化与关联化，最终转化为关联词语或情态成分，[②] 充当插入语，发生词汇化，篇章关联功能不断增强。词汇化指的是"从句法层面的自由组合到固

---

① 何彦诚、吴福祥：《焚膏继晷 探幽览胜——西南边疆语言与文化专家访谈录之"吴福祥专访"》，《百色学院学报》2013 年第 5 期。

② 张谊生：《语法化现象在不同层面中的句法表现》，《语文研究》2010 年第 4 期。

定的词汇单位的演变过程和演变结果"①。紧缩构式从松散或分析性强的篇章话语结构凝固为新的紧密的句法结构和话语标记，其固化程度高会促进其词汇化；反之，构式词汇化为习语的数量增多，又会进一步推进构式的固化。

6.6.4.1　紧缩构式向词汇化过渡

"越来越……、愈来愈……、非……不可、说什么也……"等紧缩构式在语法化过程中都逐渐凝固化、关联化，转化为关联词语，具有词汇化的趋势、倾向，处于向词汇化过渡的中间状态。如：

（69）**越来越多**的国家认识到，留学教育不仅可以在一定程度上刺激本国经济，更重要的是能够培养一种文化认同。（新华社 2004 年新闻稿_ 004）

我们对紧缩构式的语料库统计结果也证明了这个倾向：在表 2.1 的 17197 条"越来越……"语料中，"越来越多"已达 4877 条，占 28.36%；而其他各类最多只占百分之几的比例。这表明，"越来越多"有可能发展为一个固定组合，发生词汇化。在表 2.1 中对偶标的统计也显示，"越来越……、愈来愈……、非……不可"等特殊形式在语料库中出现的数目都大大超过其一般式"越……越……、愈……愈……、非……不……"，这说明它们已形成更凝固的格式了，它们词汇化倾向后使用频率增高。这种共时平面所表现出的中间状态并不奇怪，恰恰是"越 X 越 Y"等框架继续固化的证明，其演变结果是某些使用频率高的框架最终将会发生语义和形式的词汇化。

6.6.4.2　紧缩构式发生词汇化、习语化

紧缩构式"爱谁谁""X 就 X""爱理不理""说来说去"等在语法化过程中都逐渐凝固、关联化、充当插入语，进而转化为关联标记或情态成分，发生词汇化、标记化。如"爱谁谁""X 就 X"等构式除了可

---

① 董秀芳：《论句法结构的词汇化》，《语言研究》2002 年第 3 期。

做定语、谓语外，在构式化过程中还由一个基干构式转化为辅助性的情态成分，即虚化为话语标记语，发生词汇化，专门起篇章连接作用。任何格式经过一定时间的类推，都可能逐渐形成程序化、习语化的准虚化用法。①

"爱谁谁"经过一段时间的发展，也已衍生了一系列习用类推式，语义从字面更难看出，已渐渐失去了原本的含义，发展虚化出跟字面义无关的意义，词汇化、抽象化为一个感情色彩很浓的表现情绪的词，相当于"无所谓""随你的便"，从一个定型的构式逐渐发展成为一个习用的构式。如：

（70）不管你是否愿意加入本党，只要本党看你顺眼你就是本党党员——*爱谁谁*吧。（王朔《玩儿的就是心跳》）

而"爱理不理"已经变成一个描述感情态度的固定词语了。② 我们对"爱 X 不 X"语料的统计显示该构式的特殊用例"爱理不理"（"爱搭不理"或"爱答不理"）在语料库中高频出现，且句法位置和出现语境多样。由于高频使用，它的形义结合高度固定，形式和语义已经词汇化，属于实体构式。跟"爱 X 不 X"构式的语法化一样，"爱理不理"的词汇化也显示了主观化的推动力，而且它的主观化程度更高。

"V 来 V 去"中的"说来说去"在语法化过程中已发展出了一种特定的用法，就是概念意义完全虚化，不再表示位移活动，而是经历了一个去前景化的过程，词汇化了，由一个基干关联框架变为辅助性的话语标记语，只具有语篇功能，大约相当于"总而言之"，用在一段话的结尾处表示总结，具有话语标记功能，起篇章管界功能。它在句法语义和语用功能等层面都发生了变化。

6.6.4.3　紧缩构式发生修辞化

通常把在特定的语用环境中随机发生的语法变化称为语法创新，也

---

① 张谊生：《当代流行构式"X 也 Y"研究》，《当代修辞学》2011 年第 6 期。
② 李思旭、沈彩云：《构式"爱 V 不 V"的认知语义及整合度等级》，《汉语学习》2015 年第 2 期。

就是发生修辞化。当这种个体创新形式在语言内部扩展使用的语境、在社会上扩散传播到相当广泛的人群并被规约化后，就能达至语法演变的最终完成。紧缩构式并不是一下子形成的，语法的演变是一个从发生、发展到完成的过程，演变的发生引起语法创新，演变的扩展、扩散与规约化导致语法演变的完成。

刘大为（2010）认为修辞构式是"所有带有不可推导性的构式，只要这种不可推导性还没有完全在构式中语法化"[①]。语法构式与修辞构式处于连续统中。一个构式被用于特定的话语场景来实现特定修辞意图时发生的变化可称为修辞化，标志是该构式被临时赋予了一种不可推导的构式义。修辞行为就是"说话者"表达意图并希望"听话者"作出合意性的反应的行为。言语行为的合意性不但制约了语言的运用，甚至还塑造了句法。[②] 修辞化形成了特定修辞构式，标志是该构式被临时赋予了一种不可推导的构式义。而修辞构式这种被临时赋予的构式义在使用中逐步稳定下来的过程就是语法化。可以说修辞化是语法化的起点，而语法化则是修辞化可能的发展方向[③]。

"爱 X 不 X、爱谁谁"刚出现时是即兴形成的构式，是形—义不完全透明的结构，半融合，是语法化程度低的个体创新形式，可作为紧缩构式的开始，有修辞化倾向，可看成修辞构式，表特殊的新奇含义，带来进一步主观化及新的丰富的语用修辞表达效果。后来"爱 X 不 X、爱谁谁"在运用中被大家接受，语法化程度加深，构式度增高，完全融合，有构式整体语义，约定俗成而转化成不透明的语法构式，构式的语义经历了一个由实到虚的逐渐演变的过程，构成了修辞化、语法化的连续统。

"爱 X 不 X"新构式从正反并列的双命题、双小句紧缩为单命题的结构，发生了修辞化，表"无所谓"义。这种构式是在语言经济原则

---

① 刘大为：《从语法构式到修辞构式（上）》，《当代修辞学》2010 年第 3 期。

② 胡范铸：《言语行为的合意性、合意原则与合意化》，《外语学刊》2009 年第 4 期。

③ 蔡瑱：《舟山话中的修辞构式"X 勒吪处去"》，《当代修辞学》2013 年第 3 期。

驱动下，经省略和紧缩而产生的句法创新现象。此类结构的高频使用，使结构的形式和意义固化，进而构式化完成。这种新的紧缩格式中的动词最初限于能跟喜爱义的"爱"搭配的动作动词，后来扩大至行为动词、趋向动词，再后来又扩大至使役动词、心理动词、消现动词等。在语境范围不断扩展中，随着结构语法化程度的加深，语义表达逐渐整体化，表贬抑、不满义，甚至表达否定义"不X"。这一结构的凝固化、通用化及其能产性，表明它已在语言中站住了脚跟，已由句法创新达至句法演变的完成①，修辞构式就发展为语法构式。

下面我们将"爱谁谁"的构式义变化情况在 CCL 语料库中进行统计，对其修辞化、语法化的转化进行分析。

表 6.3　　　　　　　　　"爱谁谁"构式的构式义变化

构式义	a. 随便是谁（谁都可以，有所指范围）	b. 不管是谁（任指）	c. 谁爱怎么着怎么着（与我无关）	d. 爱怎么着怎么着（听天由命，无所谓）	合计
爱谁谁	4	4	7	17	32

表 6.3"爱谁谁"表示 b、c 义时引发了临时的句法创新，开始发生修辞化，构式的不可推导性刺激了人们的求解欲望，想象被激发。修辞现象的偶发性、临时性、个别性、不可预测性带给我们新鲜感受，不断产生新构式。这种新结构很简洁，感情色彩鲜明，到 d 义时使用频率增大，得以推广开来，由修辞构式转化成语法构式，从而完成了句式的演变。"爱谁谁"从流行构式逐步语法化、习语化了。

综上，"爱谁谁""X 就 X""说来说去"等在构式化过程中习语化、词汇化，成为话语标记语。"爱谁谁、爱 X 不 X"从双小句紧缩为单命题，临时引发了句法创新。当这种新结构规约化后，语法化程度加深，形—义不完全透明的修辞构式转化为不透明的语法构式，由句法创

---

① 江蓝生：《同谓双小句的省缩与句法创新》，《中国语文》2007 年第 6 期。

新完成句法演变。

6.6.5　隐性信息的增多

紧缩使得构式呈现的显性信息逐渐减少，隐性信息逐渐增多。从"X 就 X"中前 X 的事件性即对源信息的重现到事件性减弱再到完全变为表达主观意愿的背景，从"爱 X 不 X"由双小句变为四字格我们也都可清楚地看出显性信息的减少。

随着构式语法化程度越来越高，在经济性原则的作用下，人们所熟悉的、容易预测的信息被逐渐省略，构式也越来越凝固，在意义上实现了信息的扩展。构式的语法化过程恰好印证了 Zipf 的论断，语法化的完成是语言的象似性原则和经济性原则相互竞争，象似性原则逐渐让位于经济性原则的结果。

6.6.6　语音重点的后移

宛新政（2006）认为，语法化往往伴随着语音改变，其变化同该格式的语义虚化和句法结构密不可分。江蓝生（2000）也认为，"当一个成分在结构中变得越来越不重要时，它就不断虚化……它的语音形式也相应地越来越弱化、简化、含糊化，以至逐渐消失"。

有标紧缩构式的重音往往落在前件上。省略关联标记，不断语法化过程中，重音由前件移落到了后件上，信息焦点更加凸显。

如"X 就 X"从第一类前 X 重在叙述事实到前 X 与后 X 的事件性界限模糊，前 X 重在凸显意愿，再到第三类前 X 已无事件性，完全成为后 X 的背衬成分，从第一类到第三类，前 X 在结构中越来越不重要，构式的语音重点逐渐转移。

"V1 副 V1P"构式中重音转到后面动词上。如：背也背不动→背背不动，重音由前一个"背"转到后一个上。

"爱 XX"的语音重点也后移到后一个"X"上了。

6.7　本章小结

本章属于动态分析，以认知构式语法的动态观、语法化理论为指导，在共时研究基础上，从历时角度对紧缩构式的历史发展源流进行了简要回追溯，发现各类紧缩构式出现时间不平衡，得出其两个来源：自古就有的传统构式、近代汉语中出现的后起构式。在此基础上，通过对一些典型个案的两极对比考察，系统勾勒了紧缩构式由分析型双小句、事件链框架不断缩并演变成一个黏聚型的紧缩式的动态构式化与语法化、词汇化、主观化、标记化、修辞化的过程、路径及其特征、方式，分析了紧缩度与凝固度、透明度、标记度、构式度的关系，构建了紧缩模型，得出了紧缩构式从形—义透明的普通句法结构（源结构）到形—义不透明的紧缩构式（目标构式）的由自由到凝固、由繁到简的连续统。考察了不同来源紧缩构式发展演变过程中关联标记内部的分层次省缩规律及生成与变化的由实到虚的语法化层级系统，探讨了紧缩构式整体语法化演变与关联标记的语法化之间的互动制约关系。

通过分析研究我们发现，紧缩构式及标记词形成过程中发生了语法化。构式化是一个由量变到质变的漫长的渐进过程，在这一过程中句法化和形态化互相促动发展。构式化形成、发展过程中大多伴随结构的语法化、习语化、词汇化、标记化、修辞化。"爱谁谁""X 就 X""说来说去"等在构式化过程中发生词汇化、习语化，虚化成为话语标记语。"爱谁谁"由修辞构式发展转化为语法构式，由句法创新完成句法演变。语法化过程中结构变得凝固化、意义逐渐虚化、抽象化，篇章关联功能不断增强，并重新分析出主观性意义。

紧缩构式关联标记构成一个由实到虚的语法化连续统：实词向关联副词的转化、关联副词内部的再虚化、关联副词的功能扩张。可见，现代汉语紧缩关联标记不是一种匀质的语言系统，而是一个动态可变、不定模糊的半开放范畴系统。

　　因此，紧缩构式内部因虚化程度的不同而存在种种差异：有的虚化进程已经完成，如传统构式"非……不……"等；有的尚未彻底完成，如从近代汉语中后起的框架"爱……不……"；有的则由于表达的需要还在继续虚化，如"爱……就……"；还有少数虚化之后又转向实化，发生词汇化倾向，如"越来越……、非……不可、说什么也……"；还有的已经发生词汇化，甚至凝结为习语形式了。如"说来说去、爱理不理、爱谁谁"。紧缩构式在缩省过程中有不同的语法化层级。这样，历时的动态演变在共时平面上得到反映，使得不同层面的复杂的语言现象得到统一解释。这种动态性表明紧缩构式结构和意义都不是一种自在存在，而是一种自为存在，它的存在有其形成过程①。

---

　　① 雷冬平：《构式"最/再+X+不过"的构成及语法化研究》，《湘潭大学学报》（哲学社会科学版）2011 年第 1 期。

第七章

紧缩构式的生成动因与机制解释

上一章我们对紧缩构式构式化发展演变过程、特征进行了描写，那么，如何解释紧缩构式发生构式化的动因与机制？

7.1　紧缩构式产生的动因

7.1.1　语用动因

7.1.1.1　语言经济原则

语言表达总是受到经济性原则（principles of least effort）制约，要求尽可能简约。说话人遵循"最小极限化准则"，只提供最少的语言信息来达到交际需要。在日常言语交际中，在不影响表达前提下，人们总是尽可能地减少语量的消耗，力求用最简单的话语传达最复杂的信息量，"用最小的努力来达到最大限度的交际效果"（Sperber & Wilson 1995）。语言趋简避繁，紧缩构式的出现就是语言发展过程中经济性原则的体现。

比如"爱 XX""爱 X 不 X"引发省略与紧缩的因素是两个分句中有相同的结构与词语，如"爱吃就吃，不爱吃就别吃""爱怎么着就怎么着"等，这样表达不经济。"爱 XX"是同谓双小句在语言经济原则驱动下、经省略和紧缩而产生的句法创新现象。[①]　"爱 X 不 X"是一种高度精简的固定化口语化形式，人们出于语言交际的经济原则、效率原则而省略其中部分内容，删略前后项相同的主宾语，把复杂的内容紧缩成一个严密紧凑的结构。"X 就 X"的后一个 X 是新信息和需要强调的对象，在具体语境中常常隐去主语，它的动作主体一般是交际双方共有的知识背景，符合语言经济性。"不男不女"也可说成"男不男，女不女"，但没有"不男不女"语言经济、简约。四字凝固格式"不 X 不Y"也是语言表达经济、简约原则的要求，在省略掉关联词等向紧缩构式演进的过程之中，冗余信息被消除。司富珍（2005）、柯航（2006）认为"同音删略现象是自然语言经济性原则在音系层面上的一种反映"。由于构式的凝固性，因而对其中的重复成分进行删除或使原来比较松散的双小句紧缩也并不妨碍表达。删除同类项是一种脱落现象，是人们在交际过程中，为了使表达更经济、更便捷，而尽最大可能地减省掉格式中的羡余成分或准羡余成分而采取的手段。[②]　例如：

（1）我说田先生，今儿晚上，你一准到我家里吃饺子啊，我等着你，不见不散！（孙犁《风云初记》）

因此，邢福义说："汉语语法结构在总体面貌上呈现出语义兼容和形式趋简的特点。""尽管语言运用中全量形式和简化形式可以并存，但只要有可能，人们往往会选择简化形式。""汉语语法重于意而简于形。这从表里关系的侧面反映出汉语语法结构在语义容量上常用加法和在形式选用上常用减法的倾向。"[③]

紧缩构式渊源流长，广为使用。其产生与繁衍同汉语言简意赅的表达特点密切相关。汉语是在由简单向复杂，由复杂又趋向简化这样一条

---

①　江蓝生：《同谓双小句的省缩与句法创新》，《中国语文》2007 年第 6 期。

②　江蓝生：《同谓双小句的省缩与句法创新》，《中国语文》2007 年第 6 期。

③　邢福义：《汉语语法三百问》，商务印书馆 2003 年版，第 17—18 页。

相生相克的道路上发展的，紧缩构式的出现完全符合这一规律。

7.1.1.2　语言信息原则

紧缩构式构式化过程受制于语言信息原则的前管后原则、冗余与传新的优化控制原则，满足信息动力传达需要。

（1）前管后原则

在第二章中我们提到，偶标优选联项后嵌异言用法。这符合"语言信息的前管后原则，即未知新信息的位置通常居后"（徐通锵，2001）。"人类的语言信息传递遵循着从已知信息到未知信息的原则。"（王霞，2008）

（2）鼓<u>不</u>打<u>不</u>响，话<u>不</u>说<u>不</u>明，我这才知道他的心了。（张爱玲《连环套》）

例（2）中"不……不……"是框架标，是已知信息，而"打、响""说、明"是语境中出现的新信息，所以偶标构式选用后嵌用法。

（2）冗余传新原则

紧缩构式组合关系的双向选择过程中，也对冗余、传新关系进行优化控制。羡余、冗余是过多或重复使用语言标记，多出的东西应有语用价值，语言的惰性和惯性沉淀了语言。

在语用表达过程中，为了便于表达主观、强化等新信息，有时会导致结构的紧缩、表达的叠加与羡余。同谓双小句省略关联词等向紧缩构式演进的构式化过程中，由表客观陈述到主观情态到主观性更强，由表肯定到更多强调否定，压缩成凝固格式。紧缩构式整合后会产生叠合式，具有强调、确定等功能，这是传达新信息的需要，可视为一种"积极的羡余"。语言冗余度的大小对构式义有影响，当同言联项出现高度冗余时，紧缩构式产生新的特殊主观结构意义作为补偿，如："一阵冷一阵热"表交替，"东一棵西一棵"表繁复，"非A不B"表强调、肯定，"一跛一跛地迈着双步"表连续，"爱去不去"表无所谓、随便、不满，"走就走吧"表容忍等义。语言信息的传新功能使紧缩构式产生冗余。

主观化程度越高，结构就越简短。如四字格"爱 X 不 X"比正反并列双小句"爱 X 就 X，不爱 X 就不 X"显得更简洁有力。"X 就 X1"比"爱 X 就 X"主观化程度高。而否定语气比肯定语气更短促有力，因此，"爱 X 不 X"最后变为与否定式语义相近。

"语言最大限度地选取复现式和后嵌式是符合最优化原则的，它既能广泛吸纳同言对并列关系的像似功能，又能广泛吸纳异言所具有的传新（传递新信息）功能，使语言功能调节到最有效、最经济、最易行的状态。"①

这表明，语用功能、语用需要塑造了语法结构。

7.1.1.3　语境感染和使用频率作用

P. Hopper 提出动态呈现语法理论（Emergent Grammar），"用法先于语法"，把语法看成动态的、在使用中逐渐成型的。语言是大量异质的构式（construction）的集合，每个构式都是跟其使用的语境密切相关的，且总是根据实际的使用来调整和改造着自己的形式。②

构式的形成与语境感染及使用频率密切相关。紧缩构式在构式化过程中，语境与使用频率发挥了重大的作用。

语境的协助使得语言符号不断趋简，同时也促成了新的优化关联的出现和构式的产生。构式化过程中，紧缩构式一方面需要满足内部功能意义等条件；另一方面又离不开语境等外部条件的作用。语境作用可改变标记意义的运动方向，吸收突变式上下文的意义。由客观情境引起的一般意义发生固化，可促使语法化的产生。以情景语境为动因的语法化方式叫"入境"（马清华，2003c）。这种入境方式可使并列偶标吸收语境条件下形成的非并列关系义，如假设构式"不打不招"里的"不……不……"是假设关系义。

因此，语义识解受认知视点和语用参数的影响明显，构式义跟语境

---

① 马清华：《偶举成分的并列格式化条件》，《汉语学报》2007 年第 3 期。
② 张伯江：《功能语法与汉语研究》，《语言科学》2005 年第 6 期。

有关，要借助于篇章或语境才能理解。（张伯江，2009）构式义的形成要受语境的规约。同一个语言形式在不同的语境、交际意图、语用条件下，产生不同的意义。一个紧缩构式究竟表达什么意思，常常视上下文语境而定。构式义储存在记忆中，但实际使用中提取哪一个却受语境影响，语境对构式意义有规约作用和选择性，形成构式体义。

而在构式形成过程中使用频率也起重要而关键的作用。使用频率导致新的语言形式的形成和特殊语境意义的固化，从而引发构式化。某个词经常用在某种环境中，可携带上这种环境的特征，吸收语言成分，用在具体上下文中引发新解释，并固化导致语法化的产生。[①] 即一定的使用频率也能推动构式化、语法化发生。当紧缩构式在某一语境中表达了某一临时的语用意义时，它会被高频使用，约定俗成，原来个别、临时的语用意义就变成了规约义，产生了具有某一规约语用义的构式。

沈家煊（2001）曾经说过"语用推理的反复运用和最终的凝固化，结果就形成主观性表达成分。而语用推理的产生是由于说话人在会话时总想用有限的词语传递尽量多的信息，当然也包括说话人的态度和感情"。他还进一步指出"虚化是由语用推理引起的"。

语言单位的高频运用有可能带来高频效应——语音的衰减、功能的游移、俗语化或结构化等。使用频率增加导致特殊语境中临时语用意义的固化，引发构式化，产生新用法、新功能。

如某个词由于习惯搭配，以致其中某个词可表示整个短语的意思。如"非"由于经常用于"非X不可/不行"格式，以致"非X"在独用时也表示整个构式的意思，"我非去"就表示"我非去不可"，"非"的意思因此被发展、语法化了。

再如"想来想去"因相关环境的感染而造成抽象化、主观化。"想"类动词经常用在"走来走去"这种"V来V去"构式环境中，因为位移类动词的往复折返使抽象动词也带上这种特征，从而使构式带

---

① 参见马清华：《语义的多维研究》，语文出版社2006年版，第48页。

上主观大量、增量的色彩。"爱 X 不 X"类结构由于高频使用而规约化，进而构式化。"爱 X 不 X"与"责怪"义之间的"超结构"关系的建立需要两者之间的认知通道不断被激活，需要与消极语境高频共现。"不冷不热"在不同语境中可以表达不同的语义：中性——恰好——否定。它由中性义发展偏移引申出肯定义"气候适宜"、否定贬抑义"人的态度不友好、冷淡"，这种隐含义显然是从所在的语境中推导出来的。

7.1.2 认知动因

认知语言学认为语言不是客观地反映外部世界的，任何一个语言表达形式的背后都有其认知动因，都是由独立于语言之外的认知机制触发的。语言研究只是认知冰山显露在水面上的一角。紧缩构式也不例外。紧缩构式的形式和内容的联系是可论证的，而不是任意的。

7.1.2.1 凸显与遮蔽

（1）凸显

认知语言学中有一对重要概念"目标"（focus）和"背景"（background）。根据认知语言学的"凸显-背衬"原理，"目标"是指某一认知对象中需要突出描写的部分，是进行认识活动的注意中心。对于任何一个"客观"给定的情景来说，说话人在词汇和语法层上有无限的选择，然而一些不同想法决定句法主体和背景的配置及注意力视窗的开启。说话人突出某一个认知域中的什么成分，这个被突出的概念成分被称为相关结构意义的"显影"（profile）。"背景"是指为突出"目标"即描写对象而衬托的环境部分。

人在认知过程中倾向于从"背景"到"目标"。在形成构式完形时，人们要受到"显著度"的影响。沈家煊（1999）认为，事物显著度的差异有一些基本规律，例如，整体比部分显著。从认知心理上讲，凸显的事物容易引起人注意、提取，并作心理处理。"事物的显著度还跟人的主观因素有关，当人把注意力有意识地集中到某一事物上时，一般不显著的事物就成了显著事物。""就角色的隐现而言，非凸显角色可以隐去，即没有句法表现形式；凸显角色不一定可以隐去，要有句法表现形式。认知上的理据是：看得见的东西比看不见的显著。"① 同一个事件若从不同的角度，采取不同的方式，就会凸显事件的不同成分，进而形成不同的句式。

正是"凸显"这种认知方式引发了心理过程的现实性及紧缩构式的产生，凸显对紧缩构式的形成起了重要作用。紧缩构式为什么能缩并掉关联词语等成分？因为凸显的是整体构式义。紧缩构式整体"主观义"来源于紧缩带来的认知上对"主观"特征的"凸显"，来源于构式本身对主观关系的强调。构式的这种主观性由于人们的表达需求得到凸显，"凸显"产生了"主观义"，相应的主观情态、主观量成分成为前景"凸显"信息，整个构式的关系义更加明显。根据句子信息结构原则，一个句子只能具有一个最重要的信息，即凸显成分。这也是"动作义削弱""施受关系模糊"的根源所在。紧缩带来的是量的增大和主观情态的凸显，而"大量"特征并未使动词、逻辑关系得到凸显和强调。相反，表层意义不明显，动词的地位被削弱，动词等只是作为底层备用、待选，逻辑关系也潜藏、隐退到底层。下面我们用几种构式来说明：

"爱 X 不 X"采用概念叠加的方式（意象的组合），就是出于表达上的需要而把否定式蕴含的语义（意象）凸显出来，异构式造成语义异指。整合后的新构式仍然包含两重意思，但是重心移到了后项（不X）。也正因为这种转变，才导致了语义色彩的变化——由客观陈述到主观否定。

"V1 副 V1P"构式中前项动词 V1 就是"背景"，后项动词短语 V1P 则是从前项动词 V1 的认知结构中选择出来作为注意焦点的"目

---

① 刘丹青：《语言学前沿与汉语研究》，上海教育出版社 2005 年版，第 12—13 页。

标"。当某一个认知域的知识被激活、选择、凸显时就成为注意的焦点、目标。因此从前项动词 V1 到后项动词短语 V1P 就是一个从"面"到"点",从"背景"到"目标"的认知过程。这符合人类的认知倾向。前项动词 V1 是观察范围,表达背景信息;后项动词短语 V1P 是"观察点",表达目标信息。请看下例:

(3) 可是,钱进得太少……他连攒钱都<u>想也不敢想</u>了。他知道怎样省着,虎妞可会花呢。(老舍《骆驼祥子》)

例 (3) 动词"想"(V1) 表抽象动作行为事件,是观察范围、背景;"不敢想"(V1P) 才是观察点、认知目标,表示动作行为的结果,两者之间是"背景"和"目标"的关系。

全量化并列紧缩构式语义形成的认知上的动因就在于人类把握外部世界时"以点带面"的认知方式。一方面,人类认知能力的局限使人类无法感知世界的全貌,更无法将其全部用语言表达出来;另一方面,即使"面对自身认知能力范围之内的东西……人们并不总是时时处处需要用理性的方式去认知它,而往往采用一种模糊不清的、感知体验的方式去认知它"(张旺熹 2006)。如:

(4) 他喝了很多啤酒,后来在他怂恿下儿子也喝了起来。两个人<u>你一杯我一杯</u>地干杯,说了很多从未互相说过的亲热话……(王朔《我是你爸爸》)

例 (4) 中"你一杯我一杯"的构式义并不是仅表"你我两人各干了一杯酒",而是指"两个人都在不断地干杯",以"点"的动作行为来体现"面"上情况。

另外,紧缩构式的主语隐现语用义不同,也可用主体/背景分离来理解:明示推论刺激主体从所有那些没有被显性编码的潜在假设构成的概念背景中突出出来。主语显现突显了主体,同时把述题作为背景。

(2) 遮蔽

Goldberg (1995) 指出,有时候为了使整个构式的关系义更加明显，构式中常常隐藏某些论元角色而不影响语义表达，这是因为发生了"遮蔽"（shade）。一个不被侧重的角色在句法上可能得不到表达，其条件之一是构式将角色"遮蔽"。在"遮蔽"过程中某个特定的参与者"被置于阴影中"，不被侧重。因此遮蔽也被称为"非侧重"（deprofiling）。紧缩构式中也常常会发生"遮蔽"，即相应的动作性及其他论元成分、逻辑关系变得不那么显眼、重要了，于是，动词的一些论元角色如主语、逻辑关联词语等在形式上不出现，动词虚化，有时也隐去，施事或受事的角色、逻辑关系淡化"处于阴影中"。这些被隐去的成分不被凸显，都成为背衬成分、背景信息。

7.1.2.2　心理完形投射

人类存在相同的"认知—言语过程"（不妨称之为"认知—言语过程"假设）[①]，人类各民族在认知上的细微差异投射到语言，就形成了各个语言所特有的一些句法表达格式——如汉语紧缩构式。按"认知—言语过程"假设和构式、语块理论，某个语言中的各种构式都是人的认知域里的意象感知图式（schema）（即"心理完形""认知图式"）、概念框架结构投射于该语言的语义结构而形成。如紧缩构式就反映了"主观性"感知图式。

这一"认知—言语过程"假设具体内容如下：（1）客观世界（客观事物与现象，包括事物之间客观存在的关系等）；（2）通过感觉器官感知而形成直感形象或直觉；（3）在认知域内进一步抽象，由直感形象或直觉形成意象图式、概念框架；（4）投射到人类语言，形成该意象图式、概念框架的语义框架；（5）该语义框架投射到一个具体语言，形成反映该语义框架的构式；（6）物色具体词项填入该构式，形成该构式的具体的句子。（陆俭明2009b）

沈家煊（2000）认为，一个句式是一个心理上的"完形"（gestalt），

---

① 苏丹洁、陆俭明：《"构式—语块"句法分析法和教学法》，《世界汉语教学》2010年第4期。

即一个整体结构。句式的整体意义的把握跟心理上的"完形"感知一致。张伯江（2000）指出："句式是一个完整的认知图式。"构式语法理论也认为句式义来源于心理上的认知情景、认知图式。"含有基本论元结构的构式被证明与动态的情景相联：即基于体验的完形。"① 紧缩构式的形成源于人们心理上的"完形"结构。完形感知现象背后的基本规则是力图产生整体的、而不是分解、分析的经验，以降低认知努力因而提升概念处理中的认知经济性和效率。紧缩构式经常使用，在人们头脑中形成了一种固定思维框架模式，就会在人们的心中建立起一种完形结构。一旦这种"完形"被确立，只要表达出这个认知框架的一部分，人们头脑中与之相似的完整形象就会被激活，会根据这种认知上的"完形"心理自动补足、激活框架中的缺位（slot）、语义缺口。当人们出于语言交际的经济原则、效率原则而省略其中部分内容时，由于原框架的隐形作用，人们仍能正确理解形式变化了的意义。请看图7.1：

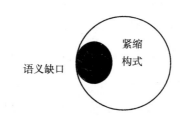

图7.1　紧缩构式完形激活图示

　　紧缩构式相当于一个完整的圆被遮盖了一部分，被遮盖的是语义缺口。紧缩形式借助完形心理激活语义缺口，紧缩而不丢失，从而达到正确理解，这是构式的语义延伸现象。如"爱 X 不 X"加上"无所谓"才是完整的构式语义。

　　"V 来 V 去"就是现实生活中来回往复的位移事件活动"投射"到

---

① ［美］Adele E. Goldberg：《构式：论元结构的构式语法研究》，吴海波译，北京大学出版社 2007 年版，第 5 页。

汉语中而形成的一个语法格式。此构式将某些先后发生的两个事件整合起来，当作一个复合移动事件，这样的概念结构投射到语言中。伴随"投射"的过程，人们的心理上产生了相应的不安定性。由于往复折返的活动状态和不安定的心理状态共同作用，从表示实际位移事件的空间域向非空间域的投射，直接导致了"不满"或"不如意"的主观倾向性。

容忍意义下的构式"X 就 X"的产生涉及认知心理动因，是"期望偏离"在语言中的投射，表达说话者的否定情感。"容忍"是一种对"让步"的认可。如果现实情况偏离了说话者的期望，在具体语境中说话者往往会表达"不满或无所谓"的情绪，即构式体义。例如：

（5）"分手就分手，也好，您只要给我一份家产，"海伦说，"分手，您用这一手来吓唬我！"（《战争与和平》）

此例中，前一个人提出"分手"，海伦用"分手就分手"进行姑且认可确认，还表达了一种"愤怒、无所谓"的情绪。她认为前一个人的行为态度偏离了她的期望值，他不应该这么轻易地提出"分手"。这种期望偏离可图示如下（见图7.2）：

C（分手）．＼．A（不分手）

图 7.2　期望值偏离图示

图7.2中，A 是说话者的期望点；C 是实际点，箭头表示的由 A 到 C 的过程就是一个期望偏离的过程。"X 就 X"构式往往表达这种期望偏离。

人的潜意识的作用和正反并行的思维惯式是产生"爱 X 不 X"的认知上的原因。当他说前面的话时，受潜意识的干扰，思维发生了瞬间的断裂，使另一意念浮现出来与上句话发生连接，两种意念的叠加、投射，就生成了"爱 X 不 X"式。正反两个不同的句式能够表达基本相同的语义，在语用动机的驱使下，蕴含的否定义明示到句子表层发生概念叠加现象。

由上可知，紧缩构式的形成是"人类思维反映客观事件并投影到语法的语义结构，再根据言语的表达需求来调控静态的语法知识对动核结构进行句法布局和语用加工（包括添加语用标记等）形成的"①。构式义是感知图式、思维形式以及表达需求跟某种族语的句法、语义、语用机制调适匹配的产物。②

7.1.2.3　汉语的意合性

英语重形合而汉语重意合，这正是英汉民族在历史文化、哲学及思维模式特点上的差异。尽管汉语复合句可用关联词语作标记，但分句间的连接还是以逻辑事理为重，先从后主，这也是紧缩构式产生的基础。

"汉语复句重非形式连接，以语义为主，形成意念主轴，表现出扩散型（diffuse）；英语重形式连接，表现出聚集型（compact）。"（郭富强2006）汉语复合句重内在语义关系，不严格使用关联词语，说明汉语复合句意合为先。汉语重意合，舍去一切不必的细节，以语义和逻辑事理、内容为重。汉语合成句的"先功能，后形式"与英语复合句的"先形式，后功能"是汉语意合性和英语形合性的最好总结。紧缩构式是汉语意合手段代表性的句式。

总之，以上语用、认知动因决定了构式化的需要、发生，使得紧缩构式不断发展、演化。

7.2　紧缩构式生成的机制

构式的产生是一个生成过程。紧缩构式是如何形成的？构式整体义③又是从何而来的？

----

① 范晓：《关于句式义的成因》，《汉语学习》2010年第4期。
② 范晓：《关于句式义的成因》，《汉语学习》2010年第4期。
③ 袁毓林（2007）提出，如果句子（或结构）的意义来源于整体，那么这个"整体义"从何而来？

7.2.1　省略和紧缩

语言经济原则驱使下的省略和紧缩是紧缩构式构式化、语法化的一种推力和机制，是一种带有普遍规律性的句法创新手段和机制。紧缩构式由汉语口语中表达逻辑语义关系的复句省略、紧缩关联词语等而成，主要用于表达主观性构式义。

如"爱XX、爱X不X"等是"同谓双小句在语言经济原则驱动下、经省略和紧缩而产生的句法创新现象"（江蓝生2007）。紧缩构式"爱X不X"由双小句一步步紧缩而来，在由省略和紧缩而产生句法创新的动态过程中，发生了构式的形式和意义的语法化，出现了情态标记。与此同时，在语义上也发生了主观化、情态化的诸多变化。

7.2.2　语义压制

Goldberg认为："构式本身所具有的独立性意义将影响句子的具体表征义，同时这是一种理想化的整合义，源于句式义与词汇义之间的语义压制（semantic coercion）：它是句式结构作用的结果，即当词处于一个构式时，结构中的其他部分就会对该词施加一种语义上的结构压力，进行语义限制，同时增加一定的语法特征，使其获得进入该构式的条件。"

构式语法的基本出发点是，构式是认知的基本图式（王寅2007：333-337）。词项义则是对客观对象进行范畴化认知操作的结果。作为认知图式的构式理当具有稳定的构式义规定性，以起到组织丰富多变的词项义而实现语言交流的作用。构式义必然规范进入其中的语词所扮演的语义角色或所具有的语义价值，而词项义则具有决定某个语词是否能进入某个构式的语义特性。构成成分对整体功能有影响。一定构式的语义直接受到它的构成成分意义的影响和制约，而一定构式的功能则又直接受到它的构式意义的影响和制约。正是两者的互动，表面不和谐的结构经过压制变得协调，构成了人类语言在规则约束下的无限创造性。

构式与词汇相互竞争调谐。一个表达式的意义并不是直接由其构成成分决定，源于词项意义和构式意义的相互作用，这两种力量共同作用于一个构式，涉及一个从字面意义→整体意义的过程。

具体来说，词汇与构式的关系存在两种情况：相互融合和相互冲突。"构式选择并凸显词项与构式相一致的意义，抑制其余不兼容的部分。"①

7.2.2.1　相互融合

指词汇意义与构式意义相交叉重叠、相容，或者相互补足而构成句子意义。动词、关联词语与构式有共通义，共同构成构式义，这也叫作"羡余储存"（storageredundancy）。

Goldberg 的强势"构式多义观"（constructional polysemy）认为，词汇（如动词）有其基本义，是单义的，它所在的构式是多义的。

一个构式有其稳定的核心义或原型义，从核心原型义引申派生出来其他非典型意义，核心义与非典型义一起构成相似性家族。如果某个动词的基本义与相应的构式义互相融合，它就可以进入该构式。

任鹰（2007）也认为句式语义是动词与句式语义互动的结果。句式的构成要素：固有的义项是其进入一个句式的前提，但该要素实现的语义又为句式义所调整，能在句式中获取与其固有义项相关并同句式义相切合的附加义。

我们认为紧缩构式也是如此。如"爱 X 不 X"表示"无所谓、随便、没关系"等构式义，而"爱"在此构式中的意思和"喜欢"近似，可以理解为表示主观意愿，带有说话人的某种态度，和构式整体义一致，并发生互相融合。请看：

（6）只端上这一大盘子，管你*爱吃不吃*，*爱买不买*。（《市场报》1994 年 A）

---

① 董成如、杨才元：《构式对词项压制的探索》，《外语学刊》2009 年第 5 期。

再如"V1 也/都 V1P"构式中 V1 义也和构式义相融合。其基本强调语义由"也（都）"的意义、前现动词 V1 和其后 V1P 的语法语义特征等整合而产生。

7.2.2.2　相互冲突

紧缩构式中当词汇义和构式义发生冲突时，词汇义服从构式义。紧缩构式中嵌入部分的词性和构式的要求也会发生冲突。紧缩构式中存在着事件类动词与非事件性语义之间的矛盾，谓语动词词汇义和构式义的语义冲突。谓语动词一般都是及物性的表动态的动作、事件类动词，但构成紧缩构式后，动态性减弱。这种矛盾语义冲突的调谐和动词等语义的转化体现了语用话语功能、语义和句法形式之间的动态整合关系。

"不 X"和"不 Y"单独使用时，是黏着成分，不成立。组合后产生一种新义，是从原义引申出来的，是构式赋予的，跟字面义不同，产生冲突。如：

（7）但我妈说，假如我像小舅一样不三不四，她就要杀掉我。（王晓波《2015》）

这里"不三"和"不四"单独使用不成立，组合后语义发生了变化，改变了结构本身的表层语义"既不是三，也不是四"，而表达一种新的深层整体构式义：指不正派，也指不像样子。再如：

（8）梁大婶见他手里提的肉和酒，就问："不年不节的，你买这个干什么？"（浩然《新媳妇》）

"不年不节"就是"不过年不过节"，这里"年、节"和构式对此空位的要求（出现谓词）冲突。此例"不 X 不 Y"构式中名词 X、Y 受否定副词"不"修饰，由指称义转换为陈述义。我们发现，"不、非"后的 X、Y 不管是体词还是谓词，都带有动态陈述性。"汉语的名词一般表示指称义，但在一定条件下也可以表示陈述义，这就使得相当一部分名词及名词性短语能够在不改变词性的情况下，根据不同的语用需要灵活自由地表示陈述义，可以接受副词的修饰。"[1] 可见，是"不

---

[1]　杜鹃：《现代汉语"不 X 不 Y"格式研究》，上海师范大学 2006 年硕士学位论文。

X不Y"构式使X和Y转化为陈述义，并赋予其新的意义，这是构式在起作用。再看：

（9）李三，哼！皇上没啦，总算大改良吧？可是<u>改来改去</u>，袁世凯还是要做皇上。（老舍《茶馆》）

（10）林秀玉满脸通红，虽然她常被产妇的家属<u>表扬来表扬去</u>，但在自己家里，尤其是当着这么多不熟悉的人被市长评功摆好……（谌容《梦中的河》）

从感情色彩来看，上两例中"改"是中性词，"表扬"是褒义词，但它们分别构成"V来V去"之后，都成了贬义性的构式，词汇义和构式义发生冲突。例（9）是用"改来改去"表示对当时所谓改良的不满。例（10）对"表扬来表扬去"持否定态度。"产妇家属表扬我"无疑是件好事，而反反复复、没完没了的表扬使"我"觉得不必或不该这样做，因而或多或少流露出不满、反对的情绪。

可见，说话人使用"V来V去"所表露出来的"不如意"的主观感受或"不满"的态度和贬义倾向跟"V"本身褒贬感情色彩无关。不管"V"是否具有主观色彩、具有什么样的主观色彩，当它们构成了"V来V去"构式之后，一般都带上了"不如意""不满"的主观色彩。"V来V去"构式虽然是一个具有一定开放性的语法结构，但是所表示的具有不同特点的活动却有着一定的共同性，即"往复不定性"，这就是"V来V去"作为一个语法构式所具有的构式义，它抛弃了活动的具体性质（如"走""想"等）。构式的主观色彩不是由动词"V"带来的，"V来V去"活动整体就是一种反复纠缠的行为，很难使动作者或相关的人感到满意。这就是说，是构式"V来V去"所表示的活动的特点使它带上了贬义的语义倾向。即使组成成分V本无贬义，是中性的甚至有褒义，也照样会有贬抑解读，这就是构式独立整体的作用。贬抑性情感义已经成为构式认知意义的一部分，不会随变项变化而变化，变项词汇义必须服从构式义。再如：

（11）咱家是世代书香门第，诗礼传家，没想到竟出了这个<u>没廉没</u>

耻、失节从贼之人！（姚雪垠《李自成》）

此构式是褒义否定，"廉耻"本是褒义词，进入构式后具有贬义色彩。这是构式义与词汇义冲突或不一致时，前者压制后者的结果。

再看含"谁……谁……"构式疑问与肯定同形异构。

（12）他更符合当代政治家的标准，怎么样，老徐，我们来打个赌，我赌克林顿，你赌布什，到年底选举结果出来，谁输谁请客。（苏童《肉联厂的春天》）

上例构式由两个疑问结构整合而成，整合后的叠合式具有强调的功能，往往产生出一种新的主观化情态、评价意义，即构式义。构式的肯定、强调意义不能从动词"V"加上疑问代词"谁"推导出来。"谁输"表疑问，即词汇的疑问义和构式肯定义冲突。通过整合，词汇义服从构式义，达到构式肯定的表达效果。

总之，一个构式的构式意义是构式语义压制的结果，是构式整体同构式的部分互动过程，由构式整体对构式某些部分进行筛选、分化、整合的结果（徐盛桓2007a：253-260，2007b）。构式义也应"归因于"填充在构式里的词项的意义，即当小整体（词项意义）满足某些条件时，大整体（构式义）才能"提供"构式意义。词项这一小整体决定了它具备进入构式的条件，构式的存在又决定了这一小整体得以释放的环境。大整体对小整体通过语义制约达到形式制约，影响构式对"不符合条件"的词类的接受度，使语言表达式创新，是构式作为大整体在相邻/相似原则制约下对作为其成分的小整体发生范畴边缘化和形式/语义异范畴化的结果。如紧缩构式可以使得不及物动词在大整体的结构边界内获得一般及物动词的特征，达到及物化。

7.2.3　重新分析

在认知操作层面，整合过程中促发语法化的主要机制是"重新分析"（reanalysis）。Langacker把重新分析定义为："没有改变表层表达形式的结构变化。"一个可分析为（A，B），C 的结构，经过重新分析后，变成了 A，（B，C）。该机制"从旧有结构发展出新结构"，进行结构重组，该变化不涉及对其表层特征的任何即时的或内在的修正。如：V+来+V+去 →V 来+V 去。

重新分析是隐性的，无法直接看到，它是在线性组合上进行的主观化识解。重新分析反映的是溯因推理。重新分析提取出的成分及其有特殊限制的语境（标记性情绪结构）都被重新分析为该语境需要的潜在主观义，实现了构式的语法化。

重新分析是听读者在对语言解码时所进行的一种认知心理活动，"听者（或读者）不是顺着语言单位之间本来的句法关系来理解，而是按照自己的主观看法（通常都是在一定的诱因作用下）作另一种理解"（王灿龙，2005）。

紧缩构式是两个小句紧缩成一个结构，在形式上具有较强的不可分析性。它是对常规结构式的改造与整合，因此是对原构式的一种句法创新。这些结构重组构式内部结构关系具有不可推导性和明显的特异性，无法通过常规的句法组合规则来解释与分析。如"爱 X 不 X"在不改变表层结构的前提下对原型结构进行重新分析，结构重组，分析型的同谓双小句演变成一个黏聚型的紧缩式——变为叠合式。叠合式发生了结构变化，这种异常的结构式必然带来异常的语义——与否定式语义相近。其否定义产生的过程为：爱 X 就 X+不爱 X 就不 X——（爱+不）X——爱 X 不 X——不 X。随着"爱 X 不 X"构式使用范围的扩大和功能的扩展，构式中动词"爱"不断地形态化、虚化，最终重新分析为一个助动词。与此同时，有些紧缩构式如"说来说去"也由基干构式演变为辅助性的话语标记语。我们看到，在这一过程中，句法化和形态化是互相促动发展的，紧缩构式通过词汇化和语法化经重新分析自然生成。

7.2.4 类推

紧缩构式形成的另一语法化机制是类推，是替换现有构式中的词自觉生成的，是语用法"固化"的结果，句法位置的适宜是其语法化、主观化的基本条件。

紧缩构式紧缩程度逐渐加强，句法成分逐渐减少，句长越来越短。省缩引发了句法创新，同时这种新结构在口语中逐渐推广开来，从而完成了由句法创新到句法演变的过程。

抽象类"V来V去"是在实际位移类基础上类推而来的。位移类"V来V去"在话语中反复出现，固化程度得到加强，并在此基础上产生类推效应。构式在固化的同时也得到了扩展。以类推方式新造，就是用非位移动词替换现有构式中的位移动词。比如"说来说去、想来想去、商量来商量去"等从空间域进入非空间域表示抽象的位移事件，是类推和扩展的自觉生成的结果，是由"说、想、商量"等非位移动词直接替换"走"等位移动词而成。

不能扩展的紧缩构式一般都是类推造成的。一些心理动词、消现动词构成的"爱X不X"式不宜扩展。其中词义消极的尤其不能扩展，如没有"爱恨就恨，不爱恨就别恨"用法。这说明心理动词、消现动词跟使役动词一样，都是在类推作用下直接进入"爱X不X"构式的，即替换现有构式中的动词自觉生成。"爱X不X"从"正反并列的双命题、双小句"紧缩为单命题的四字构式，是由省略句法成分和紧缩句法结构而产生的句法创新。这种新创紧缩构式中的动词开始只限于跟"喜爱"搭配的动作动词，如"吃"等，后来语境范围不断扩大到趋向、使役、心理、消现动词等，同时"爱"由"喜爱"义虚化为"愿意、要"等义。这些紧缩构式都是类推定型而构式化，而不是紧缩来的。

7.2.5　概念整合

构式义的来源还具体跟三种认知机制有关：隐喻、转喻和概念整合（conceptual blending）。本书把它们纳入统一的分析框架分别讨论。

7.2.5.1　整合框架

紧缩构式的具体整合框架如下：

（1）输入空间1+输入空间2→输入空间3（整合空间）

紧缩构式生成的过程为两个事件要素根据表达需要进行整合的过程。紧缩构式最常见的表层组合机制是：当两个原始事件结构实现为表达事件时，说话者通过赋予这两个表达事件以特定的逻辑语义关系，把它们整合成一个有机整体，在外在赋予的逻辑语义的控制下，两个原本没有内在语义联系的独立表达事件就统一为表述一个特定的逻辑语义关系服务，合力组合成一个句法结构体，并分别重组成紧缩构式的两个成分：前项和后项，其句法上的标记就是关联词语。有时，关联词语只出现了一部分，甚至并未出现，但并不影响逻辑语义关系的表达，如：

钟不敲不响。他一来就看电视。去就去。爱信信。

这些都是用两个表达事件来表述一个逻辑语义关系的结构。

构式的意义是通过整合而不是通过组合获得。构式义不是内部词语词汇意义的简单相加，而是构式内部的词语意义有机整合和抽象化的结果。"典型的概念整合涉及从两个输入空间向第三个空间（即整合空间）的概念映射。"① 整合空间表现为压缩的新生复合概念结构，整合后浮现出新的主观化情态义。紧缩构式由两个部分整合而成。紧缩构式由于结构之"紧"及成分之"缩"，自然会留下某些可以再创造的语义的空白。整合空间概念恰如其分解释了事件"同时在两个不同的参照

---

① 参见温格瑞尔、施密特著：《认知语言学导论》第二版，彭利贞等译，复旦大学出版社2009年版。

框架中来回摆动"。两个层面、对象压缩成一个句子时句法结构会错位，意义发生增殖，形成构式义。

（2）心理空间的构建

Fauconnier（1985/1994）提出了心理空间理论（mental space theory）和概念整合理论（conceptual blending theory），研究在线的动态意义建构。整合以抽象的心理空间为基本单位。心理空间独立于语言，是随着话语的展开所不断构建的概念集合（conceptual packets），是暂时的部分的信息集合、瞬间的短时记忆的在线概念表征，它的构建受未来信息的影响，但也常常以已储存的认知模型为基础，是在常规化映现模式基础上，"表征了由认知域所建构的某一具体的场境（scenario）"。

我们建构心理空间时，经常从长时记忆的抽象认知框架①模式中提取与话语理解相关的知识结构。Fauconnier 和 Turner（1994）把这种以心理空间作为输入的认知操作过程称为整合。这些输入空间映现到独立的整合空间中去，从每个输入空间中继承了部分结构，在整合空间中产生了输入空间所不具备的突生的意义结构。语言为心理空间的构建过程提供部分标示不足的的提示（prompts）。心理空间网络是动态地不断更新的。随着话语的展开，根据语法标记和隐含的语用信息提供的提示，建立起新的心理空间。建构心理空间涉及以下概念术语：

输入空间（Input Space）：就是我们在话语中所提供、构建的可及、可感的表层心理空间。如：

（13）我们学校规定，凡是缴不起学费的学生，"<u>从哪儿来回哪儿去</u>！"（1993 年《人民日报》8 月）

我们在使用此构式中，为"哪儿来"构建了一个心理空间，为"哪儿去"构建了另一个心理空间。我们用"不可能"的想象力想象，实际上整合了"哪儿来"和"哪儿去"的旅程，这一整合具有"相遇"

---

① 本文主要指 Fillmore 所提出的框架语义学中的框架概念。框架就是以这种方式联系起来的概念系统。不同的学者使用各种术语来表示框架的概念，Lakoff（1987）用 ICM。

的突生结构（emergent structure），强调回到来的地方。我们构建的两个输入空间，每个都对应各自旅程的部分结构，可称为"输入心理空间"。

跨空间映现（Cross-Space Mapping）：指连接两个输入空间里的对应成分。

类属空间和整合空间（Generic Space and Blended Space）：类属心理空间包含了输入空间所共享的东西。而在整合空间中，两个输入空间融合和压缩在一起。如"从哪儿来回哪儿去"中两个输入空间中的相反移动的路线都映现到整合空间中的同一路途上。人的位置不能压缩，在整合空间中保留、强调了其来、回的地点：回到来的地方。

整合的一些主要特征如图 7.3 所示（Fauconnier & Turner 2002：46）：

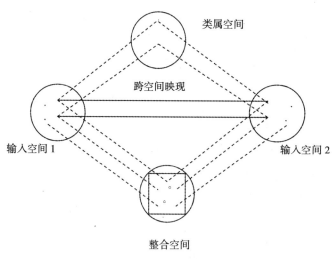

图 7.3　输入心理空间

图 7.3 中圆圈代表输入空间、类属空间、整合空间等心理空间；圆圈中的点代表心理空间的组成成分。实线代表输入空间之间的映现关系；虚线代表输入空间、类属空间和整合空间之间的连接；实线方框代表整合空间中的突生结构。

在整合网络中，任何一个心理空间都有可能被改变，整合空间有时是新的或瞬间产生的，有时是征用了凝固化的映现关系和框架。整合空间本身也可以凝固化。如习语中所凝固下来的事件与要描述的新事件再进行整合。

隐喻具有整合网络的特征，如"不打不相识"强调了"打"，但这一推理并不仅仅从"打架"的认知域（来源空间）映现到"交往"的认知域（目标空间）。在两个输入空间中，只有"打"和"接触交往"的部分结构相互映现，最后，"打架、打架者"和"认识交往熟悉、接触的人"相互映现并分别映现到整合空间中去，形成突生结构：只有互相接触才有机会理解、沟通和熟悉。

概念整合是 Lakoff 与 Johnson 隐喻、转喻理论的进一步发展，可涵盖和解释隐喻转喻不能解释的现象。如"不见棺材不掉泪"来源域和目标域分别是见棺材（人死）掉泪和见到事情发生才信。但在整合空间中，表达"一定要见到才信"的主观情绪，这一突生结构无法通过来源域（人死掉泪）和目标域（眼见为实）的直接映现获得，而要通过习语空间和实际话语空间的整合产生具体构式体义。

7.2.5.2 整合过程中的重要关系

按照认知语法的符号性观点，两个单位要组合成大的结构，它们所含的概念成分必须要有对应关系。整合主要表现在整合网络中的重要关系的压缩和分解。一些输入空间之间的对应映现的概念，在语义上必须有某种联系，我们称之为"重要关系"（Vital Relation）（Fauconnier & Turner 2000：283-303；2002：92-106）。跨空间映射的基础是几种重要关系，包括意象图式（部分—整体，概念成分与整体关系），基本的相互关系（原因—结果），时空（常结合在一起）共生体，特性、同一性（相似性）、变化等关系。

整合常把外部空间重要关系压缩成整合空间里的内部重要关系。看图 7.4（Fauconnier & Turner 2000：94）：

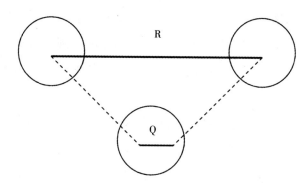

注：R= 空间之间的重要关系；Q= 空间内部的重要关系

图7.4　整合空间内外部的重要关系

我们用一个例子来说明。

（14）优秀的经理不会不敢在旧章常规和工作程序上砍一刀，冒个险。不要满足于做一天和尚撞一天钟，而要有点担着风险创新的劲头。（《读者》合订本）

在上面这段话语中，有两个心理空间：一个是和尚撞钟，和尚每天撞钟只是他本能的工作、习惯活动。这个习语比喻"遇事敷衍，得过且过，过一天算一天，凑合着混日子"。另一个是旧章常规和工作程序。跨空间的映现把和尚与经理联系起来，两者都被部分映现到整合空间中，融合为一。陈旧的工作常规框架也映现到整合空间中去。在整合空间中不满足于陈规陋习的经理批判和尚撞钟行为。这就让我们思考一个问题：经理要有点担着风险创新的劲头。整合空间的突生意义：工作中没有创新精神，没有实际的效果，含贬义。

在整合空间中，跨空间的各种关系被压缩为一，变成整合空间中内在的重要关系。例如，在整合空间中，仍有因果关系，寺庙就是工作室，物理空间的压缩。和尚是经理，人的同一性的跨空间连接压缩为整合空间中的"独特性"；墨守成规的经理被变为撞钟的和尚，这是变化连接。概念整合通过这些重要关系的压缩和连接大大拓展了我们的思维和想象力。下面我们分析紧缩构式生成中的重要关系的具体类型。

（1）变化关系

连接一个与另一个成分。在例（14）中，经理变成和尚。又如：

（15）网现反情人节运动：整成愚人节 拆散一对是一对。（搜狐网）

此例中情人被拆散，角色发生变化。

（2）同一性关系

同一性（identity）是最基本的重要关系，即在输入空间 1 和输入空间 2 行为之间具有同一性。两个输入空间由同一性关系联系，这些联系被映射到整合之中并都以组合的方式被融合在一起。我们常把同一性连接与其他重要关系联系起来，如变化、时间、因果关系等。为了建立整合，两个输入空间的行为映射到整合空间，结果是两个空间的行为经历了压缩。虽然输入空间显示出极大的相似性，但整合空间的新生结构是开放式的混合空间，依靠空间 1 和空间 2 之间的同一性关系的跨空间映射产生新生结构。如：

（16）咱们住在一块，今天说不完还有明天！……谈到哪里算哪里。（赵树理《李家庄的变迁》）

（17）凡和她接触的人，都能深深感受到她的真实：不伪装、不掩饰、不压抑、不扭曲；怎么想就怎么说；怎么说就怎么做。（《报刊精选》1994 年 06）

（18）我只要提高一下嗓音，叫来我的仆人，马上会抓起你来。但是我宽容你克制住自己的怒气，你怎样来的立刻怎样走，我便不再说什么了。（翻译作品《福尔摩斯探案集》）

这几个例句表层凸显的是疑问义，由于前后两个结构的核心语义相同：表示肯定，因此可以通过同义叠加来增强语义和感情色彩。当说话人为了达到某种交际意图（加强语义强度、突显主观情态等），就有意识地整合为肯定式。又如：

（19）医生建议赵本山春晚"悠着点"：能不上就不上。（人民网）

此例也是通过前后同一关系进行整合，表示强调、肯定。

另外，像"看就看、不言不语、又高又大、一歪一扭"等前后项都为同义关系，都是通过同一性关系进行整合。

（3）类比关系

类比关系取于角色/价值的压缩。在例（14）中，整合网络具有"没有创新精神"的框架，其角色是混日子，其中一个空间有价值"和尚"，另一个空间具有价值"经理"，在整合空间中，这两个人由类比关系连接起来。

（4）相似性关系

相似性（similarity）关系是整合过程中的最重要和最常见的关系。两个心理空间因具有共享的特征而连接起来。人类的本性具有直接感知相似性的心理机制。在空间整合中外在空间连接可以压缩成整合空间的相似性。隐喻的来源域和目标域就具有相似性关系。

（5）意向性关系

意向性（intentionality）包括一组重要关系，与希望、欲望、信念、记忆及其他针对话语内容的心理态度有关，这些重要关系在整合过程中常得到加强。如在"非去不可"中，概念压缩在整合空间中产生出意向性关系"一定要去"。主观意愿的框架带来了意向性关系，它不仅包括事实，还包括欲望、竞争和努力、情绪。

（6）空间关系

时间和空间是与记忆、变化、同时性、因果等有关的重要关系，常交叉同时出现。在整合空间中，涉及参与者的空间位置关系的压缩，表示混合体的统一。两个心理空间由空间（距离）关系连接在一起，读者会唤起两个心理输入空间，两个输入空间位于不同的地点，要克服它们的空间分离，它们就要被压缩。这个现场在线过程达到的结果：它在两个场景之间建立某种联系，而细节则悬而未决。新生结构的特点是把两个输入空间的核心信息融合到一起。意义植根于"上下内外东西左右来去"等以我们身体经验、感知为基础的意象图式。如：

（20）那里的铁路还没有修好，宽阔的瓦利斯山谷从罗纳冰川朝辛

普朗山脚之下，在东一个西一个的山峰之间，沿着巨大的罗纳河延伸着。（翻译作品《安徒生童话故事集》）

例（20）"东、西"两个空间压缩产生增量。

再如"人在阵地在"中把"人"和"阵地"整合在同一场景中。而"身在曹营心在汉"由"曹营"和"汉"两个空间关系连接在一起。

"V来V去"构式是由"V来"和"V去"整合而成。"V来"表示向说话人靠拢的事件；"V去"则表示离去。"V来V去"是一个包含着多阶段的复合位移事件，表示活动的往复性，产生于空间领域，比如"走来走去"。构式产生后不久就进入非空间领域，意义发生了虚化：表示虚拟的往复性位移活动。如"劝来劝去"所表现的情况是"劝"的活动在持续。两个相反的空间位移因空间关系发生映射。

（7）时间关系

与空间压缩有密切联系的是沿时间向度的压缩。整合的新生结构主要依靠两个时间段的压缩，两个空间有时间上先后关系。如：

（21）一只怀孕的野兔儿，在麦垄儿里悄悄地跑过，从山地飞到平原来的蓝靛儿鸟，在一片金黄的菜子地里一起一落。（孙犁《风云初记》）

（22）这种高起点的开荒，实现的是桥、涵、路，林、渠、地一体化。开一亩种一亩，种一亩成一亩，成一亩丰产一亩。（《人民日报》1996年8月）

（23）刚穿着舒齐，群熊已经把我围得水泄不通。我裹在那副熊皮里，感到一阵冷一阵热。我的神计妙算简直精彩极了。（翻译作品《吹牛大王历险记》）

（24）达庆说做就做，当下就带着如玉到了乔家大院。（电视电影《乔家大院》）

（25）彪马公司为"无敌雄狮"喀麦隆队量身定做的新球衣"连体装"，在突尼斯举行的第二十四届非洲国家杯足球赛上一亮相就引起全场轰动，同时也引发了各方争议。（新华社2004年1月新闻稿）

例（21）、例（22）、例（23）表明动作在时间上的交替。例（24）表明迅速，例（25）表明短时。

（8）因果关系

因果关系是人类基本的思维方式。一个统一的事件往往被分解成一些原因—结果关系链。许多习语具有思维的因果关系，但其原因、结果部分不被作为单独简单的元素、成分，而是作为一个密不可分的有机整体，构成因果关系的复杂整合，使人们通过"整体洞察"（global insight）理解习语的意义。两个输入空间中的事件参与者以经过压缩的因果关系跨空间映射相联系。例如：

（26）从此，王雪纯名不正言不顺地当起了《正大综艺》的女主持。可直到今天，她对自己扮演的角色还老犯嘀咕。（《作家文摘》1995A）

习语"名不正言不顺"是因果关系的整合，来自对世界的感知。这一感知过程整合了原因和结果两部分，从而产生了突生意义：名分不正或名实不符，以至于不便做某事。再如：

（27）反正是不打不招的小流氓，这种人一般都有一两件害怕被警察问到的麻烦事情。（翻译作品《人性的证明》）

（28）与会侨胞在发言中分别指出，陈水扁欺骗台湾同胞，也欺骗美国人民，在"台独"的道路上越走越远。（新华社 2004 年 11 月新闻稿）

压缩主要关注两个输入空间中一定被假设的第一个，即包含了行为链的那个空间。例（27）中"打"导致"招"，"打"是招的原因，"招"是"打"的结果。例（28）中"走"是行为，"远"是行为结果。第一个输入空间的事件和第二个输入空间中被激活的结果合成一体。

原因—结果链中有很多中间阶段的压缩。这种因果关系在整合空间中压缩为一个新生结构。这符合 Talmy 的开启注意力视窗理论，从连续事件的一个更大的致使链中选择开启了注意力的起始和结尾视窗"打"和"招"，其他事件的"隐藏"可解释为压缩的实例。原因和结果的跨空间映射被激活并压缩到整合特性中，依靠语境的在线概念化整合进行即时意义建构。新生结构并不浓缩为一种离散的认知意义，而是保持与在线处理的不确定性和开放性一致的模糊而主观的联想。

（9）部分—整体关系

紧缩项和整个结构的语义关系为部分和整体关系，构式抽取部分典型代表性特征加合而实现对事物整体的描写。紧缩项的意义是下位义，而组合起来形成的构式整体义是上位义，用公式表示：下位义1+下位义2（+……）＝上位义，这种关系的构式以其作为下位义的组合实现了对上位义的全量指称，实际是转喻。前后变项往往呈类义、反义关系，是同属于某个语义范畴的同畴构式。如：

（29）老百姓<u>没权没势</u>，倒了霉没办法，只能受着。（冯骥才《一百个人的十年》）

（30）以前蓝虎在家时，两口子好像亲不够，大白天也搂搂抱抱的，<u>没脸没皮</u>。（戴厚英《流泪的淮河》）

（31）她这样不懂规矩，<u>没轻没重</u>的，早就该罚了！（琼瑶《烟锁重楼》）

（32）她的思维就像一辆方向失灵的汽车，<u>东一下西一下</u>到处乱撞过去，但每一次都给狠狠地弹回来，带给她一阵比一阵更强烈的窒息感。（皮皮《比如女人》）

例（29）、例（30）是类义关系。例（31）（32）是反义关系。例（32）并不是指东边一下、西边一下，一共两下，而是代表性增量：用两个代表性的东、西典型事例指称"很多下"。通过对一个描写对象整体中两个有代表性的"点"的描述而实现了对事物整体的"面"的刻画。整个结构具有全量指称、概括全貌的表达特点。

（10）矛盾关系

构式前后是两个或多个完全相反的或是不可能同时发生的动作。如：

（33）他们两个走出了病房，对阿装再投去一瞥，那一家三口，正<u>又哭又笑</u>的紧拥在一起，浑然不觉房间里其他的一切。（琼瑶《月朦胧

鸟朦胧》）

（34）孩子们*动也没动*，他们似乎决心抱成一团。（王朔《我是你
爸爸》）

例（33）"又 A 又 B"构式中，"哭"和"笑"表示的是截然相反
的两种表情，是反义成分的并列，表明一家人的亲密与激动。从表面形
式上看是 A 和 B 同时发生，但在深层语义上，意在通过两个对立端的
量的叠加来表达矛盾性。逻辑上看似矛盾，但通过运用"话语策略"，
表现"主观化"情感，获得对比性语用效果。我们可以在后一个"又"
的前面加上"但是"等表示转折的词语，这种矛盾性产生于说话人的
主观性，即说话人对这种情形的同时发生感到意外。例（34）"动"和
"不动"是矛盾的两个动作，从矛盾对立中表示不相应类同。

再看，"爱 X 不 X"中两个正反概念表达叠加后，其中某些成分被
删减，整合省缩为一个新的表达式：

（35）这个人的前途不可限量。我看将来的总统是给他预备着的。
你*爱信不信*！（老舍《听来的故事》）

此例对矛盾关系压缩的结果是一个新的行为联合体。在整合空间
中，新生结构被描述为"随便、无所谓、否定"的主观情绪，两个行
为的目标被融入"信不信由你"义中。

总之，概念整合不断地压缩以上这些重要关系，产生出突生意义。
压缩可调节时间、空间、因果和意向性等关系。

7.2.5.3　概念整合的优化控制原则

概念整合的潜在、开放、不确定的在线认知整合过程要被八个控制
原则限制并优选。[1]

（1）压缩原则

概念压缩在紧缩构式意义建构中起重要作用。在整合空间中，两个
输入空间的成分和关系有选择地映现到整合空间，压缩为一，产生突生

---

[1]　参考 Fauconnier & Turner（2002：325-334）和张辉（2003：161）。

意义。这些压缩使我们形成了对话语的整体洞察，突出一些重要关系。压缩是整合过程的核心。两个心理输入空间被压缩并保持在线处理中的不确定性。整合产生包含来自输入域（imput domain）的部分映现的突生结构。这个新生结构与两个输入空间的结构都不同，与两空间简单相加比较，压缩大大降低了输入的事件的复杂度，产生了一个新融合并统一的可控的单位结构，它在认知上易于管理，具有"人文尺度"。输入空间本身也表现为新的、动态呈现的概念结构。如：

（36）王：你们这都是从哪儿打听来的？年轻人办事儿就是毛糙，听风就是雨。（电视电影《编辑部的故事》）

此例中作者所说的"年轻人办事儿"或"毛糙"相对来讲都比较抽象，人们无法直接感知和体验，习语空间的"风"与"打听来的事"压缩为一，"雨"与"人们想象的事"压缩为一。把自然现象的联系"听到风声就认为是下雨了"与社会现象"年轻人根据一点事就胡乱猜测"两者压缩为一，使整合空间具有了与习语空间一样的框架或者说习语空间被"招募"到整合空间中来，帮助说明或组织整合空间的内在空间关系，形成整合空间的突生意义。在例（36）的整合空间中，某种结果自然产生的因果关系得到突显和强调，因为习语意义中的"听到刮风就会下雨"，这是我们可直接感知的基本经验，我们很自然感觉到，并使我们对话语意义有了直接可靠的理解。原来在习语空间和具体话语语境中的物理空间和时间、因果关系等外在空间关系都在整合空间中缩量（scaling）、压缩或强调。

（2）拓扑原则

优选整合中要求整合空间接收并保持输入空间的概念结构、事件进行概念化，如部分—整体这种空间—内部关系、事件的施事—行为—受事这种形式等。另外，输入空间之间的外在空间关系也在整合空间中得到反映。

（3）关联原则

关联是整合背后的主要动力。整合空间中的元素应具有关联性，而且与输入空间之间也应有外在空间连接关系。关联可在整合空间中包容一些能促进网络连接的成分。如把"不见棺材不掉泪"中"棺材"映射到"实际事件"这一角色的原因就是关联。

那么，输入空间的其他成分是如何进入整合空间并唤起了联想的呢？是关联控制原则促使我们寻找概念联系，对两个输入空间进行概念整合。如对话人常在前面的话语中寻找一句话的关联。当我们看到一话语时，首先在大脑中激活整个框架，然后再依据语境寻求其最佳关联的语义。

个体关联的程度条件是当此关联假设被优先处理时获得了巨大的积极认知效果，而紧缩构式正满足关联的条件。

（4）网络原则

在我们对整合空间进行认知操纵时，必须始终保持着与输入空间的网络联系。意义的建构不仅体现在整合空间中，还体现整合网络的整体连接之中，我们总可以检索和激活网络。建立整合空间网络包括构建心理空间、心理空间之间的映现关系，把输入空间中的成分有选择地映现到整合空间中去，把整合空间中被压缩的成分映现回输入空间中去，把新的结构或框架纳入整合空间中以及在整合空间中进行各种认知操作。

（5）完形原则

压缩过程建立的新生结构应尽可能具有概念"完形"特征，也就是整体概念化并易于融合、处理成一个单位来进行认知操作，可以提供人们整体洞察。整合空间一定要生成一个紧密结合的场域。整合把行为的所有中间阶段压缩到单个词或构式中，从而密切了过程的起始阶段和结果之间的联系。

比如在说明某一现象时，我们不使用习语也能把问题讲清楚，但汉族人更愿意使用习语来表达，因为习语可使我们获得以人为尺度的理解，习语反映的是人们的基本经验等。

概念整合有生理基础。隐喻的神经理论认为，用隐喻理解一个抽象概念时，大脑中两套神经元被一起重复激活了，这样连接就变得更加牢固。人脑是"由众多并行的分布广泛的功能交叉重叠的子系统构成的冗余系统"。正是在整合不同心理空间过程中，不同的输入被融合而形成对事物的整体感知经验。

（6）分解原则

概念整合网络也包含概念分解。分解原则确保整合仍然能够保持整个网络的重建。整合的正常处理方向被颠倒，整合框架开包为输入框架，也就是回到输入框架及其跨框架的投射来对暂时丢失的新生结构的组成部分进行再概念化。分解原则使整合作为在线处理而保持"开放"，并且同完形原则竞争。

通过整合网络中的压缩和分解，输入空间成分和整合空间压缩成分之间可以来回地进行概念映现。正是这种在概念整合网络中的同时激活和连接、压缩和分解使我们在人类可把握和理解的尺度上理解话语意义，并进行话语意义的建构。

（7）递归原则

递归（recursion）指来自一个整合网络的整合空间常被用作另一整合网络的输入空间。一旦整合产生出人们最易把握的新的整合空间，这一整合空间便是获得另一整合空间的潜在工具，又可用来进行新一轮的整合。如习语被作为输入空间之一参与具体语境的空间整合。

（8）模式完善原则

以上优化原则之间可能和谐共处，同时满足多个原则；也可能产生竞争和冲突。如概念压缩帮助我们获得整体洞察，同时与保持成分间不同的拓扑原则竞争；整合原则与分解原则相互竞争。

建构一个整合空间实际上是满足某些优化制约原则的同时削弱其他优化制约原则。这些原则强调了整合网络整体的重要性。因此，意义的建构是优化原则满足和削弱的微妙平衡。

7.2.6　隐喻和转喻

7.2.6.1　在线的映现与常规的映现

在线的整合过程较为复杂，它由概念压缩、整合、分解等控制原则所制约，形成了复杂的整合网络。意义的建构存在于整合网络之中，存在于其心理空间之间的映现和返回映现（back mappings）之中。

在整合框架中，隐喻、转喻和概念整合分别起着不同而互补的作用，关注概念形成过程的不同方面。隐喻和转喻主要关注已经形成的概念之间的映现关系，是非在线常规图式认知模型，可看作动态的概念整合的输入之一或一个特例（Turner 1996；Fauconnier & Turner 2002），是储存在人们长时记忆中跨认知域的凝固化和常规化的概念映现。而概念整合理论主要讨论关于心理空间之间的"非凝固化的和即时在线的隐喻映现"过程，集中解释人们是如何把已凝固化的熟悉的概念成分整合成新的、有突生意义的结构，产生瞬间和暂时、具体的意义构建。因此我们把隐喻、转喻理论与心理空间和概念整合理论结合起来。

汉语习语就是储存在人们头脑中的凝固化、常规化概念映现模式，而在具体语境中，可以作为在线的整合网络的输入。如：

（37）陈南燕也不示弱，说"他本来就是我发展的不信你问他自己"。两个女孩鸡一嘴鸭一嘴吵了一中午。方枪枪在一旁垂手恭立，一语不出，心里很是满足。（王朔《看上去很美》）

例（37）中的"鸡一嘴鸭一嘴"原指鸡鸭吃食，后来凝固化、常规化，指说话乱插嘴。这两个认知域之间存在着常规对应关系。这里此构式又作为在线整合的一个输入空间，使"吵架"时那种杂乱无章的场面鲜活地呈现在人们眼前，使表达更具形象性和生动性。

习语语义扩展的来源域和目标域之间在形成之初具有隐喻性，随着时间的推移，这种隐喻映现关系潜藏起来，鲜为人知，隐含在其中，作为习语规定意义的一部分。习语的意义常规化使转喻和隐喻隐含、模糊。"隐喻和转喻映现常常超越了原有使用语境范围，可在更一般和广泛的相关语境下使用，使熟语获得了普遍的概括意义。"[①]

在习语语义扩展中，隐喻和转喻映现同时发挥重要的作用，紧密交织在一起。

（38）身为车间主任的他，居然在外搞起了第二职业，"身在曹营心在汉"当然工作起来就不一心一意。（1994年《报刊精选》12）

此例习语空间的具体场境出自三国时"关羽身陷曹操阵营，心里想着刘备"的故事。该习语语义扩展的路径分两步：第一步，它具有转喻的基础，"身、心"转喻地代表整个人，"曹营"和"汉"转指争斗的双方，这两个场境以部分/整体转喻的方式联系起来：具体代表一般，从其初始来源域通过转喻扩展到"人在此方却心向彼方"这一目标域上。这个图式构成输入空间的类属空间。第二步，这一转喻映现通过常规化变得隐含了，所指称的事件范围扩大，习语语义上被扩展，使用时原有语境并不存在。通过转喻映现的语义扩展后，这一新创建的意义又以隐喻的方式应用到不包括"曹营、汉"等概念的认知域上去，描述表达另一个完全不同的事件和场境（目标域：人在心不在），但又能以某种角度和形象（"曹营、汉"等故事）去想象有关事件和场境。现在多用来比喻人工作不安心，向往别的单位、部门，带上贬义。在原义和现义之间有相似的对应关系。该习语已是一个不包括原始事件的不完整的转喻，已被人们重新解释和常规化，已不再依赖原有语境而作为一隐喻使用。此例中表示"他身为车间主任，却搞起第二职业，工作不一心一意"。

7.2.6.2　习语空间与话语感知空间

习语中隐喻和转喻的映现已经成为概念中的一部分，作为我们创造性意义建构和输入信息的基础和出发点，具有预制单位的地位。习语通

---

①　张辉：《熟语：常规化的映现模式和心理表征——熟语的认知研究之一》，《现代外语》2003年第3期。

过隐喻和转喻的思维方式从来源域抽象出来，形成了一个图式，并被用于一个新的语境。习语是一种空间建构语，其主要的标志是意义的双层性，其组成部分具有字面和比喻的意义。由于抽象程度不高，在使用习语时，一方面来源域中的信息还发挥着作用，为习语提供了心理图像；另一方面目标域作为一种抽象的图式，与话语感知空间整合。话语感知空间（discourse perceptual space）是指习语所出现的那一部分用法事件，即语言使用的具体例子。习语构式一旦建构起心理空间，它总是与话语感知空间相互作用，压缩在一起，形成整合空间，产生了新的结合语境的具体场景意义。如：

（39）在今天这样的时代条件下，维持这样一份阳春白雪般的学术杂志，毫无疑问存在着许多艰难，但不管如何，杂志一定会生存下去，编委们都有着"人在阵地在"的信心与勇气。（《报刊精选》1994 年 10）

习语"人在阵地在"原指"人誓死保卫阵地"，后来通过隐喻从来源域抽象出来，形成抽象心理空间，形容人的一种保卫某事物的决心。

当此心理空间用在具体语境时，语境化提示会指示抽象心理空间中的有关信息与话语感知空间中的语境信息，从而构建成具体意义。在此例中，该习语的变体很多。例中的军人和阵地、保卫的方式都可具体化：人指杂志编委们，阵地也不是战场，可具体为杂志的生存。根据话语感知空间所提供的信息，人和阵地关系也不是用生命保卫了，而是指尽一切可能把杂志办好，编委们表达了"杂志一定要生存下去"的坚强决心。这里语境改变了习语心理空间中的一些成分，使其进一步适应语境的要求，但基本的关系和成分还是保留下来，即更抽象的"阵地"和保卫阵地的方式等。

习语原有的抽象心理空间与另一输入心理空间"话语感知空间"之间具有相似性，构成了跨越两个心理空间的映现关系。如：

（40）也许是人逢喜事精神爽的缘故，他今天显得比实际年龄要年轻得多。（《报刊精选》1994 年 02）

在此例中，作者用"人逢喜事精神爽"来概括他今天的精神状况。

"人逢喜事精神爽"意思是人遇到喜庆之事则心情舒畅。作者感知到他显得年轻与"精神爽"在某些地方存在着相似之处，这是进一步整合的基础。在整合过程中，习语空间提供了因果关系，为我们理解他的状况提供某种可感知和把握的尺度。

7.2.6.3 习语的形式整合

习语可整体再次投入使用，也可以通过提取框架获得能产性，即产生形式整合，形成语言使用的创造性，表现出特殊语境的临时修辞义，形成修辞构式。

习语在某种程度上是一个固定的图式，这些图式凝固在人的头脑中，常规化、自动化、习惯化，人们使用时不再注意其组成部分，不能从其组成部分推出构式义。因此在使用时就要保持习语原有的构成方式不变，维持构式义，所以习语的形式整合不是很普遍。但这并不是说习语的组成部分是不可分解的整体，有时为加强整合网络的关联性和提高空间成分之间的同构性，我们需要习语的形式整合。研究发现，"构式义并不总是编码在全部的构成成分上，很多情况下它只决定于部分成分的使用，只要这些成分保留着，构式义也就能维系着"①。所以在特定的语言环境下，习语也会保留与构式义直接相关的部分构成一个可替换的能产性框架，从而出现形式整合。特殊的修辞效果促使了形式整合的进行。形式整合都伴随着背后隐藏的概念整合，使习语空间和话语感知空间尽可能达到某种程度的一致性。这种现象也叫习语的活用。例如：

（41）"有钱能使老公推磨"，她觉得一些事她可以做主了。（王手《讨债记》）

此例中，"有钱能使老公推磨"是实体性的习语构式"有钱能使鬼推磨"的变体。"有钱能使 X 推磨"这个构式是保留了原习语中的部分实体进行框架的提取而形成的半实体构式。这个习语采用抽换方式进行概念整合，产生丰富复杂的修辞义。人们把习语改变和整合到一定的程

---

① 刘大为：《从语法构式到修辞构式（上）》，《当代修辞学》2010 年第 3 期。

度，以便把习语的比喻义和字面义与话语感知空间组合在一起。这个习语字面义并没有完全消失，意思是"只要给予一定的利益，就可以驱使鬼为人推磨了"。其比喻义是形容金钱万能，有了钱，什么事情都可能办到。这里的变体结合了话语的情境，意思是"她"有钱了可以自主做任何事。作者在习语中改变了一些词，使其与话语感知空间结合，形成形式整合，即修辞构式。再如：

（42）我潇洒地说，为了我们的店，有什么可惜的。<u>不破不立，不去不来</u>嘛。我感觉这套西服使我的口气大了许多。（王手《讨债记》）

这是习语的转用，源于修辞动因。修辞构式由于对规定语境的依赖和字面默认意义的丢失而引起了构式义的引申。

构式的不可推导性在阻断理解的同时刺激了人们的求解欲望，想象被激发，使语言内外的细节被充分关注，大大加强了语义体验的深度。

习语的形式整合在广告中很常见，使习语空间和广告话语感知空间的整合更有关联性。通过改变习语的形式，增加辨认习语的难度来获得输入空间和整合空间之间更高的同构性，这种形式整合具有一定的修辞效果，使习语形式多样，巧妙机智，收到较好的广告宣传效应。

7.2.6.4 常规的隐喻映现

大部分隐喻映现都是从基本的经验（视觉感知的空间经验等）到抽象思维和智力活动的映现。习语中有两种常规的隐喻映现，一种是以概念相似和类比为基础的映现（resemblance-based mapping）；另一种是以人的经验相关性、感知共现为基础的映现（experiential correlation based mapping）。

（1）相似映现

这种隐喻映现在来源域和目标域间有一种相似性和类比关系，产生了跨域对应成分映现。如在人们的认知心理中，"V来V去"表空间和抽象两类活动具有相似性，即往复折返性。通过隐喻，把一个概念结构从来源域映射到目标域，就有了"想/说/劝/来想/说/劝/去"之类构式从空间域向非位移空间域的投射。在"偏听则暗"中，"看见"与

"了解"的知识结构相互对应：无知对应黑暗，知识丰富对应光明，是物理视觉＝知识的隐喻。

再如"不看僧面看佛面"这个习语由前后两部分组成，但其构式意义不是字面意义，而是通过相似映现产生整体隐喻义，即"请看第三者的情面帮助或宽恕某一个人"，比喻求人照顾，给某人一点面子。

在下面这个具体隐喻中，此习语有多层相似对应关系，所激活的跨域连接桥可产生这样的概念映现："僧面"对应"老李"；"佛面"对应"我"。

（43）我说："老李是我朋友，诚心诚意来向你组稿的，<u>不看僧面看佛面</u>。"（梁晓声《京华闻见录》）

又如"一 A 一 B"框式结构的意义结合紧密，由构式带来了某种约定俗成的语义关系，常常带有隐喻的因素。

（44）李亚有一段时间常跟沙风<u>一唱一和</u>嘲笑豆儿为"伪预言家"。（方方《白雾》）

例（44）中的"一唱一和"的语义是一个先唱，一个随声应和。原形容两人感情相通。现也比喻"二人互相配合，互相呼应"，它们表述的意义是通过相似的隐喻映现约定俗成的，跟成分 A、B 或 A+B 没有直接的关系。

（2）经验映现

这类常规隐喻映现是一种固定的概念联系，源于人类反复出现的相关性经验，在言语的在线理解中成为新的隐喻或概念整合的输入材料。语言中有许多固定的隐喻、图像图式（Johnson 1987）以经验相关为基础，如空间图式、力动力（force-dynamics）图式。习语空间常与话语感知空间之间共享以人的基本经验（图像图式）为基础的类属空间。下面我们看力动力图像图式。

所有的因果关系都需要力的作用，力的结构连接起所建构的意义网络的一部分。Talmy（1988：52）认为："语言的差异是实施力的两个实体之间的差异，第一个是实施力的实体，是聚焦中心。第二个是被第一个实体作用的结果。"力图像图式表现为：（1）主动实体（ago-nist）/被动实体（antagonist）；（2）固有的力趋向：行动/停滞；（3）力作用的结果状态：行动/停滞；（4）力度的平衡：更强的实体/更弱的实体。

我们把 Talmy 所分析的力图像图式的实体成分应用于表达致使因果类的"不……不……"构式，如"不打不相识"的构式分析，可得出致使力图像图式的映现对应：力主动、被动实体（合二为一）："打"的双方。力主动实体的力趋向：行动。力主动实体的结果状态：相识。所以致使假设系统的概念基础是力图像图式，假设类的"不……不……"构式是以致使力图像图式为基础的映现。

"打→（导致）相识"这类事实的感知图式可概括为"X 发出某种动作 Y 致使 X 呈现某种状态、产生某种结果 Z"。感知图式和思维形式投射到语言，则在语义平面反映为两个动核结构"施事+动核"，形成相应的构式义"施事发出某种动作致使施事产生某种状态或结果"，可记作"X 发出 Y，使 X 变成 Z"。

再如"心急吃不了热豆腐"也是以经验相关为主的隐喻映现，比喻心急就会得不偿失。做事情应该按照程序、步骤进行，要讲究方法和策略，否则将一事无成。

7.2.6.5　常规的转喻映现

Lakoff 和 Turner（1989：103）给转喻下了这样一个定义："转喻是在同一认知域中的概念映现，主要用于指称、并包含了来源域和目标域之间'代表'的关系。"转喻是在同一框架下突显的概念关系，用一个事物、范畴替代、激活另一个事物、范畴。

紧缩项组合后结构整体意义往往是从本义到比喻义，用公式表达为：本义 1+本义 2（+……）＝比喻义。在"东一棵西一棵"中，"东、西"用具体方位代表整个、到处。

习语常常是一个复杂事件的高度浓缩和抽象的结果，常常选取最具代表和显著性的词语，代表整个复杂事件。

转喻涉及思维中"接近"和"凸显"的关系，转喻最终具有图形/背景的效果（Taylor 1995）。

例如"不到黄河不死心"这个习语是隐喻性的，但由于历史传说使其形成一个故事框架，在这个框架中，形成"具体代表一般"的转喻：用一个具体、典型的事物指代整个无路可走情况，说明不到无路可走的地步是不肯死心的，比喻不达目的不罢休。人们用这个故事中浓缩出来的最具代表性的词语，来指称、凸显整个框架，进而抽象地泛指，形成从具体背景到一般图形的转喻，从而具有极其丰富的意义。我们在使用这个习语时，又把这种约定的比喻意义运用到对具体情况的描述和评价上，形成了从一般到具体的隐喻。

转喻映现可使我们获得交际的成功，借助易理解的源概念而使经济性处理成为可能。每个习语转喻地连接着一个复杂的事件框架，可使我们自动地激活大脑中的框架，产生丰富的联想。具体表现为：

（1）整体和部分映现

分为两类：来源域包含目标域的转喻（target‑in‑source metonymies）、目标域包含来源域的转喻（source‑in‑target metonymies）。转喻映现以第二种为多，即事物的部分代替整个事物。例如：

（45）作为一介老科学家，肖教授人老心不老，思想不老，他敢于一反传统观念，敢于独辟新径。（1994 年《报刊精选》09）

例（45）指人虽然老了，但有一颗年轻的心。这个转喻来源域包含在目标域中，即只出现认知域的一部分从而激活整个认知域，认知域得到了扩展。

（2）范畴和成员映现

指用具体的事物表达了对一般情况的理解，就是约定的比喻意义。如：

（46）俗话说"种瓜得瓜，种豆得豆"，这是生物遗传的根本特征。（《中国儿童百科全书》）

此例中"瓜"和"豆"通过转喻泛指一切种子和果实，然后再隐喻到生物的遗传基因上，是范畴和成员之间的映现。

（3）范畴和特征映现

习语整体是隐喻性的，却隐含着转喻映现，用身体的某一部分来描写人或事物所具有的某些特征，代表这一类人或事物。如：

（47）"路遥知马力"，我对踏上新征程的中国平安充满信心，对蓬勃发展的中国保险业充满信心，中国保险市场潜力巨大……（新华社 2004 年 6 月新闻稿）

这里用马力代表整个马的本质。还有用某一情感行为的具体表现特征转喻地代表这一情感的，例如：

（48）他气得一甩衣袖就走。（自拟）

这是气愤或不满意表现出来的具体行为特征。

7.3　构式义形成过程中的整合类型

在第三章中我们区分了构式义和构式体义这对概念，实际上，在紧缩构式形成过程中也存在两种整合：一种是构式义形成过程中发生的整合（构式义的来源整合）；另一种是构式体义形成过程中发生的整合（构式体义的来源整合）。目前在构式义研究中常常会混淆这两种意义及整合类型，导致人们对构式义来源认识不清。本节试图厘清这两个层面的意义及其来源。概念压缩和分解、心理空间之间的连接和映现在不同的整合网络中具有不同的可能性。我们按整合方法，根据概念整合网络中组织性框架在整合空间所起的作用，给紧缩构式做出新的不同层级的分类。我们先来讨论构式义形成过程中的概念整合类型，即构式义的来源整合类型。

我们说构式义是在每个具体的构式概括的基础上形成的，它和参与其中的词汇成分密切相关。构式义本身是整合产生的，紧缩构式在前后两部分整合中形成了构式义，即前块+后块=构式义。整合的构式应该具有构式义（即大于部分之和的整体意义），否则会由于语言的经济原则而失去整合的必要，是冗余重复。那么，紧缩构式的前后语块以什么方式和整体构式相联？构式义形成中发生的整合有哪些类型？下面我们来回答这些问题。紧缩构式的来源整合类型可分为三种，它们之间有一种内在的连续性，是整合连续体。

7.3.1　照映整合（mirror blending）

此类整合中，整合网络的所有心理空间，包括输入空间、类属空间和整合空间，都共享一个组织性框架，相互照映。一个组织性框架能为其统领的心理空间提供一种结构。在整合过程中，由于前后项共享同一组织性框架，这两个输入空间可较容易地在时间、空间、因果、变化、意图性等重要关系上进行概念压缩，因为共享的框架之间没有任何冲突。照映网络中的共享框架自动地为概念整合提供显而易见的连接和对应映现关系。① 这种整合是两个概念结构叠加后产生的一种叠合式，在语义方面具有一致性，具有同一性的重要关系。两个部分之间是同畴关系，同义复现。所谓概念叠加，其实就是两种心理意象、意念的叠合，在某种语用意图的促动下叠加在一起。

两个输入空间由同一性关系联系，同一性关系被压缩进统一的新生结构。紧缩构式整合后其语义蕴含并不简单地等于原来两式意义之和，而是有侧重，往往产生出主观化的新情态语义，即构式义，从而不会被作为羡余格式而淘汰。叠合式一般都具有强调、确定、容忍等功能。比如：

（49）不管了，你<u>爱怎么写就怎么写</u>吧。（王朔《一点正经都没有》）

（50）譬如说要杀头了，<u>杀头就杀头</u>罢，也莫奈其何。（俞平伯《重过西园码头》）

（51）他这本书里说，乾隆皇帝和这个皇后的嫂子有一些<u>不清不楚</u>的关系，傅恒的夫人是皇后的嫂子，所以经常到宫里边去。（《百家讲坛》040717—041016）

（52）李莫愁心中一凛："啊，我当真胡涂了……她今日跟我缠个

没了没完，原来是为了这四句话。"（金庸《神雕侠侣》）

例（49）表层是疑问义，由于前后两个结构的核心语义相同，因此可以通过同义叠加来增强语义和感情色彩，把主观愿望的"怎么写"和实际"怎么写"叠合起来，凸显主观情态，整合为肯定式。两个空间是同一性关系，整合空间具有突生结构，产生"随意、自由"义。从输入空间到整合空间的映现是部分的且有选择的：写的地点、内容、目的等没有映现到整合空间中去，而是写的方式被映现到整合空间。例（50）是对"杀头"的无可奈何的容忍。

例（51）"不 X 不 Y"前后的 X、Y 是类义关系，共享一个组织性框架，相互照映。且构式整合后语义发生了变化、异化，产生了突生结构，改变了结构本身的表层语义"既不 X，也不 Y"，而表达一种新的深层意义，其整体义隐含在表层结构之下。这里"不清不楚"专门形容男女关系暧昧，而不是普通意义上的"不清楚"。例（52）也是通过两个相同结构的叠加，强化了没有终止的程度。

另外，像"又高又大、一歪一扭"等都是通过同一性关系进行整合。这种整合可用一个多维图式来图示（见图 7.5）[①]：

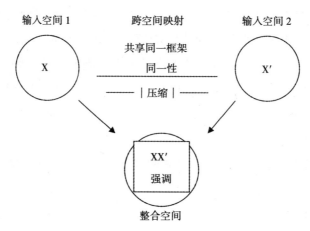

图 7.5　照映整合的网络表征

---

① 参见温格瑞尔、施密特著：《认知语言学导论》第二版，彭利贞等译，复旦大学出版社2009 年版，第 306 页。

7.3.2　单畴整合（single-scope blending）

单畴整合的两个输入空间具有不同组织框架，其中一个空间中的框架被映现、延伸到整合空间中帮助组织这个空间，为整个网络提供了绝大部分的组织性框架。单畴整合又可分为：

7.3.2.1　单焦偏向式（single-focus blending）

单焦偏向式是两个事件图式在一个输入空间中概念化。主事件加上副事件，主事件表示动作的基本内容，副事件表示动作发生的结果，或者相反。整合跟某一个输入空间的内容有关，一个空间融入另一空间，即 X+Y=X 或 Y。如：

（53）今天，或明天，在她最料想不到的时候。她非走不可，逃离他的魔掌，越远越好。（翻译作品《不可能的婚礼》）

例（53）"非走不可"是意向性关系整合，构式义偏向于第一个输入空间，即偏向"走"。

（54）"说不定不来了。""会来，我想他会来，我们说过，不见不散。"（王朔《给我顶住》）

（55）反正是不打不招的小流氓，这种人一般都有一两件害怕被警察问到的麻烦事情。（翻译作品《人性的证明》）

（56）与会侨胞在发言中分别指出，陈水扁欺骗台湾同胞，也欺骗美国人民，在"台独"的道路上越走越远。（新华社 2004 年 11 月新闻稿）

（57）阿道夫对政治兴趣之浓，常令他在"众议院"里一呆就是几个小时。（翻译作品《从乞丐到元首》）

这几例构式都是因果关系的整合。例（54）、例（55）、例（56）"不见不散、不打不招、越走越远"整合后跟前面第一个被假设的输入空间有关，构式语义偏向行为"见、打、走"。例（57）"一呆就是几个小时"整合后跟后面第二个输入空间有关，语义偏向"几个小时"。再如：

（58）论赚钱，一月正饷八块，有个客人打打牌，每次又能弄几块零花钱；这还不是<u>抢也抢不到手</u>的事吗？（赵树理《李家庄的变迁》）

（59）你<u>爱戒不戒</u>，跟我没关系。（网文《看完没笑?! 你绝对够狠!》）

这两例都是矛盾关系的整合，整合后跟第二个输入空间有关。例（58）"抢也抢不到手"整合后语义偏向"抢不到手"。例（59）"爱戒不戒"构式由正反双小句整合而成，后一个空间中的框架为整个网络提供了绝大部分的组织性框架。整合后语义偏向后一空间，蕴含的"随便、无所谓、否定"的主观情绪明示到句子表层。一个概念往往可以从正反两个方面进行表述，尽管表述的角度、侧重点不同，但核心语义相同，它们也可以叠加在一起。"爱X不X"由于经济原则和句法规则的约束，概念不能简单叠加，而要在结构上进行整合，分别省去正反双小句的后项、前项，将两个具有反义关系的后项、前项组合起来形成新构式。

以偏向第一个输入空间为例，这种整合可图示如下（见图7.6）：

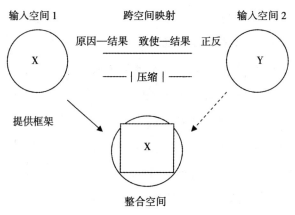

图7.6　单焦偏向式整合的网络表征

7.3.2.2　隐喻糅合式（metaphorical blending）
隐喻映现只是概念整合的一种类型，是典型的单畴整合，是从来源域到目标域的单向映射。为整合空间提供组织性框架的是要理解、凸显的目标域。这种类型整合过程较复杂特殊，超出两个构成成分固有意义之外的额外属性。这种整合及下文的转喻整合把前后块看成一个整体，作为来源域输入空间出现，而目标域则是另一输入空间。隐喻映现显著的重要性关系是两个输入空间行为之间有一种相似性关系，其构式意义不是字面意义，而是通过相似映现产生的整体隐喻义。两个心理空间因具有共享的特征而连接起来。

　　糅合形成的紧缩构式大多为习语。习语在不进入语境时属于此类零语境，① 是规约固定构式，经历了从输入空间到整合空间的概念投射和材料组合过程。这些整合中的压缩早已产生整合空间中的深层固化结构，构式高度固化和词汇化，因为人们不会意识到这个整合的背景，因此使用这些词项时不会每次都重复这个整合过程。从新生结构概念化，而不"开包"整个整合。这种组合已经完全熟语化了，潜力耗尽，即习语已常规化。如：

　　（60）轻信是人们的共同弱点，以讹传讹并不需要负什么责任，因此被商业谣言中伤的企业真是<u>跳进黄河也洗不清</u>，很难完全恢复原来的形象与声誉。（《报刊精选》1994 年 11）

　　"跳进黄河也洗不清"是一条经典谚语，进入上述语境之前就有其本身构式义，即抽象的词典中的意义。这个隐喻实体构式来源域是因为黄河水极为浑浊，即便跳下去也不能有什么清洁作用。目标域是说受了很大冤枉，就算跳进黄河这样的大河也洗不清了，比喻很难摆脱干系，避免嫌疑。

　　（61）不少地方的领导是<u>好了伤疤忘了痛</u>。（《人民日报》1993 年 3 月）

　　"好了伤疤忘了痛"这个隐喻构式在进入上述语境之前就有其固定

---

　　① 意义构建在"零语境"和"有语境"时不同，下文 7.4.2 的"双畴习语整合"属"有语境"。这里虽举了语境中的例子，但是仍是为了说明已形成的词典中的固定构式义。

的构式义，来源域是说疤痕愈合以后就忘记了伤病时的疼痛，目标域是比喻过上了好日子就忘了过去的苦日子，告诫人们犯了错误后应很好地总结经验，吸取教训，免得再重蹈覆辙。

（62）"不打不相识"，可以说，人们正是在打击假冒伪劣产品中认识"防伪"产业的。（《人民日报》1998 年 1 月）

在隐喻构式"不打不相识"中，"打"域已映现到"交往"域上，这两个认知域之间存在着相似性对应关系。习语"不打不相识"指经过交手，相互了解，能更好地结交、相处，常用来表示经过斗争后友好相处。

另外，"V 来 V 去"由表实际位移活动抽象引申到非位移活动（认知域转移），就是因为两者之间有相似性：抽象位移活动与位移事件的折返往复性、动作者内在不安定性有象似关系，这样的整合也属于隐喻糅合式。如：

（63）眼看从家里带来的钱一天天变少，我开始着起急来，想来想去只有找个工作先干着再说，否则过不了多久，我就会挨饿的。（史传《中国北漂艺人生存实录》）

"V 来 V 去"构式还有一种比喻的用法，即通过描绘其他事物的活动来描写人的内心活动或肢体/感官活动，有临时语境义。如：

（64）不少人思维活跃，文笔精彩，像辛勤的采茶女，在书的"茶园"中荡来荡去，采撷"茶叶"中的"狮峰龙井"、"黄山毛峰"、"庐山云雾"，使整个田园溢满浓郁的书香。（1994 年《报刊精选》04）

例（64）写的是作家写作时的内心活动、感受，借助"荡来荡去"采茶的采茶女，形象地表现了作家写作时思路来回跳跃、思维活跃的情景。

这种整合可具体图示如下（见图 7.7）：

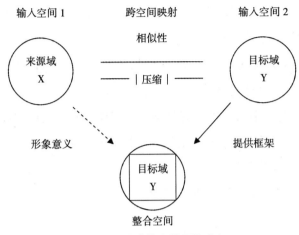

图 7.7　隐喻整合的网络表征

7.3.2.3　转喻截搭式（metonymic blending）

和隐喻式相似，转喻截搭式也是来源域到目标域的映现，只是来源域前后两项是代表性元素，用来转喻整体。紧缩项和整个结构的语义关系为部分和整体关系，构式抽取部分典型代表性特征加合而实现对事物整体的描写。构式前后变项有时还涉及参与者的空间位置关系的压缩。两个心理空间由空间（距离）关系连接在一起，要克服它们的空间分离，它们就要被压缩。新生结构的特点是把两个输入空间的核心信息融合到一起，意义植根于我们身体经验、感知为基础的意象图式。如：

（65）小轮船儿，有的杏黄色，有的浅蓝色，有的全黑，有的杂色，<u>东一只西一艘</u>的停在那里。（老舍《小坡的生日》）

例（65）是把两个不同方位发生的事件整合为一，两个方位之间的跨空间映现及整体—部分的关系是这一整合的基础。整合空间并不是指东边一只，西边一只，而是代表性增量，用具体方位发生的事件表示突生情态义"到处都是，杂乱排列"，通过对一个描写对象整体中两个有代表性的"点"的描述而实现了对事物整体的"面"的刻画，整个结构具有全量指称的表达特点。由于紧缩项自身具有某种典型特征，因此在两个具有同样特征的紧缩项组合形成紧缩构式后，整个结构就被赋予了一种表达功能，即转喻以紧缩项为代表的、所有具有这种特征的一类事物或事情。再看：

（66）刘思佳还是那副文静而客气的腔调："不偷不抢，不犯法，丢的什么人？"（蒋子龙《赤橙黄绿青蓝紫》）

"不 A 不 B"中 A、B 具有代表性，否定 A、B 就否定了全部。上例以"偷"和"抢"代表一切违法犯罪行为，通过否定"偷、抢"说明"不犯法，不丢人"。

此类整合可图示如下（见图 7.8）：

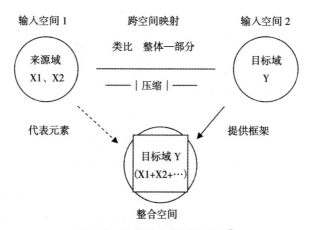

图 7.8　转喻整合的网络表征①

7.3.3　双畴整合（double-scope blending）

最能反映我们思维创造性的是双畴整合。双畴整合的"两个输入空间也有各自不同的组织框架，但是两个组织框架均部分投射到合成空间中"②。整合空间是两个输入空间的组织性框架整合而成。前后两个

---

① 这里 X1 ="不 A"等，X2 ="不 B"等。

② G. Fauconnier, M. Turner 著，李福印、丁研述评：《〈我们思考的方式〉述评》，《当代语言学》2006 年第 2 期。

空间都为整合空间提供了部分信息或成分。这种类型的整合在日常语言思维中更加普遍。整合空间的新生结构的特点是把一个输入空间的核心信息融入另一个空间，两项并重，是双核凝结式。

Fauconnier 和 Turner（2002：180）指出，双畴网络在人类艺术、宗教、思维、科学和语言的发展中起到了不可或缺的作用。双畴网络使我们具有了不同于其他动物的认知工具。这一认知工具可使意义建立在高度压缩的整合空间中，而这种整合空间是人们最容易理解的、基本的人类场境。① 比如：

（67）"我和你离婚。"她低着头站在床前小声对我说，"<u>你一出院我们就离婚</u>。"（王朔《过把瘾就死》）

例（67）"一……就……"前后两部分整合产生"短时"构式义。再如：

（68）我和家珍<u>看来看去</u>，两个人都笑了，我们马上就会有外孙了。（余华《活着》）

（69）老人<u>说一阵哭一阵</u>，在场的人也是边劝边抹泪。（《人民日报》1996 年 5 月）

例（68）两个方位的运动整合产生往返义。例（69）整合产生的新生结构主要依靠两个时间段的压缩，两个空间有时间上的先后关系。两个输入空间的动作整合产生交替义。两个空间的组织性框架都部分映现到整合空间中，产生不同于两个输入空间的深层构式义。

此种整合可具体图示如下（见图 7.9）：

---

① 在大约 5 万年前的旧石器时代，人类 FOXP2 基因的变异使人类完全具备了双畴整合的能力，为人类拥有复杂的语言能力打下了决定性的基础。以基因为基础的认知变化导致了人类新的活动的产生。

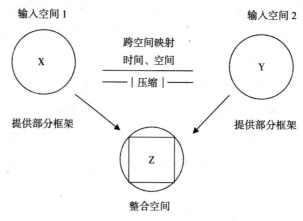

图 7.9　双畴整合的网络表征

7.4　构式体义形成过程中的整合类型

上节我们分析了构式义形成过程中的整合,那么构式体义又是怎么形成的呢? 同样,根据概念整合网络中组织性框架在整合空间所起的作用,紧缩构式体的整合类型可分为两种,它们都是在线生成的语境整合,有语境意义。

7.4.1　单型框架整合(simplex framework blending)

这种整合较为简单,习语之外的紧缩构式都属于这种整合。构式体义来源于构式意义和成分意义的整合。构式义是抽象概括的框架义。整合中组织性框架来源于构式义输入空间,包括框架义的固定的各种角色,而作为价值的成分在另一个输入空间,即词汇空间。构式义输入空间中的框架的相关部分把其角色映现到整合空间中去,而词汇输入空间把其价值也映现到整合空间中去,在整合空间中,框架中的角色和词汇空间中的价值压缩为一。框架输入空间的结构出现在整合空间中,词汇义服从框架义，两个输入空间之间没有冲突。此种整合由词语嵌入框架产生，可表示为：构式义（框架义）+词汇义＝构式体义。

也就是说，紧缩构式构式体义的来源整合效应依赖于两个部分：一个是整合的"框架"；另一个是整合的具体语言元素。进入构式体的两个成分在"框架"的作用下产生整合效果，产生出新的意义。构式体通过词汇义实现或提取储存在记忆中的构式义。例如：

（70）我发现，赢钱者寥寥无几，绝大多数是不输光不走人。（《人民日报》1995年7月）

例（70）中"不A不B"构式具有抽象概括框架义：肯定A。当它运用到具体环境中，和词汇义"输光、走人"结合后，就形成一个构式体，实现构式义，产生出整合空间的意义，即构式体义：一定要赌得输光了才罢休。再如：

（71）石静靠向我怀里，仰脸亲我下巴一下，"再好的人我也看不上——非你不嫁！"（王朔《永失我爱》）

例（71）"非你不嫁"中所涉及的框架是"非……不……"，包括强调、肯定等角色。一个输入空间包含一个框架，而另一个输入空间包含两个参与元素：你、嫁。"你、嫁"嵌入框架中，这样"非你不嫁"创建了一个整合网络："非……不……"表强调的框架结构与具体成分"你"和"嫁"整合起来。整合空间是角色与价值的压缩。输入空间的跨域映现是框架到价值的连接。

这种整合如图7.10所示。

7.4.2 双畴习语整合（double idiom blending）

跟构式义形成过程中的双畴整合一样，双畴习语构式体整合的两个输入空间（习语空间与话语感知空间）各自也具有不同的组织框架，不共享同一组织性框架，整合空间的组织性框架也由两个输入空间的结构框架整合而成。

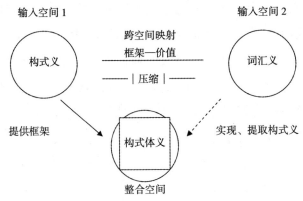

图7.10 单型框架整合的网络表征

习语来源空间和目标空间都提供了部分信息或成分给整合空间。在整合空间中，两个不同输入框架存在着程度不同的冲突，这种冲突不但没有阻碍整合网络的建构，反而是对我们想象力的挑战，整合起来的空间是最具创意的。

习语大部分都是双畴整合。习语经过长期使用，通过隐喻和转喻从具体的初始来源域抽象出来，形成了约定俗成的一般规约构式义和基本经验图式。习语心理空间和话语感知空间因具有某些映现的关系而经常整合。在特定语境中，两个输入空间的概念整合可在整合空间中产生不一样的新生结构，这可使我们获得新的意义，使我们更具效率和创造性。语境可激活隐含的转喻和隐喻映现。语境因素使原本语义上不相关的两个成分（习语空间和话语感知空间）依赖上下文的非常规语用信息而具有相关性，有的甚至成为不可分离的整体，从而能够进入构式体。整合理论很适合用来把握这类典型的在线认知处理中的概念不确定和开放性。

习语构式一旦建构起心理空间，它总是与话语感知空间相互作用，压缩在一起，形成整合空间，产生新的结合语境的具体场境意义。

习语具有语义的不可预测性、语义的非组构性或不可分析性，不能以其组成成分而得到解释。Makkai 认为，习语常具有"从字面解释中所产生的潜在歧义"，即具有"提供假信息的潜力"（disinformational potential）。习语的整合过程最为复杂。在习语整合中，有两次映现过程：第一次是一个具体的场境通过隐喻或转喻映现到一个抽象的意义上，经过常规化和词汇化已经成为凝固的映现模式（entrenched mapping patterns）；第二次是习语使用时，"凝固化的映现模式作为概念整合的输入空间又一次映现到所要描述的新场境上去，与话语感知空间整合"①，即习语心理空间+话语感知空间＝整合空间，也即：习语隐喻转喻义+话语义＝构式体义。这里隐喻转喻映现成为更加复杂的概念整合的一部分。双畴习语整合可图示如下（见图7.11）：

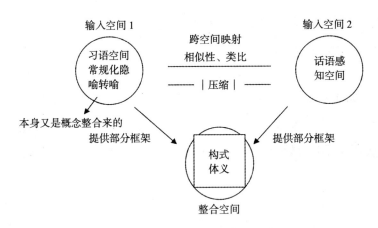

图7.11 双畴习语整合的网络表征

下面我们从张燕春《俗语教程》（2008）中选取几个典型的紧缩习语构式例子进行语境整合分析。

（72）一位小姐在看英文报纸。当时在大西北能看英文报纸的人实在不多。蒋纬国好奇之下便向这位小姐索借，这位小姐见是一位少尉军官，丝毫不予理会。这就是他们的初遇。<u>不打不相识</u>，1944年12月25日他们在西安结婚。（《作家文摘》1994A）

习语"不打不相识"常用来表示经过斗争后友好相处，它使我们

---

① 张辉：《熟语及其理解的认知语义学研究》，军事谊文出版社2003年版，第75页。

能激活"打架、斗争"的框架，即常规化的隐喻性构式义。但它和"相遇"出现在同一语境中时，"打架"框架已不能反映此组合，而要重新整合成一个新的结构框架。因此，该框架与"相遇"引起的框架进行整合，形成构式体义，使我们激活"相遇、熟悉"的框架。此例中指蒋纬国通过借英文报纸和妻子相识。又如：

（73）开弓没有回头箭，宋如华迈出了由一个高校教育工作者转变为企业法人的第一步。（《人民日报》1996 年 11 月）

此例中习语的意义是：拉开弓就要把箭射出去。这个空间提取、激活了一个众所周知的认知模型，其典型特征是：比喻事情既然已经开始，就已经没有回头的余地了，就要继续进行下去。通常也形容做事勇往直前，决不后退的精神。

这里说话人构建了两个输入空间：开弓的心理空间和下海的心理空间。两个输入空间共享有一个类属空间，即事情已经开始就要进行下去。第四个空间是整合空间，在这个空间中，把两个组织性框架映现过来，说话人使用了转变框架，宋如华由一个高校教育工作者转变为企业法人。

而习语心理空间（构式义）本身又来源于一个概念整合，即 7.3.2.2 和 7.3.2.3 中所说的隐喻转喻整合，而这种隐喻转喻已变得常规化了。许多习语在形成之初，不过是在话语使用中提供心理空间之间的连接和对应关系，构建出一个具体的、依赖于某一初始语境的意义。由于隐喻和转喻，习语在某一语境下反复出现和使用，从这一具体的用法事件（usage event）中抽象出来。

在单型框架整合中，框架输入空间的结构出现在整合空间中，词汇义服从框架义，两个输入空间之间没有冲突。而在习语双畴整合中，两个输入空间的结构在因果关系、意图性、参与者角色、同一性和内部事件结构等方面都有不同程度的冲突。比如例（73）中：

因果结构。宋如华迈出了由一个高校教育工作者转变为企业法人的第一步，但还可以回头，尽管回头会带来损失。但在习语空间中"开弓"后是没法回头的。

意图性。施事者和受事者来自话语感知空间：宋如华、第一步。在习语空间中是弓箭不能回头，在现实生活中，回头会带来损失，因此在整合空间中，话语感知空间和习语空间的施事者和受事者被概念压缩起来了：还不如拼死前进，无论胜败，都不回头。

内部事件结构。习语空间中存在着一个抽象化的过程，由于抽象的不完全，习语空间中的具体的初始场境还存在，并不断地发挥作用。整合空间继承了弓、开弓和箭、不能回头等具体的结构成分，同时又从话语感知空间中继承了因果关系：回头会遭到损失、意图关系和内部事件结构。这两个输入空间并非并行独立地排列在那里，而是整合在一起，形成具有突生结构的整合空间。

例（73）中，话语感知空间的"宋如华迈出了由一个高校教育工作者转变为企业法人的第一步"与习语"开弓没有回头箭"整合在一起。叙述人把习语空间中形象的具体场境加以发挥，话语感知空间与习语空间形成整合网络。根据网络和分解原则，这样的弱整合空间，其整合的成分会分解，并映现回输入空间，习语空间与整合空间之间映现和返回映现使话语获得了形象性，这种形象又被作为基础空间进一步地扩展形成新的整合空间。再如：

（74）另一个省会城市发生新华书店"阵地战"后，经理也曾以"人在阵地在"为誓，不幸的是势单力薄，无论如何没能守住，于是只好愤然辞职。（《报刊精选》1994 年 11）

例（74）"人在阵地在"习语空间中存在因果框架，但从话语感知空间讲，整合空间的因果关系发生了转换：在其位，就要守住市场。我们可以从新的因果关系和一般的背景知识中推理出其在整合空间中突生的新的意义，并有效地映现回话语感知空间中：没守住市场，只好辞职。这种因果关系的倒置是由话语感知空间引起的。

"阵地"这一具体场境的存在使习语具有具体形象和抽象概括的两面性。这种两面性在整合中起了重要的作用，一方面，整合空间与习语空间继承了"人"和"阵地"等框架成分；另一方面，习语的概括性使习语空间和话语感知空间极易存在某种相似性和对应映现关系，为整合提供了前提条件。整合空间又从话语感知空间中继承组织性框架：经理要守住图书市场。这一组织性框架规定了参与者的角色，即经理。这样在整合空间中，就有了经理没守住市场只好辞职的事情发生。

可见，这一整合过程较为复杂，主要原因是习语空间具有较为复杂和丰富的因果关系和内部事件结构。此习语来自于一个具体的场境，通过隐喻和转喻映现抽象为形容誓死保卫某物的决心，习语空间复杂的两面性使习语能与习语前后的话语空间整合，并产生丰富的突生结构。在例（74）中，习语是经理的誓言。从某种程度上讲，习语空间中的因果关系是对话语感知空间的概括阐释，习语空间和话语感知空间的重要关系大体一致，不像例（73）那样相互冲突。但内部事件结构（经理没守住市场）也是来自话语感知空间，而不来自习语空间。习语只有与话语整合才能产生具体意义。再如：

（75）吕中在多部电影、电视剧、话剧、广播剧中扮演过各种角色。所谓艺高人胆大，她是"什么角色都敢接，掉到角色里就什么也不管不顾了"（《作家文摘》1997 年 A）

习语"艺高人胆大"原本指人如果技艺高超胆量也大。现在的约定意义是激励人们磨炼技艺、出神入化，勇于冒险、毫无畏惧。这个例子中，习语空间与话语感知空间是由类比关系连接起来的。由于习语空间激活人们头脑中的"胆量"框架，在整合空间中，具有共享的特征，使外在空间的类比关系压缩成为整合空间的范畴。

习语中的"艺高的人表演"出现在表演各种技艺的舞台上，在整合空间中，这种外在空间关系被压缩为内在空间关系，具有具体的空间地点：各种电影、电视剧、话剧、广播剧等扮演角色的场境。

习语空间与话语感知空间具有类似的组织性框架和对应之处。以上各种重要关系压缩到整合空间中，同时习语出现的具体话语空间带来了组织框架：扮演各种角色。这些使"胆大"在整合空间中获得紧密的意向性，这种意向性关系包括事实以及与"艺高的人"有关的欲望、竞争和努力。这样习语空间与话语感知空间相互作用整合，使人们对整个话语有了整体洞察：吕中敢于扮演各种角色，且非常投入。我们再看：

（76）台湾当局如果一意孤行，对大陆的善意熟视无睹，"挂羊头卖狗肉"，继续沉迷于"台独"的迷梦，其结局只有一个，那就是再撞南墙。（新华社 2004 年 5 月新闻稿）

此例中，"挂羊头卖狗肉"的习语空间与话语感知空间各自都具有不同的组织性框架，而不共享同一组织性框架，习语空间中的具体场境和抽象框架映现到整合空间中去。话语感知空间中，台湾一意孤行的框架也映现到整合空间中去。而整合空间中，"挂羊头"与"合作"压缩起来；"卖狗肉"与"台独"压缩起来。"古人挂羊头卖狗肉"与"台湾沉迷台独"压缩起来，形成了整合空间中的突生结构：台湾当局表面上是和中央政府合作，实际沉迷于"台独"，一意孤行，这样与"挂羊头卖狗肉"做法无异。

在整合空间中，古人（台湾）的做法和意图性这些重要关系及输入空间之间的联系得到了充分的强调和扩大。整合空间中所涉及的因果关系和意图性要比输入空间（尤其是话语感知空间）变得更尖锐和强烈。根据网络原则，各个空间（包括习语空间、话语感知空间和整合空间）保持一定的联系，以凸显整合空间中的重要关系：以一意孤行、熟视无睹的方式对待大陆的善意。然后这种关系再分解回话语感知空间中去，更加突出了话语感知空间中台湾当局的执迷不悟。

从以上分析中可以看到，习语空间中的"违实性通过整合空间又映现回话语感知空间中，不但没有阻碍意义的建构，反而为话语感知空间提供了一个整合的反衬"①，反衬了话语感知空间中的台湾的行径。习语空间的违实性不是为了强调与话语感知空间事实性的不协调关系，而是通过与话语感知空间的事实性整合在一起，来说明话语感知空间中

① 张辉：《熟语及其理解的认知语义学研究》，军事谊文出版社 2003 年版，第160页。

的不合理性①，"从虚假中看到真实"，以达到习语"借此喻彼，借小喻大，借古喻今"的功能。又如：

（77）文化的发展只能够在自己文化的土壤上，填缺补漏，<u>哪壶不开提哪壶</u>。绝不能讨巧，见着人家好，就颠儿颠儿地贴上去，以为这样就可以凑成一局，跟着便平起平坐，冷不丁也轮到自己做一回庄家。（《读书》Vol-195）

例（77）中习语"哪壶不开提哪壶"的使用属于双畴整合，发生了两次映现。第一次通过隐喻形成了常规化的映现，形成了习语空间，指专提人家想回避的问题，专拣不好办的事说。第二次当此习语在语境中使用时和话语感知空间"在自己文化的土壤上填缺补漏"整合，形成整合空间，即"文化的发展要专挑自己毛病，不能讨巧学别人，要有自己特色"。两个空间的组织框架都部分地映现到整合空间中，"哪壶不开提哪壶"的形象性加强了话语感知空间的意图性，使得整合空间更有说服力。习语构式也在这个话语构式体中形成了具体的构式体义。再看：

（78）"住宅不比卖百货，<u>跑得了和尚跑不了庙</u>，一旦有毛病，扯起皮来能把脑壳给你搅烂，不如未雨绸缪……"（张卫《你别无选择》）

此例"跑得了和尚跑不了庙"这个习语意思是，和尚离开庙宇即使换上俗人的衣服也难逃众人眼，因为他还有光头。比喻即使一时躲掉，但因其他牵累无法摆脱，最终仍然不能脱身。例中习语空间的施事"和尚"隐喻地代表房地产开发商，"庙"隐喻地指无法摆脱的牵累。整合空间是：卖房人因房子是不动产，有问题难逃责任。在整合空间中，话语感知空间为其提供了主要的组织性框架，而习语空间提供了次要的形象框架，两个框架的整合形成了整合空间所特有的框架：具有习语形象的、以话语感知空间框架为基础的框架：房地产商像和尚一样无

---

① 张辉：《熟语及其理解的认知语义学研究》，军事谊文出版社 2003 年版，第 156—157 页。

处可逃。

下面我们举例来具体说明习语双畴整合中优化制约原则的满足和削弱:

(79) 蔡方柏大使在发言中说,中法关系已经是<u>雨过天晴</u>,两国在经贸合作领域有许多事可做,双方应该抓住这一有利时机,加强合作。(《市场报》1994 年 A)

"雨过天晴"意思是雨后转晴,此习语中叙述想象的双方:雨、晴(来源域)分别对应目标域中的双边关系恶化和好转,自然界的天气情况映现到政治气候状况,比喻双边关系由黑暗到光明,含褒义。在此例中,"雨"隐喻地代表着黑暗的政治现实;"天"隐喻地代表着政治气候。"过"和"晴"在这里指的是中法关系已度过不协调阶段转为协调阶段。

"雨过天晴"的习语空间和有关中法关系的话语感知空间两者存在相似性和跨空间映现关系。"雨过天晴"的自然现象与中法关系改善的事实相对应;习语空间的意图(为了激励新环境下新作为)和话语感知空间的意图(改善双边关系)相对应,这些对应映现是两个空间进行整合的基础。在整合空间中,这些相对应的重要关系被压缩成一个紧密的单位,满足了整合和压缩的原则,使整合空间的理解更加接近人们易把握的尺度,但同时又违反了拓扑结构原则。

从整合过程看,习语空间中所发生变化的只是一个自然界实体"天气",话语空间中变化的是包含了两个国家的"双边关系",而不是一个国家的政治气候。在整合空间中,习语空间中的这层关系丧失了。该习语的建构并不是在来源域或目标域中进行的,整合空间来自来源域(imput source domain)(天气的叙述虚构)和目标域(imput target domain)(中法关系好转)的部分映射,形成了当前的状况:加强双边合作。这两个国家的关系也并非简单地按时间发生:雨"过"后天变"晴",而是糅合在一起。这里只是映现了天气的部分特点,即把晴朗的天气映现到政治气氛上去,而没有把天空颜色等映现到两国合作的整合空间中去。整合空间中的抽象信息、事件适合来源域和目标域两者。"雨"和"晴"的有关背景信息和两者间的关系来自来源域"天气由雨转晴",与该习语一致的推理信息来源于目标域中输入的和自然界天气气候一样好的政治气候。

另外,习语空间与话语感知空间中的意图性也"相互冲突"。习语空间意图性不强,是一种自然变化的过程,而话语感知空间有积极合作的意图性,包括可能的情态结构:抓住有利时机,加强合作。"整合空间包括了意图性、计划性、会话性和预见性。"①

整合空间中的概念仍保持着与输入空间和类属空间的连接,这可使整合空间通过充实额外的概念结构而得到丰富和转换:形象的"雨过天晴"的具体场境可丰富和转换整合空间,满足网络原则。

虽然整合空间可作为一个紧密的单位运作,但它还是可分析的。②整合空间中的整合成分可分解并返回映现回网络的其他空间中去,"雨、天"与"中法关系"的整合、"过"和"晴"与变化现象的整合可促使人们把这些成分映现回各自的输入空间中,并重新构建各自的具体关系。

当整合用于交际时,关联原则使习语空间和话语感知空间的对应成分的同构性(isomorphism)得以提高。"雨过天晴"的习语空间和中法关系改善的话语感知空间原来并没有相似之处,但关联原则能引导、逼迫整合网络形成。关联的期望鼓励人们去寻求连接。

总之,此例中构建了一个话语感知空间:两国关系改善。习语概括地说明了这一情况,习语空间与话语感知空间整合,形成习语与话语结合的具体意义:中法关系恢复如初,要抓住时机,加强合作。在整合过程中,满足了结构、整合、网络、分解和关联的原则。具体讲,从习语

---

① 张辉:《熟语:常规化的映现模式和心理表征——熟语的认知研究之一》,《现代外语》2003年第3期。
② 习语空间和话语感知空间之间的整合大部分是松散的整合(weak integrations),和一般的紧凑的词语整合不同,如"电脑"中"电"和"脑"是紧密整合在一起的。

空间中借用了"天气变化"框架，从话语感知空间中借用了所强调的意图性重要关系，为整合空间提供了概念压缩。整合空间把来自习语空间的较弱的意图性与来自话语感知空间的较强的意图性整合在一起，同时也获得了人类可把握的理解和整体洞察。

7.5　整合的认知语义观：构式义的来源

综上分析，我们用构式义的广义整合观对构式义的形成、来源表述作出修正。

构式形义的结合不是完全任意的或完全可推导的，"而是可解释的或有理据的，或者说是'有理据的约定俗成'（motivated conventions）的结果"①。

整合语义观是指人类通过认知运作在约定俗成的构式中心义的基础上使某一框架或习语与其他词汇成分或话语成分互相作用和整合，动态构建语境中的具体合适的意义，产生整个构式体的意义。

认知运作已使我们通过两个语块的整合约定俗成后形成了关于某个构式的理想认知模型——概念意义、框架义、构式义，起初并非"规约单位"的表达式在高频率使用中固化为规约单位（Langacker 1987），成为合法表达式。

语言输入激活了储存在长期记忆中的某一个抽象框架、意义潜式，并提取该构式的意义框架，使之与现实语境信息整合起来。抽象概括的构式义和其他成分义或话语义共现构建语境中的具体合适的意义，产生下位构式体义。构式在实际运用中构建语境中的意义（sense-in-context），计算出话语的意义，得出构式体义。比如紧缩构式"X 就 X"由

① 陆国君：《动态认知视阈下的英语使动构式义》，《南昌大学学报》（人文社会科学版）2009 年第 2 期。

于认知的作用，人们已形成概念结构，通过激活其丰富的意义框架，外加变项部分，这一构式就获得了在具体语境下的"整合"语义，在语境中表示各种情绪，形成诸多新的"语境中的意义"，即构式体义。

构式语义整合观强调在语境中动态建构意义特征，它以构式义为基础，特别强调框架意义和词汇意义的相互作用和影响、习语空间与话语感知空间的整合。构式义是抽象概括的意义，语境中的意义不是构式本身所具有的意义，而是在特定语境中与其他成分共现所构建出来的相容的构式体义。据此，我们可以推断：语境中的构式体义是可以推测的，是 Hofstadter 和 McGraw（1995：406-466）所说的创新过程的"可预测的'不可预测性'"。

7.6 紧缩构式的整合度和主观性等级

7.6.1 紧缩构式的整合度

7.6.1.1 紧缩构式的整合度等级

以语义和结构的凝固性、透明度及构式的习语化程度为标准，紧缩构式可分为三个层次的整合等级。我们以 C 表示构式的整体语义；A 表示前项的意义；B 表示后项的意义，可以概括为：

一等：整合度最高，可表示为 C>A+B。

构式的整体意义不是 A、B 意义的简单相加，紧缩后形成新的意义。整个构式的结构成分不可分解，构式的凝固性、习语化程度很高，能产性很小。如一些习语具有整体规约意义。"不撞南墙不回头"中的"南墙"不再是实指，而是以转喻思维来指称"事实"，必须见到事实才相信。比喻某人的行为固执，听不进不同意见，一条道走到黑。

二等：整合度较高，可表示为 C=A+B+构式义。

构式具有独立自主的构式义，其规约意义可部分地分布在其成分之上，各成分意义的相加不能得出结构的整体意义，必须加上构式义才行。此类构式的结构凝固度一般，可以类推，数目最多。如"一……就……、非……不可、一……一……"等。

三等：整合度最低，可表示为 C＝A+B。

格式的意义可以根据 A、B 的字面意义理解，是其简单加合，结构凝固性差，根据具体的语境临时自由组合词项而成。这其实不是构式了，是紧缩结构。

7.6.1.2　紧缩构式的整合度层级

概念整合是有层级性的。即"如果两个概念在其基本义或本义基础上提取部分语义特征进行整合，那么这个整合是低层级整合；如果两个概念在其引申义（其中包括转喻义或隐喻义）基础上提取部分语义特征进行整合，那么，这种整合是高层级整合"[①]。根据此理论，上述一等、二等属于高层级整合；三等属于低层级整合。

整合的层级性高低规定着构式的习语化程度和能产性的强弱：层级性越高，习语化程度越强，能产性就越差，语义就越不能按构式的字面义来理解。由此，紧缩构式的各语义整合等级构成一个非离散的连续统：

紧缩结构……一般紧缩构式……习语紧缩构式

7.6.2　紧缩构式的主观性等级

我们发现，紧缩构式的主观性强弱是有等级差别的。主观程度的高低主要取决于构式的语力、逻辑关系、语义、整合度等。从语力上看，具有明显的褒、贬感情色彩的构式主观性最强。比如构式在宣泄对客体不满情绪、感情色彩时的否定程度要比对客体进行负面评价时的否定程度高，因此"爱 X 不 X"比"不 X 不 Y"主观否定、贬抑度高。从逻辑关系上看，相对来说，并列、连贯关系构式主观性较弱，假设等关系构式主观性较高。从语义上看，情态类构式主观性高于主观量类构式，

---

① 张云秋、王馥芳：《概念整合的层级性与动宾结构的熟语化》，《世界汉语教学》2003 年第 3 期。

情态类中否定类比肯定类主观性高。如"爱 X 不 X"比"爱 X 就 X"主观性高。从整合度上看，习语紧缩构式主观性高于一般紧缩构式。比如，习语构式"爱谁谁"比"爱 XX"抽象，表达非现实语义，整合度、主观性高于一般构式，更能体现主观色彩和判断。

另外，经语料分析我们发现，紧缩构式的信息量大小、标记度与主观性关系十分复杂，须进一步讨论。目前我们有以下看法：

7.6.2.1　主观性跟信息量大小相关

语言形式的主观性跟信息量的大小密切相关（数量象似性原则）。语言形式的主观性越强，其信息量越大，反之亦然。Givón 从语言表达式越长表达的概念信息量越大这个规则出发，认为"语言材料的量与被处理信息的重要性和可预测性程度是相对应的"。即"在概念上信息量大，更重要、更难预测的信息，其语言表达就更长、更复杂"[①]。紧缩构式正是"形式越多，内容越多"的数量象似性的一种特殊反映。如若干并立项的并立（A 一量 B 一量、没 A 没 B、不 A 不 B 等）象似于多个相似细节的叠加，以表达某种状态程度的加深，体现主观性。

7.6.2.2　有标比准标、隐标凸显强调

根据标记理论，"有标记项通常在结构和语义上都比无标记项复杂，表达较简单的概念不凸显强调义时，体现为无标记项；表达较复杂的概念凸显强调义时，体现为有标记项"。即：

语义少　　　　　语义多
无标记项　　　　有标记项
去去吧　　　　　去就去

试比较：去去吧、去就去。这里"去就去"比"去去吧"凸显强调义。有标记项"X 就 X"，正因为"就"的标记作用而带有很强的强调义，它凸显的是主观情绪，因而在形式上也得到了重复。而没有带"就"的"XX 吧"，其强调义明显比"X 就 X"弱，信息量也小。

---

① 赵艳芳：《认知语言学概论》，上海外语教育出版社 2001 年版，第 160 页。

否定式表达的语义更丰富，当人们要表达主观评判的情感色彩时倾向于选择否定式。实际语言使用中肯定和否定是不完全对称的。如"V1 也 V1P"结构否定形式较多，使用频率较高。看下面例句：

（80）玩也玩了。——玩也玩不好。

（81）？看也看了她一下。——看也没看她一下。

"V1 也 V1P"结构肯定式一般表现实，否定式表推理、主观性，否定比肯定凸显。表现实的是常态，属于无标记信息，通常不会刺激人们的交际动机，没有必要去说。而表主观推理的事情发生，是不同寻常的，属有标记信息，会刺激人们的交际表达欲望。此构式主要强调"对立情况下结果的类同"。

"不……不……"双重否定表达的信息比一般肯定要多。

另外，一部分表示存在量化含义的疑问关联构式，加上"就"后会增加主观性色彩。这些构式前项事件仅仅是对疑问代词的指代范围作出限定，或是用来引出后项。前后项事件并不存在时间先后的顺序或条件、假设关系，没有直接的必然联系。如果加上"就"，便会增加强调事件因果类型的必然性，增添主观色彩。如：

（82）只要口袋里有钱，就请来吧，想吃什么有什么。（蒋子龙《赤橙黄绿青蓝紫》）→想吃什么就有什么。

例（82）"想吃什么有什么"表达存在量化含义，极言这儿饭菜有很多选择，如果加了"就"会使得结构增加具体实现的含义，更具有主观违实性。

7.6.2.3　单标、准标比偶标凸显强调

紧缩构式省略关联标记，前后两件之间认知距离被拉近，逻辑关系就隐化淡化，主观情绪便得到加强。如：

（83）爱谁就谁。——爱谁谁。

（84）爱去就去。——爱去去。

这里单标"爱谁谁""爱去去"反而比偶标"爱谁就谁、爱去就去"语气强烈。

　　一部分表示全称量化含义的疑问关联构式加上"就""都"和"也"语义会发生变化，由强调前后项所述事件的人、事物、时间、地点、数量、性状等之间的联系，转而强调前后项所表达的两种情景或事件之间的必然联系，变为表示存在量化的肯定含义，主观性减弱。如：

　　（85）这事说给谁谁不信。我为什么要杀她葬送自己？→这事说给谁谁也不信。（王朔《枉然不供》）

　　例（85）中"也"的类同作用，使得原来强调前后项所述事件的人、性状等之间的必然联系，变为强调前后项所表达的两种情景或事件之间的必然联系。所以这里反而是准标比偶标凸显，偶标没有准标凸显。

7.7　紧缩构式的位序原则

　　紧缩构式可变项如果是异形的 A 和 B，A 和 B 的排列顺序有一定的规律、理据性可循。前后项的位序大部分是固定的，带有强制性的有序安排，不能易位。语序的变动将会影响紧缩构式的性质、表义重点、信息焦点甚至逻辑关系。下面分析紧缩构式位序排列的运筹机制。

7.7.1　构词顺序原则

　　"一 A 一 B""没 A 没 B""不 A 不 B"等构式中，如果 A、B 能够组合为一个词语，那么 A、B 的语序基本上就跟原来词语中构词顺序一致，而不能换为"一 B 一 A""没 B 没 A""不 B 不 A"①。"很多 AB 原本就是一个合成词或单纯词，在作离析处理进入待嵌格式时，同原来的信息新旧保持一致性，正向迁移，依然遵循 A 在前，B 在后的序列。"②

---

①　参考邵敬敏、崔少娟：《"一 A 一 B"框式结构的位序原则及语义》，《当代修辞学》2010 年第 4 期。

②　罗耀华：《三组待嵌格式语序的可及性解释》，《华中师范大学研究生学报》2004 年第 2 期。

比如：

（86）穿着打扮更不用说，大概都是她妈留下的衣服，又灰又旧，又<u>没款没式</u>不合身材……（戴厚英《流泪的淮河》）

（87）盘歌内容非常广泛，上至天文，下到地理，<u>一问一答</u>，需要丰富的知识和生活经验才能取胜。（《中国儿童百科全书》）

例（86）"款式"本身就是一个词语，当它们被拆开嵌入紧缩构式时，一般都是遵循原有顺序，而不能说成"没式没款"。例（87）"问答"也是这样。

7.7.2　认知顺序原则

认知语言学认为，句法结构不完全是任意的，句法结构跟人的经验结构之间有一种自然对应或象似关系。紧缩构式符合顺序象似原则（iconic sequencing），即语言成分序列与各自的事件范畴序列或人们认识世界的顺序之间有相似性关系，包括时间、空间、因果、条件等原则。

7.7.2.1　时间顺序原则

戴浩一在考察汉语时指出了汉语语序的一条重要原则即"时间顺序原则"（the Principle Of temporal Sequence，PTS），它指的是"两个句法单位的相对次序决定于它们所表示的概念领域里的状态的时间顺序"[①]。人们在认识世界的时候，往往遵循时间的前后顺序，"汉语中语序与时序之间存在较高的象似性"。

任何动作都是时间链条上的延伸。由于时间的一维性和不可逆性，具有顺承关系的构式不能随意调换位置。"一 A 一 B"中如果 A、B 不能够组合为一个词语，通常就按照 A、B 的动作先后来排序。如：一起一落、一进一出。"不 X 不 Y"在句法上具有序列性，符合事件的自然时间顺序。所以"不相识不打"是不成立的。"不见不散"中"见"是

---

① 戴浩一：《时间顺序和汉语的语序》，《国外语言学》1988 年第 1 期。

"散"的前提，从时间上来说"见"先于"散"。

7.7.2.2 空间顺序原则

人类对空间概念的各种感知顺序也反映在语序上。如对于方位的序列一般按"东南西北、上下、左右"等顺序，所以一般不说"西一口东一口"。

7.7.2.3 因果顺序原则

偏正紧缩构式重在揭示相互关联的事物之间的逻辑关系，如因果关系、条件关系，强调事物之间的主从或主次关系。前后易位会改变句法语义关系，导致语义重心差别，所以其前后易位也是不自由的。比如：因果关系的构式总是因在前而果在后，不能发生句法移位：

（88）越想越气。≠ 越气越想。

（89）一说就跳。≠ 一跳就说。

（90）买多少吃多少。≠ 吃多少买多少。

（91）怎么合适怎么说。≠ 怎么说怎么合适。

这几例因果关系构式易位后语义关系都发生了变化。

7.7.2.4 显著性原则

从认知的角度来看，显著性指的是某一事物或其某一方面具有典型性，也就是它属于某一认知范畴中的基本层次范畴。人类在基本层次范畴上进行大部分思维活动。人们往往先说出认识上显著的、先引起注意的成分，体现"顺序象似"原则。沈家煊认为，"事物显著度的差异有一些基本规律，例如，一般情形下，整体比部分显著，容器比内容显著，有生命的比无生命的显著，近的比远的显著，具体的比抽象的显著"[1]。比如：

（92）"请你给我一杯又黄又甜的咖啡，黄得像我的脸，甜得像你的脸。"（周腓力《洋饭二吃》）

此例的"又黄又甜"中"黄"诉诸人的视觉，"甜"诉诸人的味

---

[1] 沈家煊：《转指和转喻》，《当代语言学》1999 年第 1 期。

觉。而有形的比无形的更易感知，视觉的比味觉的更显著，所以"黄"在前"甜"在后。

（93）我希望他们可以变得<u>没心没肺</u>别那样牵挂我。（卫慧《上海宝贝》）

通常认为是"心"重于"肺"，所以此例优先选择"没心没肺"。在北大语料库中，搜集到的全是"没心没肺"用例，共 47 例，没有"没肺没心"用例。

当"显著性原则"跟"构词顺序原则"发生冲突的时候，显著性原则会起到主导作用，以 A、B 语义凸显的程度来排序。比如：

（94）我带的 4 个脑瘫孩子都是……他们无亲无故，<u>没名没姓</u>，是国家把他们抚养成人，所以他们都姓"国家"的"国"。（《人民日报》1994 年第三季度）

例（94）中"姓名"是正常的组词顺序，但是在"没 A 没 B"结构里恰恰相反，这主要是因为"名"比"姓"更有区别性。

7.7.3　文化规约原则

紧缩构式的位序排列还受文化、民族、习俗等社会因素影响。"因为语言是文化的载体，语言结构必然在一定程度上反映该语言群体的文化民族习俗观念。"① 文化规约原则或说是文化象似性原则主要表现在尊卑、优劣和主次、语义褒贬等方面。

在对举及"不（没）A 不（没）B""一 A 一 B"等紧缩构式中，一般总是"肯定项在前，否定项在后；褒义词在前，贬义词在后"。而褒义词往往表示肯定，贬义词往往表示否定。沈家煊（1999）指出，"在一对反义词中，表示正面义的词总是在前，表示负面意义的词总是在后；对于任何一种语言，总是正面词为无标记项，反面词为有标记

① 邵敬敏：《汉语框式结构说略》，《中国语文》2011 年第 3 期。

项……从认知上来说，人们总是比较容易注意那些<u>显著特征</u>。"① 这是因为人总是注重追求好的一面，抛弃坏的一面。在紧缩构式中，一般将评价高的事物或积极的情感放在前面，将评价低的或消极的情感放在后面。

如形容词"长、大、高、深、重"等的特征比相对的具有反义关系的"短、小、低、浅、轻"等更能引起人们的注意，一般不会说"短一声长一声""浅一脚深一脚"，而是"长一声短一声""深一脚浅一脚"。一般说"不大不小、不高不低、不好不坏、不赏不罚""一美一丑"，而相反的情况较少，如"不死不活"。

尽管部分构式位序在某些语用动因的影响下可以互换，但是其位序稳定的组合还是起主导地位，其位序存在一定的优选性。例如我们在北大 CCL 语料库中对以下用例进行了穷尽性的搜索及统计，结果也说明了这一点："没完没了"出现的频率远远高于"没了没完"（"没完没了"716 条，"没了没完"4 条）。

7.8 本章小结

本章从语用、认知视角观察了紧缩构式意义的构建，解释了紧缩构式形成、演变的动因及产生机制，揭示了紧缩构式的深层语义来源，总结出构式语义整合观，得出紧缩构式构式化进程中构式的整合度和主观性等级及位序原则。

紧缩构式的形成是语言经济原则、信息原则在不同层面上交互作用的结果。语言经济原则促发了构式化，语言信息功能塑造了语法结构，语境感染及使用频率引发了构式化。紧缩构式构式化、语法化的认知动因有：凸显、人们心理上的"完形"结构投射以及汉语的意合性基础。

---

① 沈家煊：《不对称与标记论》，江西教育出版社 1999 年版，第 180 页。

认知发生机制有：省缩、语义压制、重新分析、类推、概念整合、隐喻、转喻等。构式意义是构式语义压制的结果，是构式整体同部分互动过程。紧缩构式意义中框架义起基础作用。如果词汇义和框架义发生矛盾，那么词汇义便会受到框架义的压制，服从整个框架的语义。

概念整合过程涉及从两个输入空间向第三个空间（即整合空间）的概念映射，整合后浮现出新的主观化情态义。跨空间映射的基础是几种重要关系：部分—整体、原因—结果、时空、同一、相似、类比、意向等。概念整合过程被8个控制原则限制并优选。在整合框架中，隐喻、转喻和概念整合分别起着不同而相辅相成的作用。习语的常规化使其包含的隐喻和转喻隐含，形成非在线常规映现图式，并成为动态在线的概念整合的输入之一。习语可以通过框架的提取获得能产性，产生形式整合，形成修辞构式，使语言使用富有创造性。

构式形成过程中发生两种整合：构式义的来源整合和构式体义的来源整合。构式义包括一般框架义和习语比喻义。构式义的来源整合类型有照映整合、单畴整合、双畴整合。单畴整合包括单焦偏向式、隐喻糅合式和转喻截搭式。构式体义的来源整合类型有单型框架整合、双畴习语整合。框架整合表现为框架意义和词汇意义的相互作用，即构式框架义+词汇义=构式体义；习语整合表现为习语空间与话语感知空间的整合，即习语隐喻转喻义+话语义=构式体义。习语整合中存在两次映现，习语空间本身是一个隐喻、转喻的常规化映现。

整合语义观是语言输入从记忆中提取意义框架，抽象概括的构式义和其他成分义共现，构建具体的语境中的合适的"整合"意义，即构式体义。紧缩构式可分为三个层次的凝固化整合等级。紧缩构式的主观性强弱是有等级差别的。紧缩构式排列顺序有规可循，遵循构词顺序、认知顺序和文化规约原则。

第八章

紧缩构式群的多重语义承继系统构建

本章从 Goldberg 对理据及承继关系的描写入手，运用构式语法承继理论、语法化理论，通过典型个案分析，探寻"爱 X 不 X"类紧缩构式的动态构式化发展演变过程，在历时、共时层面论证汉语相关紧缩构式之间的承继链接关系和理据性关联，构建紧缩构式群的多重语义承继系统。

8.1　紧缩构式群的概念

"紧缩构式群"指相关构式形成的紧缩构式集合。如"爱 X 就 X、爱 X 不 X、X 就 X"及其相关构式"爱 XX、爱谁谁、XX 吧"就是汉语中一组具有承继关系的紧缩构式，它们同中有异，因理据而存在承继链接，形成一个"爱 X 不 X"类紧缩构式群。

随着语言的不断发展，语言的表达方式也在不断丰富。一个新优化关联的产生并不意味着旧关联的必然消亡，它们会长期共存，以满足不同的表达需要。紧缩构式群在多种相关形式长期并存中形成多重语义承继网络。

8.2　紧缩构式的多重语义承继网络

8.2.1　关于理据、承继概念

构式具有承继性。构式理据与承继是研究构式概括的重要概念。理据是介于预测性（predictability）和任意性（arbitrariness）之间的概念，是构式之间存在承继链接的客观依据。承继是语言概括的一种方法，承继关系描写的是构式与构式之间的异同联系①。

Lakoff（1987）为"理据"这一术语作了如下定义：如果一个构式的结构承继了语言中其他构式的结构，那么该构式在一定程度上具有理据。认为如果构式 A 以构式 B 为基础，构式 A 就会承继构式 B 中与其自身无矛盾的所有特征。Goldberg（1995）吸收与消化了构式语法其他流派关于构式之间承继链接的描述，从认知语言学的角度出发，对构式之间的关系进行了描写，提出构式之间具有层级承继关系（inheritance hierarchies），得到关于构式之间的概括（generalizations）：

语言中整个构式的集合是一个网络，在语义和句法上相关联的两个构式之间存在非对称正常样式承继链接（asymmetric normal mode inheritance links），因此在理据上也互相关联。这就是说，如果构式 A 和构式 B 之间存在一定程度的承继链接时，构式 B 承继构式 A 的某些句法、语义和语用特征，构式 A 就是构式 B 存在的理据。

Goldberg 不采用完全承继模式（the Complete Mode），允许多重承继（multiple inheritance），认为一般情况下承继系统是"缠绕的"（tangled），即"有向非循环图形"；主张"正常承继模式"（Normal Mode

---

① 顾鸣镝：《关于构式承继及其理据的可探究性研究》，《北京交通大学学报》（社会科学版），2012 年第 2 期。

Inheritance），允许次规则和例外存在，只要层级承继关系中的上位构式（支配构式）和下位构式（被支配构式）之间的信息不矛盾，该信息就可以得到承继，某个下位构式就存在能够承继上位构式部分信息特征的可能性。[①]

构式语法有一个统一严密的体系，构式集合不是杂乱无章的。现代范畴理论认为，"大多数范畴是围绕原型建构的、具有家族相似性的边界模糊的辐射状结构。"[②] 从原型范畴角度，构式与构式之间有着密切的关联，一起形成一个相似性家族，不同的构式"通过承继联结组成关联网络"。紧缩构式紧缩的连续统、紧缩链条正好体现了构式之间、构式内部的语义关系。紧缩构式有原型语义特征，还有系统的扩展形式，凸显整合、承继的过程建立在强调理据信息的基础上。

8.2.2 承继类型

紧缩构式的承继类型分为外部承继和内部承继、历史承继和共时承继。

8.2.2.1 外部承继

外部承继的构式在共时平面上互补，在语义语用上各有分工和交叉，能概括出不同但有关联的构式义。构式之间的共同点构成共性，这些共性本身也是一个构式，该构式的特性通过遗传关系传给更加具体的构式。

如"谁……谁……、哪里……哪里……、怎么……怎么……"类疑问关联构式群、"没A没B、不A不B、非A不B"类否定构式群、"一A就B"类主观大、小量构式群、"大……大……、大……特……"

---

① Adele E. Goldberg：《构式：论元结构的构式语法研究》，吴海洋译，北京大学出版社，2007年版，第71页。

② 赵艳芳：《认知语言学概论》，上海外语教育出版社，2001年版，第36页。

类特殊构式群内部构式之间的承继关系都属于外部承继，我们将另文研究。

8.2.2.2　内部承继

内部承继指构式的内部差异性，指在构式化过程中原型构式的一系列相关变体（即子构式）及同一个构式内部的语义偏移，可视为承继链接的扩展。

Goldberg（1995：33；2003：3-4）提出：同一个形式可以与不同的意义相匹配，即一个构式可以有多个构式义，在这些构式义里，有一个是中心义，以此为基础引申出其他的意义。即同一个构式也有原型义和派生义之分，有一个密切相关的家族义。它们语法化程度不同，典型性不同。

一种语言的构式总量是有限的，构式的构成也总是趋于稳定的，不会因为不断萌生的表达动因而发生急剧的变化，这样只能是从原先单一的原型构式义（中心义）引申出越来越多的非原型义（非中心义），构式也在这一基本义派生过程中演变成多义结构，是去范畴化过程。构式存在多义性与原型—扩展特点，因此，构式义可能被细化甚至发生偏离。

在进行构式义的语义概括时，我们其实已经将许多复杂的意义成分作为默认的条件隐含掉了。而这些默认条件的丢失，就使构式的中心意义发生了变化而引申出一种新的意义来。

紧缩构式在表达深层意义的基础上，还可能具有不同的感情色彩意义。李宇明从量范畴的角度称这种感情色彩为"语势"，"指的就是说话人的情感在语言中的反映，是言语情感的'量'①"。紧缩构式所表现出的抽象的肯定、否定、容让的主观性意义和其在具体语境中表达的褒贬、积极消极的感情色彩并不完全一致。"不（没）X不（没）Y"在不同程度上都表示"否定"的意义，但因不同成分的嵌入和不同语境而具有多义性。否定义的紧缩构式既可表消极的贬义也可表积极的褒

---

① 李宇明：《汉语量范畴研究》，华中师范大学出版社，2000年版，第68页。

义，如"不折不挠"是褒义，而"不死不活"则是贬义。再如容让构式"X 就 X"则可表示赞同、不满、生气等多种感情色彩义。

疑问类紧缩构式可表示存在量化的肯定和全称量化的肯定，出现在不同情态环境中。"V 来 V 去"由空间位移类偏移到抽象非空间位移类，语义发生了变化。

"构式之间可以有一系列不同但相关的语义，可认为是一种广义的一构多义现象"（Goldberg 1995）。语言中存在着同义构式，或者严格地说存在着近义构式。紧缩构式内部还存在着同义构式，它们是同一构式的不同变体。对于构式 a、b、c 之间的关系，我们可以有这样的假设：语义框架相同，a、b、c 是同一种构式的不同变体。如"爱去就去——爱去去——爱谁谁""去就去——去去吧""一 V+就是+数量NP——一 V+就 V+数量"。但在这些变体里，a 是母式，以母式 a 的构式义为中心意义、原型意义（prototypical sense）、基本义，以此为基础概括、引申出其他形式的次原型意义、派生义，b、c 是由母式派生的子式，b、c 的形成是由中心的构式义向非中心义引申偏离的过程，这就形成了"典型成员—非典型成员—边缘成员"的连续统，形成无形的表义链。它们所包含的构式意义有强弱之分，梯度性变化。

总之，构式义是有层级的。其中含原型意义的母式派生发展出非典型意义的子式。构式本身有多个意义。派生的构式体义都隶属于最高层面的原型中心构式义，它们都是抽象概括的构式义在具体语境中的实际兑现或派生。语境中的意义虽然不同，但共享同一个原型义。构式义是可变的，紧缩构式通过派生、语义偏移、多重承继等方式构成一个相似性家族。

8.3　"爱 X 不 X"类紧缩构式的构式化演变过程

"爱 X 不 X"类紧缩构式既互补又有交叉，在语用、语篇功能上呈现出异同。它们已引起了不少研究者的关注，如吕叔湘（1980）、许维翰（1982）、朱清林（1987）、陈建民（1991）、于默（1996）、武柏索（1998）、范晓（1998）、张卫国（1989、1992）、迟永长（1995）、李卫中（2003）、刘祥平（2005）、江胜利（2004）、刘承峰（2004）、江蓝生（2007）、吴爱（2007）、吴长安（2007）、丁加勇、易磊（2009）、李文浩（2009）、李宗江（2009）、郭圣林（2009）、沈彩云（2011）、李思旭（2015）等论述了此类结构的音节选择、语义、来源、语法化过程等。但前人对单个构式研究较多，对构式之间的承继关系研究较少。下面我们借鉴构式语法承继理论、语法化理论，基于 CCL 语料库，对"爱 X 不 X"类紧缩构式从松散的分析型双小句不断缩并为粘聚的新句法结构的动态构式化发展演变过程进行描写。

我们对北大 CCL 语料库中相关构式及结构的不同时代语料分布情况进行了统计，结果如下表：

表8.1　　　"爱 X 不 X"类紧缩构式及相关结构不同时代①使用发展情况

分布时代＼类别		爱 X，就 X	爱 X 就 X	爱 X 就 X，不爱 X 就不 X	爱 X 不 X	爱 X X	爱 X 谁 X 谁	爱谁谁	X 就 X
近代	例数	6	**16**	4	**19**	**3**	7	**0**	**3**
	频率	0.3	**0.79**	0.20	**0.94**	**0.15**	0.35	**0**	**0.15**
现代	例数	0	**24**	1	**22**	**22**	3	**0**	**27**
	频率	0	**31.65**	1.32	**29.02**	**29.02**	3.96	**0**	**35.61**
当代	例数	0	**195**	1	**141**	**64**	19	**32**	**235**
	频率	0	**3.40**	0.02	**2.46**	**1.11**	0.31	**0.56**	**4.09**

注：频率为千万分比。

---

① 我们统计了 CCL 语料库中的用例。现代汉语语料 581 794 456 字符，其中，当代 574 212 449 字符，现代 7 582 007 字符；古代汉语语料 201 668 719 字符。

由上表可知，"爱 X 就 X""爱 X 不 X""爱 XX""X 就 X"等四种紧缩构式最早从明清时代白话小说里开始零星出现，到现代开始增多，使用频率稳定，但直到当代频率才迅猛增加。"爱 X 就 X""爱 X 不 X"同时出现，且用例相当。"爱 XX"在近代出现较少，到现代、当代平稳发展，用例较少。"X 就 X"在近代最后出现，用例偏少，但发展到现代、当代用例最多。"爱谁谁"到当代才最后出现，用例最少。此类构式总体数目较少。"爱 X，就 X；爱 X 就 X，不爱 X 就不 X"还处于非构式阶段，即构式化过程中，"爱 X 谁 X 谁"处在构式进一步发展中。它们的具体形成路径如下：

8.3.1　结构比较紧凑的假设性复句"爱 X，就 X"

（1）"等到家时，横竖是还姐姐，那时姐姐<u>爱送谁，就送谁</u>。"（文康《侠女奇缘（上）》）

（2）横竖我是抱定藏污纳垢、以身殉道的主张，凭你们<u>爱怎么说，就怎么说</u>。这还不客气么？"众仙听了，又哄然大笑起来。（无垢道人《八仙得道（下）》）

（3）郭襄道："唐玄宗投玉版时，杨贵妃是不是站在他身边？后来下雨了没有？"杨过哈哈一笑，说道："这个你可问倒我啦。看来老天爷<u>爱下雨便下雨，不爱下便不下</u>，未必便听皇帝老儿的话。"（金庸《神雕侠侣》）

这几例是复句，基本上还是客观陈述，表示具体的字面义、逻辑义、动作义。

8.3.2　构式"爱 X 就 X"

假设性复句取消中间的逗号，使两个小句的形式分界消失，紧缩成构式"爱 X 就 X"，有了主观性构式义，表示强调、肯定，含有"随心

所欲、自由任意、不在乎"的主观色彩。如:

(4) 贾珍便忙向袖中取了宁国府对牌出来,命宝玉送与凤姐,又说:"妹妹<u>爱怎样就怎样</u>,要什么只管拿这个取去,也不必问我。……"(曹雪芹《红楼梦(上)》)

(5) 胜三爷左手持着老贼的刀柄与腕子,右手的刀,此时是<u>爱扎就扎</u>,<u>爱剃就剃</u>。(张杰鑫《三侠剑(中)》)

(6) 看了天赐一眼,画小人呢! 随他的便,<u>爱画就画</u>吧,自要不出声老实着就好。(老舍长篇2《牛天赐传》)

(7) 不管你了,你<u>爱怎么写就怎么写</u>吧。(王朔《一点正经都没有》)

这里四个构式表示"爱干什么干什么"的主观义,而具体动作性已减弱。

8.3.3 正反并列复句"爱 X 就 X,不爱 X 就不 X"

在构式"爱 X 就 X"基础上再加上一个否定小句就构成小句独立性强的正反并列复句"爱 X 就 X,不爱 X 就不 X"。如:

(8) 朱得贵越发怒道:"我说的是真话。我那里来的病! 你老<u>爱帮钱就帮</u>,<u>不爱帮钱就不帮</u>! 天在头上,各人凭良心说话。(李宝嘉《官场现形记(上)》)

(9) 梁兴郎说:"你怎么讹人哪?"家人说:"不讹人,你<u>爱瞧就瞧</u>,<u>不爱瞧不瞧</u>。"(郭小亭《济公全传(三)》)

以上例句的出现时间比"爱 X 就 X"稍迟一些。

8.3.4 构式"爱 X 不 X"

"爱 X 就 X,不爱 X 就不 X"经省缩、整合,重新分析后形成新构式:爱 X 不 X。"爱 X 不 X"构式的表层义是"选择",实际是表达一种"随便对方 X 不 X""不 X 拉倒"的无所谓、不相干或不满的态度，意义更加主观化、情态化。而扩展双小句"爱 X 就 X，不爱 X 就不 X"的语义跟紧缩构式有差异，其感情色彩比较中性，不像"爱 X 不 X"那样消极、负面。如：

（10）茶博士道："这是小人一点敬意。公子爷<u>爱用不用</u>，休要介怀。请问公子爷是吃茶，是饮酒，还是会客呢？"（石玉昆《七侠五义（上）》）

（11）"爷儿三个上坐，我们娘儿四个陪着。我们就是这么个糙礼儿，姑老爷<u>爱依不依</u>。不你就别吃，还跟了你那块大哥吃去。"（文康《儿女英雄传（下）》）

（12）自打我参加工作，我就没给过吃饭的好脸子，<u>爱吃不吃</u>，不吃就滚，谁也没请你来。（王朔《千万别把我当人》）

例（10）还可看出"爱用不用"是"随便用不用"义，浮现义不很明显。而例（11）"爱依不依"已是"不依拉倒"义了。例（12）则更显示出不满的情绪。

随着构式化的进一步发展，"爱 X 不 X"最后变为与否定式语义相近，在晚清时出现否定义，有 6 例。如：

（13）为什么你们先生见了我的面总是那一副<u>爱理不理</u>的样儿，连好好的一句应酬话儿都没有讲过？（张春帆《九尾龟（三）》）

8.3.5　构式"爱 XX"

"爱 X 就 X"在口语中"就"可以脱落。构式"爱 XX"由"爱 X 就 X"在口语中进一步省去关联后标"就"而成，结构更加紧凑。此构式在近代只有 3 例，表明它在"爱 X 就 X"后刚开始出现。如：

（14）兜囊掏出几块散碎银子，交与掌柜的自己平，<u>爱平多少平多少</u>，掌柜的把银子收下。（郭小亭《济公全传》）

（15）把他押到慈云观，送到祖师爷那里去。把他的妻子女儿，叫

祖师爷<u>爱给谁给谁</u>，祖师爷那里有乾坤所妲女营。（郭小亭《济公全传》）

（16）前者破慈云观有雷鸣、陈亮，我给他们拢上对，<u>谁爱杀谁杀谁</u>，他一气必走……，我好走我的。（郭小亭《济公全传》）

此构式到现代以后发展定型、增多，到当代后继续增加，但数量有限。如：

（17）太太声明不再管请先生了，"爱念书不念，<u>爱怎闹怎闹</u>！不管了，管不着！孩子大了没出息，别怨我，我算尽到了心。"（老舍《牛天赐传》）

（18）"<u>爱去去吧</u>，但我不行，这几天公司正忙着呢，我得早点上班。"（网络《潮落三亚湾》）

"爱XX"中"X"除动词外，仅限于疑问代词"怎、咋、哪儿、谁、啥"，如"爱信信、爱怎怎、爱咋咋、爱谁谁、爱哪儿哪儿"：

（19）<u>爱咋咋地</u>！（小品《昨天今天明天》）

"爱XX"表面上看是动词"爱"后面加一个动词或疑问代词重叠式，其实也是由同谓双小句紧缩而来的，由偶标"爱X就X"进一步紧缩而来。例如"爱怎么VP就怎么VP"省去"就"，变为"爱怎么VP怎么VP"：

（20）被调查者对这本书的态度也不一样，有的很气愤，……有的表示，小说也就那么回事，<u>爱怎么写怎么写</u>。（《作家文摘》1993A黄晓《穷棒子王国》纠纷案）

值得注意的是，"爱X就X、爱XX"中的X大都有疑问代词在里面。

8.3.6 构式"爱谁谁"

"爱谁谁"与上面一般的"爱XX"不同，前者是进一步凝固的习语，没有框填的能产性，后者却是能产的。"爱谁谁"在近、现代语料中都没检索到用例，直到当代才出现，说明此构式是"爱XX"历时发展、演化且进一步习语化的结果。

"爱谁谁"从同谓复句紧缩到三字格，经历了以下紧缩过程，其内部语法化程度不同：

　　a. 爱 X 谁，就 X 谁→　b. 爱 X 谁就 X 谁→　c. 爱 X 谁 X 谁→
d. 爱 X 谁谁→　e. 爱谁谁

b 式省略逗号，使两个小句的形式分界消失；c 式省去连接词"就"；d 式省去后一小句的动词，使两个小句紧缩为单句；e 式连前一小句的动词也省去。

从感情色彩看，同谓双小句相对比较中性，而随着结构的缩短，语法化程度的加深，"任随、管不着"的冷漠消极的主观感情色彩越来越浓。"爱谁谁"这种新结构很简洁，感情色彩鲜明。它得以在使用中推广开来，从而完成了句式的演变。如下面的例句体现了"爱谁谁"的构式化过程：

（21）"到你这儿买家具，当然要找你了！""你这说法不对，再说一次，你<u>爱找谁就找谁</u>，我们态度已表明，只负责联系。"（1994 年《报刊精选》03）

（22）"我<u>爱填谁填谁</u>，组织处不是说保密吗！"（刘震云《单位》）

（23）你说没违章就行啦；<u>爱谁谁</u>，违章就不行。（《读者》合订本）

例（23）是"不管是谁"义，跟例（21）（22）的"任意找谁、填谁"义已完全不同，表示一种无所谓或不耐烦、无条件肯定的态度和情感，表明此构式已定型化。表 8.1 中"爱 X 谁 X 谁"的语料统计也显示了其从近代到现、当代的发展过程，并清楚地表明其处于"爱 XX"和"爱谁谁"的中间环节。

"爱谁谁"是进一步紧缩形成的构式。"爱谁谁、爱怎怎、爱哪儿哪儿"等都是继续缩掉动词而形成。如由上面提到的"爱怎么 VP 怎么 VP"再继续进一步省去 VP，变为"爱怎么（着）怎么（着）"，口语中再缩成"爱谁谁、爱怎怎、爱咋咋"，语气生硬，态度很不满。如：

（24）陆尼古认为儿孙自有儿孙福，他们**爱怎么着怎么着**，自己拿点退休工资，喝点革命小酒……如此安度晚年就行了。（池莉《你以为你是谁》）

可见，"爱谁谁"与"爱哪儿哪儿""爱怎怎""爱咋咋"等都是由"爱 VP 就 VP"双小句紧缩而来的，构式不断省略逗号、关联词"就"、前后小句的动词，产生了特殊的构式义，成为一个难以直接从字面上理解的短语。"爱哪哪、爱怎怎、爱咋咋、爱啥啥"意思跟字面上有关，但是主观性、语法化程度增强。而"爱谁谁"的语义从字面上更难看出，语义泛化、虚化最明显，已发展出跟字面义无关的意义，其构式化后继续进一步语法化、习语化，有"爱怎怎、爱咋咋"等义。参照江蓝生（2007）① 研究，其构式义变化的具体过程如下：

a. 随便是谁（谁都可以，有所指范围）

（25）"反正是代课老师，**爱谁谁**，我们肯定不难为他，不给你丢脸就是了。"高同一边吃一边说。（皮皮《比如女人》）

b. 不管是谁（任指）

（26）而它——身体、百分之百是先天的，特立独行，甚至连我本人也无法左右它，它只对自己负责，珍重自己的皮、肉、血管、神经和细胞，狂热追求舒适安然。一遇侵犯，哪怕是我施加的，它也抵制、不服从**爱谁谁谁**。（王朔《看上去很美》）

c. 谁爱怎么着怎么着（与我无关）

（27）"哎，你们说，"南希转晴一想，笑了，"如果我不管你们那么许多，唱歌的可劲造，弹钢琴的**爱谁谁**——你们也没办法吧？"（王朔《谁比谁傻多少》）

（28）难得郭德纲的敢说敢为，难得十年抹不去的棱角，难得再大压力也不低头，难得我就是我，**爱谁谁**，自己想干的事就去努力实现！（郭德纲相声集）

---

① 江蓝生：《同谓双小句的省缩与句法创新》，《中国语文》，2007 年第 6 期。

d. 爱怎么着怎么着（听天由命，无所谓）

（29）小西一个人在家里收拾东西装箱，收拾了一半，火了，这叫什么事嘛，人家都好好地在家过年，她却得去上山下乡！一屁股在沙发上，不去，坚决不去，爱谁谁！（电视电影《新结婚时代》）

由 a 到 d "爱谁谁"三字格语义不断虚化：a 类的"谁"有明确所指——代课老师，但整体构式义已跟字面义"爱"无关。b 类的"谁"是任指，已有所虚化，甚至可以有三个"谁"连用情况。c 类的"谁"兼指人和事。d 类"谁"跟人无关，相当于"怎么"，虚化程度最深，它已抽象、词汇化，类似于"无所谓""随你的便"，起篇章连接作用。

可见，从近代形成的"爱 X 谁 X 谁"，发展到当代的"爱谁谁"，在这个发展过程中，构式的语义经历了一个由实到虚的逐渐演变的过程，构成了构式语法化的连续统。

8.3.7　构式 "X 就 X"

此类 "X 就 X" 由 "爱 X 就 X" 中的部分构式（主语是第二、第三人称，语气委婉）省略"就"发展而来，表示容忍、委婉语气，"确认、认可"意义是构式原型意义。如：

（30）"你找女朋友就找呗，谁也没不让你找。"（王朔《无人喝采》）

例（30）的"找女朋友就找呗"相当于"爱找女朋友就找呗"。

"X 就 X" 在近代出现很少，共有 3 例。但只有 1 例是由 "爱 X 就 X" 中的部分构式发展而来。它由动词义语法化，产生出一种新的主观化情态义，表示容忍、委婉。如：

（31）咱们二人不如上吊死了倒好，省得受那些个罪过。"高源说："上吊就上吊吧。"二人拴好了套儿，刘芳说："你先伸脑袋。"（清《彭公案（二）》）

例（31）的"上吊就上吊吧"相当于"爱上吊就上吊吧"。

8.3.8　构式"XX 吧"

"X 就 X"还经常紧缩成"XX 吧"的形式,"XX 吧"由"X 就 X"省略"就"而来,表达一种无能为力、不想面对、懒得搭理的心情。这到现代以后才出现,很多方言中都有这种表达。如:

(32) 花就花吧。→花花吧。(自拟、方言)

(33) 杀就杀吧。→杀杀吧。(同上)

以上"爱 X 不 X"类系列紧缩构式从复句到最简的"爱谁谁、XX 吧"形式,层层缩并,不断缩减语音停顿、(后件)主语或关联词语、动词等,表现出不同程度的紧缩度。"爱谁谁、XX 吧"紧缩度最大,"爱 X 不 X"是双层跨层紧缩。构式演变的起始状态是有关联词语的假设性复句"爱 X,就 X",由于有语音停顿和关联词语,复句逻辑关系明确,无明显虚指义,形义之间对应关系透明,不违实。因此,构式合格度低,但可作为其构式化的语言基础。"爱 X,就 X"省去中间的逗号,构式化为"爱 X 就 X"。在构式"爱 X 就 X"基础上再加上一个否定小句构成小句独立性强的正反并列双小句"爱 X 就 X,不爱 X 就不 X",经省缩后形成新构式"爱 X 不 X"。"爱 X 就 X"还可直接省缩为"爱 XX","爱 XX"又可进一步习语化为"爱谁谁"。"爱 X 就 X"系列中主语是第二、第三人称的部分构式继续省略"爱",形成"X 就 X"系列之一"X 就 X1"。而"X 就 X1"又经常紧缩成"XX1 吧"的形式。

总之,"爱 X 就 X、爱 XX、爱 X 不 X、爱谁谁、X 就 X1、XX1"是不同程度的紧缩构式。由复句"紧缩"成构式,在历时发展演化过程中发生了构式化,构成了一个紧缩内部的连续统。从"爱 X 就 X"到"爱 X 不 X""爱谁谁",构式透明度逐渐降低,紧缩度、构式度逐渐增高。紧缩程度最高的最简形式删略了所有能删略的成分,如一些固定格式:XX 吧、爱 X 不 X,有的已经凝结为固定习语形式,如:爱谁谁。

8.4 "爱 X 不 X" 类紧缩构式群复杂的承继链接系统及关联理据

下面我们在对"爱 X 不 X"类紧缩构式的构式化发展演变过程考察基础上，讨论"爱 X 不 X"类紧缩构式群的承继系统与关联理据。

8.4.1 外部承继：假设复句——爱 X 就 X——爱 X 不 X、X 就 X

根据"语法形式无同义原则"，我们认为，"爱 X 不 X"类构式之间体现了同中有异的平行关系，它们虽然句法形式不同，但在语义或语用上又各有分工和交叉，它们共同承继了基于假设复句的部分平行理据，具有最大的理据相关性。它们在原型构式义上有交集，是有承继关系的构式，能概括出有关联的共通的构式义：表达强烈主观情绪、态度"任意、无所谓"。外部承继体现了共时平面上的互补。它们的具体承继关系链条为：

8.4.1.1 假设复句——爱 X 就 X

"爱 X 就 X"平行承继了基于源形式（假设复句）的部分理据，如逻辑信息特征等，假设复句是此构式群存在的理据。但紧缩构式和相应的一般复句存在语义异指。它们虽然字面义、逻辑义基本相同，但同义句之间仍存在细微差别，构式义不同。这两种结构在话语—语用功能上有客观性和主观性之别。一个是陈述事实的客观性，一个是渲染事态、表达情感，有较强的主观性。紧缩构式表达的并非表层各种词汇句法语义和逻辑关系，而是凸显蕴含在构式深层的主观意义，即字面上看不出的隐含义。通过两个部分的融合，于表层语义之外形成了新的深层语义。

"爱 X 就 X"构式语义偏于强调肯定义，带有说话人的某种情绪态度和较强的感情色彩，含有"随心所欲、自由任意、不在乎"的主观色彩。如：

（34）她母亲说："彬格莱先生，等你把你自己庄园里的鸟儿打完以后，请到班纳特先生的庄园里来，你爱打多少就打多少。"（《傲慢与偏见》）

8.4.1.2 爱 X 就 X——爱 X 就 X，不爱 X 就不 X——爱 X 不 X

"爱 X 不 X"是个跨层结构，承继了正反并列双小句"爱 X 就 X，不爱 X 就不 X"的理据特征。两个紧缩结构压缩为一，省略其中部分内容成为单命题构式，经历了一个跨层的语法化过程。构式整合的句法操作消除了事件的选择性"爱 X 还是不 X"。从话语功能来看，整个表述从客观陈述转化为主观评述，偏负面、消极色彩，表达"无所谓、随便、不满"的态度和抽象的否定贬抑义。整个构式具有不可分析性和强调表义功能，不能从其组成部分或典型"爱 X 就 X"中严格预测出来，所以是更典型的构式，是和"爱 X 就 X"有承继关系的下级子构式。如：

（35）我把话说完了，你爱听不听！（海岩《便衣警察》）

语法化过程和承继一样，都有历时和共时之分。语料考察结果表明：虽然我们预想、假设中"爱 X 不 X"和"爱 X 就 X"在逻辑上应有个先后承继的过程，但历史语料事实上并没有表现出来，而是两者同时出现，且出现数目也差不多。因此，可以说"爱 X 不 X"和"爱 X 就 X"之间有共时承继和语法化发展。

"爱 X 不 X"在语义上承继"爱 X 就 X"的构式义"随便、无所谓、与我无关"义，但在特定语境的作用下，产生了新的浮现意义（emergent meaning）。从构式演变来分析，新的构式中选择义隐退，主观评价义凸显，强调肯定义分化出强调贬抑义。从认知角度看，"爱 X 就 X"的原型构式义属于肯定域，构式从源形式（假设复句）表客观肯定，到表主观肯定（爱 X 就 X）、主观贬抑（爱 X 不 X），是一个典型的语义延伸过程。

（36）不管了，你*爱怎么写就怎么写*吧。（王朔《一点正经都没有》）

（37）董永生气地推开了他叔叔的手，说，你们*爱信不信*，我要回家了，七仙女还等我回去吃饭呢。（当代报刊《新天仙配》）

例（36）表主观肯定义，例（37）表主观贬抑义。

8.4.1.3　爱 X 就 X——X 就 X1

Goldberg 认为理据最大化原则是影响构式间承继链接的最重要的心理原则，而允许多重承继又可以有多个上位构式存在，那么究竟哪一个上位构式才是最大化的理据？

构式"X 就 X"有三种意义，同时有三个承继理据，其中之一是"爱 X 就 X"，X 就 X1 由它发展而来。

"爱 X 就 X"中因为有动词"爱"，所以是非现实的，只和"X 就 X"中的一种来源相同，即部分"X 就 X"承继了"爱 X 就 X"构式的理据，两者之间有部分承继关系。构式"X 就 X"的三个承继理据如下：

（1）你/他爱 X 就 X——X 就 X1 吧

"X 就 X1 吧"表肯定、容让，语气委婉，是对"负预期量"的宽容、让步。主语是第二、第三人称，用于对假设的未发生的某情景的表述、劝说。如：

（38）海丽娜 我一直是爱你的……现在你让我悄悄地走了吧……让我走……

赫米娅 好，你*走就走吧*，谁在拦你？

海丽娜 一颗发痴的心，但我把它丢弃在这里了。（翻译作品《仲夏夜之梦》）

（39）（玉梅）"用不着说别的，干脆两条路，要不就分家，要不就离婚"……玉生要离婚，金生问明了情由说："不用离！*分开就分开过吧*！分开有什么坏处呢？（赵树理《三里湾》）

例（38）"走就走吧"是你"爱走就走"的意思，是赫米娅对海丽娜上文要求走的回应和容让、认可。例（39）"分开就分开过吧"是"你们想分开就分开"的意思，是金生对玉梅和玉生的劝说。

（2）你/他要（让、说）我 X 我就 X——X 就 X2

"X 就 X2"语气强烈，表不满、无所谓、决断。如：

（40）要在小学，我非给这招吓哭不成。可现在我才不怕呢。出去？<u>出去就出去</u>！怎么着？（《刘心武选集》）

（41）"<u>认输就认输</u>，有什么了不起！"（古龙《陆小凤传奇》）

这里"出去就出去、认输就认输"是针对已经成为现实的对方的要求和不得不接受的客观情势而做出的决定，对它所涉及的言语事件而言是现实的并非假设，是对行动的承诺。

（3）你/他/我已经 X 就 X 了——X 就 X3 了

"X 就 X3"表示对已发生的事情的容忍、无所谓，后面常有"了"。

（42）不过刘锡彤总以为宝中堂一向念旧，有此大军机的靠山，<u>做错就做错了</u>，没有什么了不起。（高阳《红顶商人胡雪岩》）

（43）他弄着骗术一般："老太太你怎么还不明白？不是老早对你讲么？<u>死了就死了吧</u>！革命就不怕死，那是露脸的死啊……"（萧红《生死场》）

例（42）是刘锡彤对自己已经做错的事的错误的包容。例（43）是抗日志士"黑胡子"劝导王婆对她女儿已经被打死这件事持容忍、接受态度。

根据上面承继理据考察可知，"X 就 X1"承继了"爱 X 就 X"的语义，且常有"吧"跟在后面。

综上，构式"爱 X 就 X""爱 X 不 X""X 就 X"的外部承继关系的先后顺序是：假设复句（客观肯定）＞爱 X 就 X（主观肯定）＞爱 X 不 X（主观贬抑）＝X 就 X1（肯定、容让）。"爱 X 就 X、X 就 X1"逻辑上是假设关系，都是承继假设复句的理据而来；"爱 X 不 X"是选择关系，它们构式化后共同实现的都是一种无条件的选择关系——无论在什么条件下都有一个结果，与我或者某人无关。

8.4.2　内部承继：构式语义偏移、子构式

"爱 X 不 X"类紧缩构式内部承继包括两种情况：一构多义现象，即构式语义偏移；原型构式的相关变体（即子构式），可视为承继链接的扩展。

8.4.2.1　构式语义偏移

同一个构式内部也不可能是同质的，内部也会有渐变性的差异，主要体现在构式的语义演变，即构式的一构多义现象。

（1）"爱 X 不 X"由原型贬抑义"随便、无所谓、不满"扩展偏移为否定链接义"不愿意/爱 X"。

"爱 X 不 X"的基本构式原型义是表"无所谓、随便 X 不 X"，但随着构式化的进一步发展，构式在不同的句法位置或语境中语义整体发生扩展偏移，表现出与原型构式义偏离的否定派生链接，出现派生义"不愿意 X、不爱 X"，即语义偏向否定的一面，变为与否定式语义相近，凸显否定域，这是构式多义性的表现。构式表示"不爱 X"时隐含说话人对对象情态的一种主观评价：轻视、不耐烦、不友好的态度。其否定义产生的过程为：爱 X 就 X+不爱 X 就不 X——爱 X 不 X——不 X。

从语法化、构式演变的角度看，表示否定义的"爱 X 不 X"通过"选择—随便—否定"这样的语法化途径逐步虚化而来的。这是"随便、无所谓"义的合理衍生，显然"随便 X 不 X"是"不愿意 X、不爱 X"存在的理据。从认知角度分析，原型义"随便、无所谓"属于贬抑域，否定域的凸显衍生了另一种语义"不愿意 X、不爱 X"。如：

（44）他本来想心平气和地跟儿子讲一讲道理，可一看儿子<u>爱听不听</u>的样子，就止不住上了火儿。（刘舰平《小说三题·可口可乐》）

（45）最近有一天，我匆匆忙忙地去药店买阿斯匹林。营业员<u>爱理</u>

不理地瞥了我一眼，就掉过头去继续往架子上摆洗发药。(《读者》(合订本))

例（44）（45）是"不爱听、不爱理"之义，是"随便听不听、随便理不理"的扩展衍生。

（2）"爱XX"由表肯定扩展偏移到表达宣泄不满的情感。

"爱XX"原型义是偏于强调肯定义，含有"随心所欲、自由任意"的主观色彩，在具体语境中可有多个构式变体义，如表达宣泄不满的情感，主观情绪比较强烈。如：

（46）"物价放开，经营者定价自主，爱定多高定多高，政府管不着。"这种观点似是而非。(《市场报》1994年A)

例（46）是强调经营者可以随便、任意定价，肯定义。

（47）但是他也跟他家里头没有什么关系，他你爱有什么有什么我也不要，你也不给我，我也不跟你要。(《1982年北京话调查资料》)

（48）"你爱找谁找谁，我反正不掷！"(《邓友梅选集》)

（49）骂完了，她转身就走，临行告诉二奶奶，她要照常来干活，散了戏，小刘爱干什么干什么，跟她不相干。(老舍《鼓书艺人》)

这几例都是表达不满情绪。例（47）是增志对家里的态度，表现强烈不满的主观态度。例（48）是表明说话人"不管你找谁，我都不掷"的决绝的态度。例（49）是表达琴珠对小刘的强烈不满情绪。

（3）"X就X"由"确定、容让"义扩展分化到"决断、强烈否定"等义，语气由弱变强：

从话语层面看，"X就X"的语用意义可以表述为"让步接受、容忍决断义"，这一意义在不同的语境下与各种后续句结合，使构式呈现出更丰富、多层次的心理意义，且在不同的语境中会表达出不同的情绪倾向，如否定性的不耐烦、责备、无奈、听任、无所谓和不在乎等情绪性意义，产生由弱到强的不同的构式体义。比如：

（50）"别解释了。"我切着菜说，"来就来呗，人多还热闹。……"

（王朔《浮出海面》）

例（50）的"来就来呗"相当于"爱来就来呗"。

（51）结婚就结婚了嘛，何必还要这么多的讲究？（冯向光《三晋春秋》）

此例表示不以为然，极度不满的情绪。

（52）他一五一十把跟爱香的事情和盘托出，吹就吹，活该！吹了砸了也是报应，谁让自己干出对不起小玥的事情。（魏润身《挠攘》）

（53）出去就出去！尹小帆收拾了东西当真出去了。（铁凝《大浴女》）

这两例构式传达出不满、无所谓、决断的强烈主观态度、情绪。

8.4.2.2　原型构式产生相关变体（即子构式）

紧缩构式内部存在着同义构式，它们是同一构式的不同变体。Goldberg（1995）认为，构式有一种广义的一构多义现象，即当同一个构式内部渐变性的差异达到一定程度时，当这种差异通过量变达到质变时，另一个具有承继关系的相关子构式就出现了。① 这种现象是构式之间的内部承继链接，原构式就是新构式存在的理据。一个构式从原先单一的含原型意义的母式派生出非典型意义的子式，它们共享同一个原型义。但这类同义构式间的内部承继其构式义差别没有构式间外部承继差别大。下面几类构式可看作原型构式的相关变体（即子构式）。

（1）爱 X 就 X——爱 XX——爱谁谁

"爱 XX"承继"爱 X 就 X"而来，是同谓双小句"爱 X 就 X"经省略和紧缩而产生的，如"爱信信""爱怎样怎样"。而"爱谁谁"则比"爱 XX"抽象，整个构式进一步虚化、凝固为习语，抽象化、词汇化为一个感情色彩很浓的表现情绪的词，类似于"无所谓""随你的便"，起篇章管界作用。这跟代词"谁"是不定指疑问代词、在表义上

---

① 顾鸣镝：《关于构式承继及其理据的可探究性研究》，《北京交通大学学报》（社会科学版），2012 年第 2 期。

具有高度的抽象性有关。在这个承继演化过程中，构式的语义由实到虚，其词汇化、主观化程度也在发展。我们看：

（54）他没想到新太太也会生小孩。毛毛虫来了个满不理会。<u>爱生就生吧</u>，眼不见心不烦，他假装没看见她的肚子。（老舍短篇《毛毛虫》）

（55）"我觉得这样挺好，谁也不管谁，<u>爱干吗干吗</u>，也用不着一天老吵架了。"她出门把水泼在走廊里。（王朔《过把瘾就死》）

（56）我说，完了，我没戏了，证人找不着干系脱不清我认命了，也没劲跑了现就等着警察来抓了，<u>爱谁谁吧</u>。（王朔《玩儿的就是心跳》）

例（54）是"随便生"的肯定义。例（55）是"随便干什么"的无所谓义。而例（56）中"爱谁谁"构式化水平最高，已在构式化过程中丧失原来的词汇意义，虚化为话语标记语，是"随便怎样"的听天由命义，其语法意义表现在篇章连接功能上，表示肯定或强调的语气，有总结、管界功能。

（2）X 就 X——XX 吧

"X 就 X"构式中"X 就 X1""X 就 X3"可表达处在肯定和否定之间的委婉、容让语气，是隐标构式"XX 吧"的承继理据。"XX 吧"是"X 就 X"的变体，语气变弱，要与语气词共现，发挥代偿功能，使得紧缩构式关系很明确。如：

（57）你来就来吧。→你来来吧。（自拟）

（58）（他就爱乱花钱。）→他花就花吧。→他花花吧（自拟）

（59）（他已经死了。）死就死了吧。→死死吧。（自拟）

（60）又一想：<u>不认不认吧</u>，看这来头儿，认他也没有什么好处。（刘流《烈火金刚》）

综上，构式通过派生、语义偏移、多重承继等方式一起构成一个相似性家族。"爱 X 不 X"类紧缩构式群语义承继关系网络和平行理据为图 8.1 所示（I 为承继关系）。

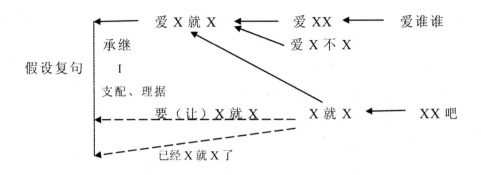

图 8.1　"爱 X 不 X"类紧缩构式群的语义承继关系网络

　　此类构式群承继关系可描述为："爱 X 不 X"类紧缩构式继承了基式的理性义、字面逻辑义，增加了主观义，构成了紧缩内部的连续统。"爱 X 不 X"类紧缩构式群使用上各有不同，但又具有理据关联，形成具有承继关系的构式网络。"爱 X 就 X、X 就 X"共同平行承继了源形式假设复句的部分平行理据，假设复句的逻辑关系得到承继。"爱 X 不 X"承继正反并列双小句"爱 X 就 X，不爱 X 就不 X"，"爱 X 就 X"系列中部分与"X 就 X"系列的一个意义之间有承继关系，"X 就 X"系列中的"X 就 X1"在承继复句理据基础上同时又承继了"爱 X 就 X"构式的部分理据。这是构式的外部承继。"爱 XX"承继"爱 X 就 X"，"爱谁谁"承继"爱 XX"；"XX 吧"承继"X 就 X"；"爱 X 不 X""X 就 X"构式还发生语义偏移。这是构式的内部承继。

8.5　本章小结

　　本章是对具体构式群的个案描写与考察。在对大量语料进行观察基础上，第一次提出"紧缩构式群"的概念，并运用构式语法承继理论、语法化理论，对"爱 X 不 X"类紧缩构式群的个案进行系统比较，考察相关紧缩构式的动态构式化、语法化发展演变过程、路径，纵向、横向论证它们之间的复杂的承继链接系统和存在理据，构建此类构式群的语义承继关系网络。

考察表明，"爱 X 就 X、爱 XX、爱 X 不 X、爱谁谁、X 就 X1、XX1 吧"同样是从假设复句中承继理据，却由于结构、语义关系的不同导致了不同的扩展方向，在使用上存在差异，在现代汉语共时平面上互补，满足多种表达需要。此类表达式在平行理据下又继续分化、扩展、合流，在语用中发生竞争，重新调整语用、语篇功能和使用范围。

"爱 X 不 X"类紧缩构式由复句层层缩并，形成了一个语义由实到虚的构式化连续统。"爱 X 就 X、爱 X 不 X、X 就 X"构式从明清时期开始零星出现，到当代大量增长，同时"X 就 X"还产生变体"XX 吧"。"爱谁谁"到当代才最后出现，用例最少。

"爱 X 不 X"类紧缩构式群有历史承继的先后，其构式化过程中语法化程度有差异，形成历时、共时交织的多重承继关联网络，假设复句是这组构式存在的理据。"爱 X 不 X"类紧缩构式的承继类型有内部承继、外部承继；共时承继、历时承继。其外部承继为：假设复句（客观肯定）>爱 X 就 X（主观肯定）>爱 X 不 X（主观贬抑）= X 就 X1（肯定、容让），外部承继在共时平面上互补。内部承继包括：构式语义偏移、原型构式产生相关子构式变体。前者如："爱 X 不 X"由贬抑义"随便、无所谓、不满"偏移为否定义"不愿意/爱 X"，"X 就 X"由"确定、容让"义分化为"决断、否定"义，产生一系列变体义。后者如："爱 XX"承继"爱 X 就 X"，"爱谁谁"承继"爱 XX"。"XX 吧"承继"X 就 X1"。构式承继过程伴随着修辞化、主观化、语法化、词汇化进而标记化、习语化。而"爱 X 就 X"是此构式群的原型构式，"爱 X 不 X"是典型构式。

结　论

9.1　本书的主要观点

本书基于语料库的大量真实语料，以构式语法为理论指导，借鉴语法化、词汇化、主观化等理论，围绕"构式—构式义—构式义来源"这条主线，通过个案描写与共性概括相结合方式，尝试从多维立体的视角对现代汉语紧缩构式的句法、语义、语用语篇、认知等进行了全面系统的阐释，考察汉语紧缩构式的动态构式化、语法化发展演变过程、路径、特征及生成动因、机制，并对汉语典型紧缩构式群的多重承继系统进行了深入的理论建构与实证研究。

从构建紧缩构式的概念范畴出发，对其句法形式特点进行了描写，厘清了构式义和构式体义的界限，深入分析了紧缩构式的内部语义配置关系。在讨论紧缩构式潜在语义基础上，从"情态"和"量"两个维度出发，概括出其深层凸显的主观性构式义，并对其具体类别进行了细致描述，探讨了构式义和词汇义之间的互动选择关系，考察了其语用语篇功能，探寻了紧缩构式及关联标记历时平面中的句法、语义发展演变轨迹及语法化层级系统，并从语境感染、凸显、语义压制、概念整合等语用、认知角度对紧缩构式产生的动因及机制进行了解释，建立了整合的认知语义观。另外还对"爱 X 不 X"类紧缩构式群的个案演化进行了系统比较，从共时、历时交织角度论证此类紧缩构式群的构式家族理据传承与变异关系，构建其多重语义承继链接系统。本书在系统研究基础上，得出如下结论：

（1）单一成分的语言单位不具有构式资格，构式区别于非构式（普通自由的常规句法结构），是一种不规则的特殊表达形式，具有动态性。紧缩构式不同于紧缩结构，两者有深层语义上的差异。紧缩构式存在于语言的不同层面，包含半实体图式构式和实体构式。

（2）紧缩构式具有特殊"过渡"性，是从话语组织到句法结构的言语和语言单位之间的形式。紧缩构式是复核关系构式，具有对称性、超句法性、层级性、非还原性的形式特征和 [＋非事件性]、[＋恒时性]、[＋虚拟性] 的语义特征。

（3）紧缩构式由两个语块构成，分为有标、准标、隐标三类。有标式分为偶标和单标两种，由常项（框架）和变项（空位）组成。偶标语义构成类型分复现式、反义式、序链式三种。参与关联紧缩构式两项的关联标记是跨词类的，它并非仅由副词构成，还可由副词和其他词类构成。其层次构成类型有第一层次关联标记单现、第二层次关联标记共现、第一、二层次关联标记共现三种。紧缩构式的框架构成模式有前嵌、中嵌、后嵌、分嵌四种，大部分是后嵌式。

（4）紧缩项由谓词性结构和体词性结构构成，其句法结构关系类型多样，以状中、动宾、动补结构居多。紧缩构式既可以充当多种句法成分，也能独立成句或充当小句。紧缩构式最主要是作分句、谓语，强述谓性是其基本特征。紧缩构式表层结构逻辑语义关系分为联合和偏正两大类，无目的、总分、解注、递进关系。

（5）构式义指构式整体所表达的独立的、外部的语用功能意义，是储存在大脑中的抽象概括的意义。构式义和构式体义是不同层面的意义，构式体义是抽象概括的原型构式义（包括框架义和习语比喻义）

在具体语境中的实际兑现或派生，它们共享同一原型义。抽象概括的构式义和成分义、话语义共现构建具体语境中的构式体义。构式义是有层级的，其中含原型意义的母式派生出非典型意义的子式。

（6）构式内部实际的语义配置已不再是表层施受、配价、逻辑等潜在的语义关系，而是凸显另外的整体深层主观性构式义。紧缩构式分为表主观情态、主观量两个次类。前者分为表强调肯定、强调否定、委婉容让3类，后者分为表无界主观增量、小主观大量、主观小量、倚变量4类。紧缩构式表现主观范畴已经形成了一个由两大类7小类语义关系构成的完整语义系统。紧缩构式具有语义一致性、整合性、跨范畴语义迁移性。

（7）构式和词汇互动选择，构式义和词汇义相互竞争制约。紧缩构式对词汇进行句法、语义、韵律选择和压制，紧缩构式的构式化有音节限制和词性要求。构式义对词汇义进行选择和压制。紧缩构式具有超常搭配功能，能吸收原本不能进入构式的词。词汇义对构式义起反作用。紧缩构式中关键性词项关联词语能预测推知构式义，某些变项可加强构式主观性。

（8）紧缩构式具有话题选择、焦点建构等语用功能及篇章衔接、链接与管界功能，和先行句、后续句有多重映现关系。紧缩构式的链接结构有补充、平行等类型。"说来说去""爱谁谁""X就X"等已虚化为话语标记语。紧缩构式对语体具有选择性，语体分布特征有差异。传统文体、语体中，紧缩构式在小说、报刊中出现数目最多，但在文艺语体中使用频率较高。功能语体中，其在口语体中分布最广，文学口语体占最多。"爱X不X"类紧缩构式有"口语-书面""正式-非正式""对话-叙述"等语体特征，并呈现有对比意义的序列。紧缩构式人称的改变、主观表达视角或认知域的转移能影响构式情态语义及使用。

（9）各类紧缩构式的出现时间不平衡，紧缩构式有两个来源：一个是自古就有的传统紧缩构式；一个是从近代汉语中开始出现的后起紧缩构式，是一种句法创新。当代紧缩构式的使用频率有所增加。

（10）紧缩构式在由省略和紧缩而产生句法创新的动态构式化过程中发生了语法化。紧缩构式内部紧缩度不同，从形—义透明的普通句法结构到半透明的紧缩结构到形—义不透明的构式，构成了一个由自由到凝固、由繁到简的典型性连续统。紧缩构式遵循"复句>紧缩构式>习语构式"的语法演变路径。其关联标记有不同层次的省缩规律，呈现由实到虚的语法化层级系统：实词向关联副词的转化、关联副词内部的再虚化、关联副词的功能扩张。紧缩构式构式化、语法化发展演变过程中大多伴随结构的修辞化、词汇化、标记化、习语化。

（11）紧缩构式产生受语言经济原则和语言信息原则驱动，构式化与语境感染及使用频率密切相关。紧缩构式源于紧缩带来的对整体主观义的凸显和对其他成分的"遮蔽"、人们心理上的完形结构投射、汉语的意合性。紧缩构式的构式化、语法化认知机制有：省缩、语义压制、重新分析、类推、概念整合、隐喻、转喻。紧缩构式突破传统句法规则的束缚，经过压缩、结构重组等整合，选择词项与构式相一致的意义，抑制不兼容部分，经过语境的协助与高频使用，通过心理固化、范畴化，与表达意图关联，抽象成一个有特殊构式义的构式。

（12）概念整合过程涉及从两个输入空间向第三个空间（即整合空间）的概念映射，整合后浮现出新的主观化情态义。紧缩构式形成过程中存在两种整合：构式义的来源整合和构式体义的来源整合。前者分照映整合、单畴整合和双畴整合。单畴整合包括单焦偏向式、隐喻糅合式和转喻截搭式。后者分单型框架整合和双畴习语整合。框架整合表现为框架意义和词汇意义的共现、相互作用，即构式框架义+词汇义=构式体义；习语整合则是习语空间与话语感知空间的整合，即习语比喻义+话语义=构式体义。紧缩构式有三层次的凝固化整合等级，其主观性强弱有等级差别。

（13）相关近义构式在并用过程中语用语篇表达功能重新调整、分化，有共生和互动关系，形成构式群。紧缩构式具有承继性，有其存在理据。紧缩构式的承继类型分为外部承继和内部承继、历史承继和共时承继。构式通过派生、语义偏移、多重承继等方式构成一个相似性家族。

（14）"爱 X 不 X"类紧缩构式群包括"爱 X 就 X、爱 XX、爱 X 不 X、爱谁谁、X 就 X1、XX1 吧"等构式，在其语义由实到虚的构式化发展演变过程中，形成历时、共时交织的多重语义承继关联网络。其外部承继为：假设复句（客观肯定）>爱 X 就 X（主观肯定）>爱 X 不 X（主观贬抑）= X 就 X1（肯定、容让）。内部承继包括：构式语义偏移、原型构式产生相关子构式变体。前者如："爱 X 不 X""X 就 X"构式发生语义偏移。后者为：爱 X 就 X>爱 XX>爱谁谁，X 就 X1>XX吧。"爱 X 就 X"是此构式群的原型构式，"爱 X 不 X"是典型构式。"爱 X 不 X、爱谁谁"刚出现时更接近修辞构式，"爱谁谁"最终凝结转化为习语构式，构成了修辞化、语法化的连续统。

（15）紧缩这种带有普遍意义的句法创新模式，可以启发我们透过表面现象推知一些句式的深层结构或来源，还能把一些看似不相干的有关句型联系起来，合理地解释汉语句式的产生和演变过程。

9.2 进一步的思考

本书对现代汉语紧缩构式的句法、语义、语用、认知、构式化、语法化及承继系统等方面进行了多维研究。但是，限于个人的能力和时间，本书尚存在一些问题有待进一步思考、解决。

第一，由于学界还没有形成对紧缩构式的系统研究，本书的分析还只是一个框架式的探索，对紧缩构式语义系统的分类、共性概括还较粗糙，对紧缩构式义的来源、紧缩构式生成的深层认知机制的挖掘还较粗浅，尚有拓展空间。这些都有待今后进一步细化、系统化。

第二，对紧缩构式历时平面中的句法演变过程考察不够，对其构式化、语法化过程、语义虚化轨迹描述不足，还需大量语言材料的证明，有待进一步深入、完善。

第三，紧缩构式主观性等级和标记性关系尚不是很清楚，需要进行更深入系统的后续研究。

第四，在个案考察方面还要细化，特别是对具体紧缩构式群的承继系统研究要进一步扩展，如"谁……谁……、哪里……哪里……、怎么……怎么……"类疑问关联构式群、"没 A 没 B、不 A 不 B、非 A 不 B"类否定构式群、"一 A 就 B"类主观大、小量构式群、"大……大……、大……特……"类特殊构式群、无条件紧缩构式群的承继异同关系都是我们下一步要研究的对象。

第五，结合语体对紧缩构式进行分析还不够，对各类紧缩构式在不同语体中的分布和适应情况及相关语体特征需结合大量语料分布进行讨论。

第六，汉语中存在各类紧缩现象，在今后的研究中，可深入挖掘其共性，进一步将研究领域扩展至其他紧缩现象，从整体上构建汉语的紧缩网络，全面发现、揭示汉语紧缩表达系统的句法语义框架和深层认知机制。

另外，本研究除了沿着目前的思路对语言材料进行更加深入细致的分析外，还可考虑使用跨学科的研究方法，积极从实验心理语言学和认知神经语言学视角对所得出的结论进行进一步证明，寻求对内省式分析的支持。还可和计算机信息处理及汉语紧缩句式教学结合起来，以实现其实践应用价值，指导外国学生有效进行特殊句式学习。

总之，紧缩构式数目极其庞大、内容非常复杂。紧缩构式的研究是一项系统工程，尚有很大的研究空间。希望通过后期不断的研究，在未来能在更多有价值的领域得以开拓，丰富和完善相关研究成果。

参考文献

中文文献

论 著

Adele E. Goldberg：《构式：论元结构的构式语法研究》，吴海波译，北京大学出版社 2007 年版。

北京大学中文系：《现代汉语虚词例释》，商务印书馆 1996 年版。

曹秀玲：《现代汉语量限研究》，延边大学出版社 2005 年版。

陈昌来著，张斌主编：《现代汉语句子》，华东师范大学出版社 2000 年版。

陈昌来、李传军：《现代汉语类固定短语研究》，学林出版社 2012 年版。

陈昌来：《汉语"介词框架"研究》，商务印书馆 2014 年版。

陈忠：《信息语用学》，山东教育出版社 1999 年版。

丁声树：《现代汉语语法讲话》，商务印书馆 1961 年版。

董秀芳：《词汇化：汉语双音词的衍生和发展》（修订本），商务印书馆 2013 年版。

　　段业辉、刘树晟等：《现代汉语构式语法研究》，世界图书出版公司 2012 年版。

　　范开泰、张亚军：《现代汉语语法分析》，华东师范大学出版社 2000 年版。

　　范晓：《三个平面的语法观》，北京语言学院出版社 1996 年版。

　　范晓：《汉语句子的多角度研究》，商务印书馆 2009 年版。

　　何兆熊：《语用学概要》，上海外语教育出版社 1989 年版。

　　金兆梓：《国文法之研究》，商务印书馆 1983 年版。

　　黎锦熙：《新著国语文法》，商务印书馆 1924 年版。

　　李葆嘉：《语义语法学导论》，中华书局 2007 年版。

　　李临定：《现代汉语句型》，商务印书馆 1986 年版。

　　李宇明：《汉语量范畴研究》，华中师范大学出版社 2000 年版。

　　梁银峰：《语法化学说》，复旦大学出版社 2008 年版。

　　刘丹青：《对称格式的语法功能及表达作用》，北京语言学会编：《语文知识丛刊》第三辑，地震出版社 1982 年版。

　　刘丹青主编：《语言学前沿与汉语研究》，上海教育出版社 2005 年版。

　　刘丹青：《构式的透明度和句法学地位：流行构式个案二则》，《东方语言学》第七辑，上海教育出版社 2010 年版。

　　刘德联、刘晓雨：《汉语口语常用句式例解》，北京大学出版社 2005 年版。

　　刘复：《中国文法通论》，岳麓书社 2012 年版。

　　刘月华：《实用现代汉语语法》，商务印书馆 2001 年版。

　　刘中富：《实用汉语词汇》，安徽教育出版社 2003 年版。

　　鲁川：《汉语语法的意合网络》，商务印书馆 2001 年版。

　　陆俭明：《试论句子意义的组成》，《语言研究论丛》第四期，南开大学出版社 1987 年版。

　　陆丙甫：《语言类型及语言功能》，北京大学出版社 2008 年版。

陆丙甫：《语言类型学理论与汉语句法研究》，沈阳、冯胜利：《当代语言学理论和汉语研究》，商务印书馆2008年版。

吕叔湘：《现代汉语八百词》，商务印书馆1980年版。

吕叔湘：《中国文法要略》，商务印书馆1982年版。

马清华：《语义的多维研究》，语文出版社2006年版。

马庆株：《汉语动词和动词性结构》，北京语言学院出版社1992年版。

马庆株：《汉语语义语法范畴问题》，北京语言文化大学出版社1998年版。

牛保义：《构式语法理论研究》，上海外语教育出版社2011年版。

潘文：《现代汉语存现句的多维研究》，南京师范大学出版社2006年版。

彭利贞：《现代汉语情态研究》，中国社会科学出版社2007年版。

彭利贞：《从语义到语法》，中国社会科学出版社2011年版。

齐沪扬：《语气词与语气系统》，安徽教育出版社2002年版。

邵敬敏：《现代汉语疑问句研究》，华东师范大学出版社1996年版。

沈家煊：《不对称与标记论》，江西教育出版社1999年版。

沈家煊：《认知与汉语语法研究》，商务印书馆2006年版。

沈园：《句法—语义界面研究》，上海教育出版社2007年版。

石毓智：《肯定与否定的对称与不对称》，北京语言文化大学出版社2001年版。

宋玉柱：《现代汉语特殊句式》，山西教育出版社1991年版。

陶红印：《言谈分析：功能主义及其在汉语语法研究中的应用》，载石锋编：《海外中国语言学》，语文出版社1994年版。

Vyvyan Evans，Melanie Green 著，张辉、孙崇飞导读：《认知语言学导论》，世界图书出版公司2015年版。

王德春：《语体略论》，福建教育出版社1987年版。

王冬梅：《现代汉语动名互转的认知研究》，中国社会科学出版社2010年版。

王维贤：《现代汉语复句新解》，华东师范大学出版社 1994 年版。

王寅：《构式语法研究》（上、下卷），上海外语教育出版社 2010 年版。

王晓凌：《论非现实语义研究》，学林出版社 2009 年版。

温格瑞尔、施密特著：《认知语言学导论》（第二版），彭利贞等译，复旦大学出版社 2009 年版。

吴福祥：《语法化与汉语历史语法研究》，安徽教育出版社 2006 年版。

吴福祥主编：《汉语语法化研究》，商务印书馆 2005 年版。

吴福祥等主编：《语法化与语法研究》（1—6），商务印书馆 2003、2005、2007、2009、2011、2013 年版。

武柏索等：《现代汉语常用格式例释》，商务印书馆 1988 年版。

向若：《紧缩句》，上海新知识出版社 1958 年版。

邢福义：《汉语复句研究》，商务印书馆 2001 年版。

邢福义：《汉语语法三百问》，商务印书馆 2003 年版。

邢欣：《现代汉语特殊句式研究》，新疆科技卫生出版社 1995 年版。

徐列炯、刘丹青：《话题的结构与功能》，上海教育出版社 1998 年版。

徐阳春：《现代汉语复句句式研究》，中国社会科学出版社 2002 年版。

杨荣祥：《近代汉语副词研究》，商务印书馆 2005 年版。

姚双云：《复句关系标记的搭配研究》，华中师范大学出版社 2008 年版。

袁辉、李熙宗：《汉语语体概论》，商务印书馆 2005 年版。

袁毓林：《现代汉语祈使句研究》，北京大学出版社 1993 年版。

张斌：《新编现代汉语》，复旦大学出版社 2002 年版。

张斌：《汉语语法学》，上海教育出版社 2003 年版。

张伯江：《从施受关系到句式语义》，商务印书馆 2009 年版。

张春燕：《俗语教程》，复旦大学出版社 2008 年版。

张辉：《熟语及其理解的认知语义学研究》，军事谊文出版社 2003 年版。

张旺熹：《汉语特殊句法语义研究》，北京语言文化大学出版社1999 年版。

张旺熹：《汉语句法结构隐性量探微》，北京语言大学出版社 2009年版。

张卫国：《四字语型及其应用》，中国物资出版社 1989 年版。

张先亮、范晓：《汉语句式在篇章中的适用性研究》，中国社会科学出版社 2008 年版。

张谊生：《现代汉语副词探索》，学林出版社 2004 年版。

张谊生：《现代汉语副词分析》，上海三联书店 2010 年版。

张谊生：《现代汉语副词研究》（修订本），商务印书馆 2014 年版。

赵艳芳：《认知语言学概论》，上海外语教育出版社 2001 年版。

朱德熙：《单句、复句、复句的紧缩》，商务印书馆 1999 年版。

朱军：《汉语构式语法研究》，中国社会科学出版社 2010 年版。

朱林清等：《现代汉语格式初探》，天津人民出版社 1987 年版。

期刊论文

蔡淑美：《框式结构语法化过程中形式和意义的互动关系——以"为……起见"的语法化过程为例》，《北京广播电视大学学报》2011年第 2 期。

蔡瑱：《舟山话中的修辞构式"X 勒吙处去"》，《当代修辞学》2013 年第 3 期。

曹秀玲：《再议"连……都/也……"句式》，《语文研究》2005 年第 1 期。

曹秀玲：《从问到非问：话语标记的一个来源——以"怎么说呢"为例》，《山西大学学报》（哲学社会科学版）2014 年第 4 期。

曹秀玲、辛慧：《话语标记的多源性与非排他性——以汉语超预期话语标记为例》，《语言科学》2012 年第 3 期。

昌梅香、祝晓宏：《"怎么 X 怎么 Y"的句式语义及其语法化》，《北方论丛》2008 年第 4 期。

常玉钟：《口语习用语略析》，《语言教学与研究》1989 年第 2 期。

陈昌来、朱艳霞：《类固定短语"边 V1 边 V2"的多角度考察》，《云南师范大学学报》（对外汉语教学研究版）2009 年第 5 期。

陈满华：《关于构式的范围和类型》，《解放军外国语学院学报》2008 年第 6 期。

陈满华、张庆彬：《情态动词"至于"及其构式化路径》，《学术交流》2014 年第 12 期。

陈群：《说"越来越 A"》，《汉语学习》1999 年第 4 期。

陈文博：《"有一种 X 叫 Y"构式的语义认知考察——从语法构式到修辞构式的接口探索》，《当代修辞学》2012 年第 2 期。

陈小荷：《主观量问题初探》，《世界汉语教学》1994 年第 4 期。

陈兆福：《紧缩句论略》，《临沂师范学院学报》2002 年第 1 期。

程工：《不要白不要，要了白要》，《中国语文》1985 年第 3 期。

程丽霞：《汉语想猜类构式的演化：从思考猜想到认识情态》，《外语教学》2014 年第 1 期。

程晓明：《关于"非……不可"》，《语文建设》2001 年第 1 期。

程亚恒：《连词"无论"语法化的机制与诱因》，《长春师范学院学报》2014 年第 1 期。

迟永长：《"爱 V 不 V"句式谈》，《辽宁师范大学学报》1995 年第 1 期。

储泽祥：《汉语因果复句的关联标记模式与"联系项居中原则"》，《中国语文》2008 年第 5 期。

戴浩一：《时间顺序和汉语的语序》，《国外语言学》1988 年第 1 期。

邓英树、黄谷：《论"不 A 不 B"的否定意义及其制约因素》，《汉语学习》2002 年第 4 期。

邓云华、石毓智：《论构式语法理论的进步与局限》，《外语教学与研究》2007 年第 5 期。

丁加勇、易磊：《用构式语法研究"爱 V 不 V"结构》，《云梦学刊》2009 年第 6 期。

丁勉哉：《谈复句的紧缩》，《中国语文》1957 年第 12 期。

丁倩、邵敬敏：《说框式结构"想 X 就 X"》，《暨南大学华文学院学报》（华文教学与研究）2009 年第 2 期。

丁志丛：《有标转折复句的关联标记模式及相关解释》，《求索》2008 年第 12 期。

杜道流：《一种口语中的否定表达式：Q 才 VP》，《语言文字应用》2006 年第 2 期。

董成如、杨才元：《构式对词项压制的探索》，《外语学刊》2009 年第 5 期。

董成如：《构式的论元实现：基于识解的压制视角》，《解放军外国语学院学报》2012 年第 4 期。

董秀芳：《论句法结构的词汇化》，《语言研究》2002 年第 3 期。

董秀芳：《"X"说的词汇化》，《语言科学》2003 年第 2 期。

董秀芳：《汉语的句法演变与词汇化》，《中国语文》2009 年第 5 期。

董燕萍、梁君英：《走进构式语法》，《现代外语》2002 年第 2 期。

董正存：《无条件构式的省缩及其句法—语用后果》，《中国语文》2013 年第 4 期。

段业辉：《论副词的语义制约》，《南京师范大学学报》1992 年第 2 期。

段业辉：《语气副词的分布及语用功能》，《汉语学习》1995 年第 4 期。

段业辉、张怡春：《论现代汉语并列结构内部构造的紧凑性》，《暨南学报》（哲学社会科学版）2006 年第 6 期。

段业辉、刘树晟、张怡春：《动补情态否定构式与"不"字否定构式的比较分析》，《南京师范大学学报》（社会科学版）2013 年第 3 期。

范晓：《语用的动态分析和静态分析》，《语言科学》2006 年第 1 期。

范晓：《论句式意义》，《汉语学报》2010 年第 3 期。

范晓：《关于句式义的成因》，《汉语学习》2010 年第 4 期。

范晓：《语法的句式和修辞的关系》，《当代修辞学》2011 年第 1 期。

范立珂：《副词"就"的三种句式的语义、语用分析》，《长沙大学学报》2009 年第 6 期。

方梅：《汉语对比焦点的句法表现手段》，《中国语文》1995 年第 4 期。

方梅：《语体动因对句法的塑造》，《修辞学习》2007 年第 6 期。

方梅：《自然口语中弱化连词的话语标记功能》，《中国语文》2000 年第 5 期。

方梅、宋贞花：《语体差异对使用频率的影响——汉语对话语体关系从句的统计分析》，Speicial issue of Journal of Chinese Language and Computing，Singapore 2004 年。

冯胜利：《论语体的机制及其语法属性》，《中国语文》2010 年第 5 期。

冯志伟：《从格语法到框架网络》，《解放军外国语学院学报》2006 年第 3 期。

G. Fauconnier，M. Turner.《我们思考的方式》述评，《当代语言学》2006 年第 2 期。

甘莅豪：《"不 A 不 B"的构式义与语义的消极倾向》，《修辞学习》2008 年第 2 期。

高秀雪：《语法化及其语用动因》，《广西社会科学》2004 年第 8 期。

谷志忠：《语用意义、语境和隐含意义》，《阜阳师范学院学报》（社会科学版）2005 年第 4 期。

顾鸣镝：《关于构式承继及其理据的可探究性研究》，《北京交通大学学报》（社会科学版）2012 年第 2 期。

郭风岚：《"又 A 又 B"格式的认知模式》，《世界汉语教学》2000 年第 3 期。

郭攀：《"非 A 不 B"句型的出现及其发展》，《华中师范大学学报》（人文社会科学版）1999 年第 3 期。

郭圣林：《"爱 V 不 V"句式的语篇考察》，《汉语学习》2009 年第 1 期。

郭霞：《从句式到构式：对语言结构性描写的理论进路》，《西安外国语大学学报》2010 年第 2 期。

何彦诚、吴福祥：《焚膏继晷　探幽揽胜——西南边疆语言与文化专家访谈录之"吴福祥专访"》，《百色学院学报》2013 年第 5 期。

洪波：《词汇化和语法化》，《当代语言学》2010 年第 1 期。

洪波、董正存：《"非 X 不可"格式的历史演化和语法化》，《中国语文》2004 年第 3 期。

黄大祥：《量词为名量的"A1 一量，A2 一量"格式》，《河西学院学报》2005 年第 3 期。

黄大祥：《量词为动量的"A1 一量，A2 一量"格式初探》，《河西学院学报》2006 年第 1 期。

皇甫素飞：《紧缩构式中关联副词框架的构成及语法化研究》，《湘潭大学学报》（哲学社会科学版）2015 年第 3 期。

皇甫素飞：《"爱 X 不 X"类紧缩构式群的承继系统及其语用动因》，《当代修辞学》2015 年第 6 期。

黄健秦：《"在+处所 VP"与"V 在+处所"的构式承继关系与语篇关系》，《当代修辞学》2013 年第 4 期。

黄佩文：《口语句式"一 V 一个 A"》，《汉语学习》2002 年第 2 期。

黄永健：《"非……不"句式初探》，《深圳大学学报》（人文社会科学版）1995 年第 3 期。

胡范铸：《语法研究的修辞性：中国现代语法学史的另一种考察》，《修辞学习》2007 年第 2 期。

胡范铸：《言语行为的合意性、合意原则与合意化》，《外语学刊》2009 年第 4 期。

胡明扬：《语体和语法》，《汉语学习》1993 年第 2 期。

胡伟、王嘉：《"有 A 有 B"与"有 A 无 B"比较研究》，《宁夏大学学报》（人文社会科学版）2015 年第 1 期。

纪云霞、林书武：《一种新的语言理论：构块式语法》，《外国语》
2002 年第 5 期。

贾甫田：《"非……不可"与"不……不行"》，《天津师范大学学
报》（社会科学版）1990 年第 2 期。

江蓝生：《同谓双小句的省缩与句法创新》，《中国语文》2007 年第
6 期。

江蓝生：《概念叠加与构式整合》，《中国语文》，2008 年第 6 期。

江志远：《口语句式 "X 就 X" 研究》，《武汉大学学报》1993 年第
1 期。

康志峰、邱东林：《"一 W 一 W" 修辞构式探析》，《修辞学习》
2009 年第 2 期。

赖先刚：《句法结构 " V+也（都）+VP 的否定形式"》，《四川师
范大学学报》（社会科学版）1990 年第 4 期。

雷冬平：《构式 "最/再+X+不过" 的构成及语法化研究》，《湘潭
大学学报》（哲学社会科学版）2011 年第 1 期。

雷冬平：《"喝他个痛快" 类构式的形成及其语义研究》，《语言科
学》2012 期第 2 期。

雷冬平：《"构式语法理论与网络语言" 专题研究》，《湘潭大学学
报》（哲学社会科学版）2013 年第 3 期。

雷四维：《现代汉语 "要不要" 强调构式的构式化——基于一种全
新理论框架》，《山西农业大学学报》（社会科学版）2015 年第 2 期。

李宝伦、潘海华、徐烈炯：《对焦点敏感的结构及焦点的语义解
释》（上），《当代语言学》2003 年第 1 期。

李彬：《湘潭方言 "想 A 不 A" 格式浅析》，《湖南科技学院学报》
2006 年第 2 期。

李晋霞：《"V 来 V 去" 格式及其语法化》，《语言研究》2002 年第
2 期。

李泉：《体系内语法与体系外语法——兼谈大语法教学观》，《国际汉语教学研究》2015 年第 1 期。

李思旭：《从词汇化、语法化看话语标记的形成——兼谈话语标记的来源问题》，《世界汉语教学》2012 年第 3 期。

李思旭、沈彩云：《构式"爱 V 不 V"的认知语义及整合度等级》，《汉语学习》2015 年第 2 期。

李泰洙：《"也/都"强调紧缩句研究》，《语言研究》2004 年第 2 期。

李卫中：《"非 A 不 B"与"不 X 不 Y"格式的比较》，《汉语学习》2002 年第 3 期。

李文浩：《"爱 V 不 V"的构式分析》，《现代外语》2009 年第 3 期。

李文浩：《作为构式的动词拷贝型"连"字句》，《华文教学与研究》2010 年第 3 期。

李文浩：《"再 XP 也 VP"构式分析》，《汉语学报》2010 年第 4 期。

李胜梅：《"话说回来"的语用分析》，《修辞学习》2004 年第 3 期。

李勇忠：《构式义、转喻与句式压制》，《解放军外国语学院学报》2004 年第 2 期。

李宇明：《"一 V……数量"结构及其主观大量问题》，《汉语学习》1999 年第 8 期。

李宇明：《汉语复叠类型综述》，《汉语学报》2000 年第 1 期。

李宇明：《论反复》，《中国语文》2002 年第 3 期。

李运嘉：《无固定结构的紧缩句》，《语言文字学》1995 年第 11 期。

李振中：《试论现代汉语框式结构》，《甘肃社会科学》2008 年第 5 期。

李振中：《框式结构"非…不可"用于估测表达的历时考察》，《古汉语研究》2013 年第 2 期。

李宗宏：《主观归因构式及其修辞动因》，《当代修辞学》2013 年第 2 期。

李宗江：《"爱谁谁"及相关说法》，《汉语学习》2009 年第 1 期。

梁君英：《走近构式语法》，《现代外语》2002 年第 2 期。

梁蕴华：《现代汉语紧缩结构分析》，《深圳大学学报》2002 年第 2 期。

廖秋忠：《现代汉语语篇中的连接成分》，《中国语文》1986 年第 6 期。

刘承峰：《"爱 V 不 V"结构的语义分析》，《汉语学习》2004 年第 2 期。

刘楚群：《论"越 V 越 A"——兼论从"越 V 越 A"到"越来越 A"的语义虚化过程》，《河北师范大学学报》（哲学社会科学版）2004 年第 4 期。

刘大为：《语体是言语行为的类型》，《修辞学习》1994 年第 3 期。

刘大为：《句嵌式递归与动词的控制功能》，《语言研究》2002 年第 4 期。

刘大为：《意向动词、言说动词与篇章的视域》，《修辞学习》2004 年第 6 期。

刘大为：《从语法构式到修辞构式》（上），《当代修辞学》2010 年第 3 期。

刘大为：《从语法构式到修辞构式》（下），《当代修辞学》2010 年第 4 期。

刘大为：《论语体与语体变量》，《当代修辞学》2013 年第 3 期。

刘丹青：《语法化中的更新、强化与叠加》，《语言研究》2001 年第 1 期。

刘丹青：《汉语给予类双及物结构的类型学研究》，《中国语文》2001 年第 5 期。

刘丹青：《汉语中的框式介词》，《当代语言学》2002 年第 4 期。

刘丹青：《作为典型构式句的非典型"连"字句》，《语言教学与研究》2005 年第 4 期。

刘丹青：《重新分析的无标化解释》，《世界汉语教学》2008 年第 1 期。

刘丹青、徐烈炯：《焦点与背景、话题及汉语"连"字句》，《中国语文》1998 年第 4 期。

刘国辉：《构式语法的"构式"之辩》，《外语与外语教学》2007

年第 8 期。

刘红妮：《词汇化与语法化》，《当代语言学》2010 年第 1 期。

刘红妮：《"忽而"的词汇化及其叠用格式的构式化》，《合肥工业大学学报》（社会科学版）2011 年第 2 期。

刘坚、曹广顺、吴福祥：《论诱发汉语词汇语法化的若干因素》，《中国语文》1995 年第 3 期。

刘叔新：《现代汉语句法中的继续范畴》，《南开大学学报》（哲学社会科学版）1983 年第 6 期。

刘顺、吴云：《语体的语法学功能透视》，《修辞学习》2002 年第 1 期。

刘顺：《现代汉语语用平面的焦点表达》，《南京林业大学学报》（人文社会科学版）2003 年第 3 期。

刘天堂：《汉语紧缩句探析》，《四川大学学报》2002 年第 1 期。

刘贤俊：《现代汉语连词联系项的多能性》，《世界汉语教学》2005 年第 4 期。

刘志生：《近代汉语中的"V 来 V 去"格式考察》，《古汉语研究》2004 年第 4 期。

龙国富：《"越来越……"构式的语法化——从语法化的视角看语法构式的显现》，《中国语文》2013 年第 1 期。

龙磊：《"X 不是 A，而是 B"新构式的认知研究》，《西南科技大学学报》（哲学社会科学版）2012 年第 1 期。

卢英顺：《一种新的"不是 A 是 B"构式》，《当代修辞学》2010 年第 2 期。

卢芸蓉、朱军：《"正式-非正式"语体特征及其制约功能——以汉语不同语体中转述句的使用情况为例》，《保定学院学报》2014 年第 2 期。

陆国君：《动态认知视阈下的英语使动构式义》，《南昌大学学报》（人文社会科学版）2008 年第 2 期。

陆俭明：《词语句法、语义的多功能性：对"构式语法"理论的解释》，《外国语》2004 年第 2 期。

陆俭明：《"句式语法"理论与汉语研究》，《中国语文》2004 年第 5 期。

陆俭明：《句法语义接口问题》，《外国语》2006 年第 3 期。

陆俭明：《构式语法理论的价值与局限》，《南京师范大学文学院学报》2008 年第 1 期。

陆俭明：《构式与意象图式》，《北京大学学报》（哲学社会科学版）2009 年第 3 期。

陆俭明：《再论构式语块分析法》，《语言研究》2011 年第 2 期。

罗耀华：《待嵌格式"不 A 不 B"的认知研究》，《江汉大学学报》（人文社会科学版）2002 年第 3 期。

罗耀华：《三组待嵌格式语序的可及性解释》，《华中师范大学研究生学报》2004 年第 2 期。

骆小菊：《试说"一 X 一 Y"式成语中的 X 和 Y》，《湖北师范学院学报》（哲学社会科学版）2002 年第 4 期。

吕叔湘：《疑问、否定、肯定》，《中国语文》1985 年第 4 期。

吕叔湘：《试论含有同一［一 N］两次出现前后呼应的句子的语义类型》，《中国语文》1992 年第 4 期。

马道山：《句式语法和生成语法比较刍议》，《外语与外语教学》2003 年第 12 期。

马清华：《关联成分的语法化方式》，《中央民族大学学报》（哲学社会科学版）2003 年第 3 期。

马清华：《层次关系中的破界》，《语文研究》2004 年第 3 期。

马清华：《关联标记的结构控制作用》，《汉语学习》2006 年第 6 期。

马清华：《偶举成分的并列格式化条件》，《汉语学报》2007 年第 3 期。

马庆株：《数词、量词的语义成分和数量结构的语法功能》，《中国语文》1990 年第 3 期。

马庆株：《自主动词与非自主动词》，《中国语言学报》1988 年第 3 期。

毛润民：《现代汉语紧缩句研究》，《内蒙古师范大学学报》2007 年第 6 期。

莫彭龄：《"格式"研究刍议》，《常州工学院学报》1986 年第 2 期。

潘晓军：《"说 V 就 V"的表达功能及虚化发展》，《北方论丛》2009 年第 1 期。

彭睿：《构式语法化的机制和后果——以"从而"、"以及"和"极其"的演变为例》，《汉语学报》2007 年第 3 期。

齐沪扬：《有关类固定短语的问题》，《修辞学习》2001 年第 1 期。

齐沪扬、胡建锋：《试论负预期量信息标记格式"X 是 X"》，《世界汉语教学》2006 年第 2 期。

曲丽玮、王冬梅：《流行语模"舌尖上的 X"构式描写及演变》，《渤海大学学报》（哲学社会科学版）2013 年第 4 期。

邵敬敏：《"非 X 不 Y"及其变式》，《中国语文天地》1988 年第 1 期。

邵敬敏：《"连 A 也/都 B"框式结构的争议及其框式化进程》，《语言科学》2008 年第 4 期。

邵敬敏：《汉语框式结构说略》，《中国语文》2011 年第 3 期。

邵敬敏：《关于框式结构研究的理论与方法》，《语文研究》2015 年第 2 期。

邵敬敏、崔少娟：《"一 A 一 B"框式结构的位序原则及语义》，《当代修辞学》2010 年第 4 期。

邵敬敏、黄燕旋：《"半 A 半 B"框式结构研究》，《陕西师范大学学报》（哲学社会科学版）2011 年第 2 期。

邵敬敏、袁志刚：《"没 A 没 B"框式结构的语义增值及贬义倾向》，《语文研究》2010 年第 3 期。

邵敬敏、赵秀凤：《"什么"非疑问用法研究》，《语言教学与研究》1989 年第 1 期。

沈家煊：《"有界"与"无界"》，《中国语文》1995 年第 5 期。

沈家煊：《句式和配价》，《中国语文》2000 年第 4 期。

沈家煊：《语言的"主观性"和"主观化"》，《外语教学与研究》2001 年第 4 期。

沈家煊：《复句三域"行、知、言"》，《中国语文》2003 年第 3 期。

沈家煊：《"王冕死了父亲"的生成方式》，《中国语文》2006 年第 4 期。

沈家煊：《概念整合与浮现意义——在复旦大学"望道论坛"报告述要》，《修辞学习》2006 年第 5 期。

沈家煊：《从动词是个演员说起——"名词动用"和"动词名用"的不对称》，《当代修辞学》2010 年第 1 期。

沈怀兴：《汉语谚语中意合法的应用》，《语言教学与研究》2004 年第 3 期。

沈怀兴：《汉语谚语中关联法的应用》，《语文研究》2005 年第 4 期。

沈阳、玄玥：《"完结短语"及汉语结果补语的语法化和完成体标记的演变过程》，《汉语学习》2012 年第 1 期。

施春宏：《汉语句式的标记度及基本语序问题》，《汉语学习》2004 年第 2 期。

施春宏：《从构式压制看语法和修辞的互动关系》，《当代修辞学》2012 年第 1 期。

施关淦：《用"一……就……"关联的句子》，《汉语学习》1985 年第 5 期。

史金生、胡晓萍：《"就是"的话语标记功能及其语法化》，《汉语学习》2013 年第 4 期。

寿永明：《"A 就 A 式"分析》，《绍兴文理学院学报》2000 年第 6 期。

税昌锡：《焦点、语义联项与"不"的语义指向》，《西华师范大学学报》（哲学社会科学版）2004 年第 2 期。

司富珍：《汉语的几种同音删略现象》，《语言教学与研究》2005 年第 2 期。

司联合：《论句子意义中结构意义和词汇意义的互动关系》，《外语与外语教学》2007 年第 12 期。

宋玉柱：《谈谈紧缩短语》，《思维与智慧》1989 年第 5 期。

宋仲鑫：《单句、复句、紧缩句嘗议》，《武陵学刊》1995 年第 1 期。

苏丹洁、陆俭明：《"构式—语块"句法分析法和教学法》，《世界汉语教学》2010 年第 4 期。

孙宁：《一 A 一 B 格式初探》，《唐山师范学院学报》2009 年第 1 期。

陶红印：《试论语体分类的语法学意义》，《当代语言学》1999 年第 3 期。

陶红印：《汉语口语叙事体关系从句结构的语义和篇章属性》，《现代中国语研究》2002 年第 4 期。

陶红印、刘娅琼：《从语体关系到语法差异（上）——以自然会话与影视对白中的把字句、被动结构、光杆动词句、否定反问句为例》，《修辞学习》2010 年第 1 期。

田臻：《汉语静态存在构式对动作动词的语义选择条件》，《外国语》2009 年第 4 期。

全国斌：《汉语里的两个相对待的夸张构式——谈处于构式连续统中的"A 了去了"与"A 不到哪里去了"》，《汉语学习》2014 年第 5 期。

宛新政：《"V 就 V 在 P"格式的语义结构和语用功能》，《语言教学与研究》2006 年第 3 期。

完全：《"非 X 不 K"格式的语义分析》，《现代语文》（语文研究版）2006 年第 2 期。

甲甫田：《"非……不可"与"非……不行"》，《天津师范大学学报》（社会科学版）1990 年第 2 期。

徐复岭：《谈"非……不可"》，《汉语学习》1981 年第 5 期。

王灿龙：《"非 VP 不可"句式中"不可"的隐现——兼谈"非"的虚化》，《中国语文》2008 年第 2 期。

王凤兰：《"说 A 就 A"的语义类型及其演变轨迹》，《汉语学习》2009 年第 1 期。

王光全：《也论"一 X 就 Y"结构》，《汉语学报》2005 年第 3 期。

王海峰：《自然口语中"什么"的话语分析》，《汉语学习》2003 年第 2 期。

王弘宇：《说"一 A 就 C"》，《中国语文》2001 年第 2 期。

王进：《紧缩结构的三个平面考察》，《佳木斯大学社会科学学报》2003 年第 4 期。

王黎：《关于构式和词语的多功能性》，《外国语》2005 年第 4 期。

王丽彩：《"又 VP1 又 VP2"格式浅析》，《广西社会科学》2005 年第 1 期。

王珏、谭静、陈丽丽：《构式等级降低与辞格生成》，《修辞学习》2008 年第 1 期。

王珏：《从构式理论、三层语法看辞格构式的生成》，《当代修辞学》2010 年第 1 期。

王树瑛：《汉语"不 A 不 B"格式的结构关系及语义研究》，《华中师范大学学报》（人文社会科学版）1999 年第 5 期。

王望妮、孙志农：《试论构式语法中的"构式"》，《外语教学》2008 年第 6 期。

王霞：《动词重现话题化紧缩句"V 也 VP"》，《北方论丛》2008 年第 5 期。

王寅：《国外构造语法研究最新动态》，《现代外语》2006 年第 2 期。

王寅：《基于认知语言学的"认知修辞学"——从认知语言学与修辞学的兼容、互补看认知修辞学的可行性》，《当代修辞学》2010 年第 1 期。

王寅、严辰松：《语法化的特征、动因和机制——认知语言学视野中的语法化研究》，《解放军外国语学院学报》2005 年第 4 期。

文旭：《话题与话题构式的认知阐释》，《重庆大学学报》（社会科学版）2007 年第 1 期。

吴爱：《"爱 V 不 V"结构的语篇分析》，《西昌学院学报》2007 年第 1 期。

吴长安：《"爱咋咋地"的构式特点》，《汉语学习》2007 年第 6 期。

吴春仙：《试说"一 V 就是 NP"句式》，《汉语学习》1999 年第 5 期。

吴福祥：《近年来语法化研究的进展》，《外语教学与研究》2004 年第 1 期。

吴福祥：《汉语语法化研究的当前课题》，《语言科学》2005 年第 2 期。

吴福祥：《汉语语法化演变的几个类型学特征》，《中国语文》2005 年第 6 期。

吴为善、夏芳芳：《"A 不到哪里去"的构式解析、话语功能及其成因》，《中国语文》2011 年第 4 期。

夏晓蓉：《概念结构理论与构式语法说比较分析》，《外语与外语教学》2007 年第 10 期。

肖任飞：《"什么"非疑问用法的演变和发展》，《中南大学学报》（社会科学版）2010 年第 1 期。

肖奚强、王灿龙：《"之所以"词汇化问题辨》，《汉语学报》2010 年第 2 期。

谢晓明、肖任飞：《表无条件让步的"说·什么"紧缩句》，《语言研究》2008 年第 2 期。

邢福义：《"越 X，越 Y"句式》，《中国语文》1985 年第 3 期。

邢福义：《前加特定形式词的"一 X，就 Y"句式》，《中国语文》1987 年第 6 期。

邢福义：《汉语复句格式对复句语义关系的反制约》，《中国语文》1991 年第 1 期。

熊文：《论助动词的解释成分》，《世界汉语教学》1999 年第 4 期。

徐采霞、鲁素霞：《"V 就 V 在 P"格式中 V 的语义特征及其认知解释》，《南昌大学学报》2008 年第 5 期。

徐杰、李英哲：《焦点和两个非线性语法范畴："否定""疑问"》，《中国语文》1993 年第 2 期。

徐时仪：《"一味"的词汇化与语法化考探》，《语言教学与研究》2006 年第 6 期。

徐枢：《谈语义制约和格式实现的条件》，《世界汉语教学》1993 年第 4 期。

严辰松：《构式语法论要》，《解放军外国语学院学报》2006 年第 4 期。

姚小鹏、姚双云：《"不妨"的演化历程与功能扩展》，《世界汉语教学》2009 年第 4 期。

姚占龙：《"说、想、看"的主观化及其诱因》，《语言教学与研究》2008 年第 5 期。

杨德峰：《也说"A 就 A"格式》，《语言文字应用》2005 年第 3 期。

杨亦鸣：《"副+名"现象研究之研究》，《语言文字应用》2003 年第 2 期。

杨永龙：《从"形+数量"到"数量+形"——汉语空间量构式的历时变化》，《中国语文》2011 年第 6 期。

杨玉玲：《"非 X 不可"句式的语义类型及其语用教学》，《汉语学习》2002 年第 1 期。

殷志平：《对举短语的结构特点和语义理解》，《南京社会科学》1995 年第 4 期。

殷志平：《试论"一 V 一 V"格式》，《中国语文》1996 年第 2 期。

殷志平：《对称格式的认知解释》，《语言科学》2004 年第 3 期。

余敦雨：《"爱 X 不 X"式的分析》，《汉语学习》1982 年第 2 期。

余绮川：《认知框架下的语块研究》，《重庆科技学院学报》（社会科学版）2008 年第 7 期。

袁野：《动词意义、构式与体验式理解》，《外语教学》2007 年第 3 期。

袁毓林：《词类范畴的家族相似性》，《中国社会科学》1995 年第 1 期。

袁毓林：《论元结构和句式结构互动的动因、机制和条件》，《语言研究》2004 年第 4 期。

　　曾传禄：《也谈"V 来 V 去"格式及其语法化》，《语言教学与研究》2008 年第 6 期。

　　张伯江：《现代汉语的双及物构式》，《中国语文》1999 年第 3 期。

　　张伯江：《论"把"字句的句式语义》，《语言研究》2000 年第 1 期。

　　张伯江：《功能语法与汉语研究》，《语言科学》2005 年第 6 期。

　　张伯江：《语体差异和语法规律》，《修辞学习》2007 年第 2 期。

　　张伯江：《以语法解释为目的的语体研究》，《当代修辞学》2012 年第 6 期。

　　张拱贵：《语法格式和语汇格式——〈现代汉语"格式"初探〉序》，《汉语学习》1985 年第 5 期。

　　张国宪：《论对举格式的句法、语义和语用功能》，《淮北煤炭师范学院学报》（哲学社会科学版）1993 年第 1 期。

　　张辉：《熟语：常规化的映现模式和心理表征——熟语的认知研究之一》，《现代外语》2003 年第 3 期。

　　张静、杨娟：《说"V 都不 V"格式》，《汉语学习》2004 年第 3 期。

　　张松才、胡伟：《"又 A 又 B"框架构式研究》，《海南师范大学学报》（社会科学版）2015 年第 1 期。

　　张秀松：《"XV 的（不）是 Y"构式探微》，《语言与翻译》2014 年第 1 期。

　　张谊生：《"非 X 不 Y"及其相关句式》，《徐州师范学院学报》1992 年第 2 期。

　　张谊生：《"极尽"的构式化表达及其双重副词化的功能、演变与分化》，《徐州师范大学学报》（哲学社会科学版）2010 年第 1 期。

　　张谊生：《试论骂詈语的词汇化、标记化与构式化——兼论演化中的骂詈语在当代汉语中的表达功用》，《当代修辞学》2010 年第 4 期。

　　张谊生：《语法化现象在不同层面中的句法表现》，《语文研究》2010 年第 4 期。

张谊生：《当代流行构式"X 也 Y"研究》，《当代修辞学》2011 年第 6 期。

张谊生：《试论叠加、强化的方式、类型与后果》，《中国语文》2012 年第 2 期。

张谊生：《"X 之于 Y"的结构类型与表达功能——兼论"X 之于 Y"的构式化与"之于"的介词化》，《语文研究》2015 年第 2 期。

张云秋、王馥芳：《概念整合的层级性与动宾结构的熟语化》，《世界汉语教学》2003 年第 3 期。

赵静贞：《"A 就 A"格式试探》，《语言教学与研究》1984 年第 4 期。

赵琪：《从极性程度的表达看修辞构式形成的两条途径》，《当代修辞学》2012 年第 1 期。

郑娟曼：《从贬抑性习语构式看构式化的机制——以"真是（的）"与"整个一个 X"为例》，《世界汉语教学》2012 年第 4 期。

郑颐寿：《论语体平面及其运用》，《渤海大学学报》2004 年第 5 期。

郑远汉：《句式与语体》，《语文研究》1987 年第 2 期。

周毕吉：《浅析"A 一量 B 一量"式并列短语》，《湖北师范学院学报》（哲学社会科学版）2002 年第 2 期。

周福雄：《同形异构的"X 就 X"格式》，《汉语学报》2014 年第 4 期。

周小兵：《析"不 A 不 B"》，《语言教学与研究》1996 年第 4 期。

朱军：《汉语语体语法研究综述》，《汉语学习》2012 年第 5 期。

朱军、卢芸蓉：《语体与语法关系：制约与变量》，《云南师范大学学报》（对外汉语教学与研究版）2013 年第 4 期。

朱军：《汉语"N 中的/之 N"格式及其构式化研究》，《语言教学与研究》2013 年第 3 期。

宗守云：《"一 MM"和"一 M 一 M"的语义语用差异》，《修辞学习》2007 年第 5 期。

宗守云：《说反预期结构式"X 比 Y 还 W"》，《语言研究》2011 年第 3 期。

宗守云：《论语体的制约因素及原型效应》，《当代修辞学》2013 年第 1 期。

左思民：《句类与以言行事行为》，《汉语学报》2010 年第 3 期。

学位论文

顾鸣镝：《汉语构式承继关系及其认知功能研究》，博士学位论文，上海师范大学，2013 年。

郭圣林：《现代汉语若干句式的语篇考察》，博士学位论文，复旦大学，2009 年。

孟祥英：《汉语待嵌格式研究》，博士学位论文，山东师范大学，2010 年。

孙志农：《词汇意义与构式意义的互动关系研究》，博士学位论文，上海外国语大学，2008 年。

王倩：《现代汉语增量与减量构式研究》，博士学位论文，吉林大学，2012 年。

张晓涛：《现代汉语疑问范畴和否定范畴的相通性及构式整合》，博士学位论文，吉林大学，2009 年。

郑娟曼：《现代汉语贬抑性习语构式研究》，博士学位论文，暨南大学，2010 年。

陈颖：《紧缩句的有标关联和无标关联》，硕士学位论文，华中科技大学，2005 年。

杜鹃：《现代汉语"不 X 不 Y"格式研究》，硕士学位论文，上海师范大学，2006 年。

蒋遐：《"A 一量 B 一量"格式研究》，硕士学位论文，延边大学，2007 年。

焦慧莹：《"X 就 X"格式的句法、语义及语用考察》，硕士学位论文，暨南大学，2007 年。

外文文献

Croft，W. *Typology and Universial*（2nd ed）. Cambridge：Cambridge University Press，2003

Croft，W. &Cruse，D. A. *Cognitive Linguistics.* Cambridge：Cambridge University Press，2004

Croft，W. *Radical Construction Grammar*：*Syntactic Theory in Typological Perspective.* Oxford：Oxford University Press，2001

Fillmore，C. J. *Frame Semantics.* In the Linguistic Society of Korea（ed.）. *Linguistics in the Morning Calm.* Seoul：Hanshin Publishing Co，1982

Fillmore，C. J. *Construction Grammar.* Course Reader for Linguistics120A. Berkeley：University of California Press，1990

Fillmore，C. J.，P. Kay&M. O´Connor. *Regularity and Idiomaticity in Grammatical Conditions*：*The Case of LET ALONE.* Language，1988，（3）

Fillmore，C. J.，P. Kay，L. Michaelis，&I. Sag. *Construction Grammar.* Chicago，IL：The University of Chicago Press，2003

Goldberg，Adele E. *Constructions*：*A Construction Grammar Approach to Argument Structure.* Chicago：The University of Chicago Press，1995

Goldberg，Adele E. *Construction*：*A New Theoretical Approach to Language.* Foreign Language，2003，（3）

Goldberg，Adele E. *Constructions at Work*：*The Nature of Generalization in Language.* Oxford：Oxford University Press，2006

Halliday，M. A. K. *An Introduction to Functional Grammar*（2nd ed.）. London：Edward Amnrold，1994

Heine et al. *Grammaticalization*：*A Conceptual Framework.* Chicago：University of Chicago Press，1991

Hopper，Paul J. & Traugott. Elizabeth C. *Grammaticalization* 2nd e-d. Cambridge：Cambridge University Press，2003

Kay，P. &C. J. Fillmore. *Grammatical Constructions and Linguistic Generalizations：The What's Xdoing Y? Construction.* Language，1999，（75）

Langacker，R. W. *Foundations of Cognitive Grammar*，Vol. II：Descriptive Application. Stanford：Stanford University Press，1991

Langacker，R. W. *Cognitive Grammar：A Basic Introduction.* Oxford：Oxford University Press，2008

Lars Johanson. *The Semantics of Clause Linking：A Cross–Linguistic Typology.* Language，2011，（1）

Leech，G. *Principles of Pragmatics.* London：Longman，1983

Levinson. *Pragmatics.* Cambridge：Cambridge University Press，1983

Palmer. *Mood and Modality.* Cambridge：Cambridge University Press，1986

Taylor，J. R. *Cognitive Grammar.* Oxford：Oxford University Press，2002

Traugott，E. C. &R. Dasher. *Regularity in Semantic Change.* Cambridge：Cambridge University Press，2002

Traugott，E. C. *Constructions in Grammaticalization.* In：B. Joseph&R. Janda（eds.）. The Handbook of Historical Linguistics. Oxford：Blackwell Publishing Ltd，2003

Traugott，E. C. *Subjectification in Grammaticalization*//In Stein &Wright（eds.）. *Subjectivity and Subjectification.* Cambridge：Cambridge University Press，1995

Traugott，E. C. &Heine，B.（eds.）. *Approaches to Grammaticalization.* Vol. 2. Amsterdam：John Benjamins，1991

Traugott，E. C. & Trousdale，G. *Constructionalization and Constructional Changes.* Oxford：Oxford University Press，2013

后 记

岁月匆匆，从完成博士论文至今又有 4 个年头了。本书是在我的博士学位论文基础上修改、补充而成的，其中亦有做博士后期间之收获。

回首过去的求学生涯，心中百感交集。在经历了无数个紧张焦虑、痛苦迷惘的日子的煎熬后，我深刻体会到了学术道路上的艰辛与不易。

本书得以完成，首先要深深感谢我的博士生导师段业辉先生对我的谆谆教导、关怀和培养！我的博士论文的写作从选题、构思，到最后定稿，都是在段师的悉心指导下完成的。论文的每一点进展，都倾注了他大量的心血和汗水。在论文修改过程中，段师仔细斟酌、耐心圈点，让我深受感动！段师治学笃实严谨，对汉语语法研究有敏锐的眼光和深刻独到的见解。南师三年，段师以其渊博的专业知识，深厚的学术功底和严格规范的要求使我在潜移默化中得到熏陶、提高。每当我写作遇到困难，思路枯竭时，段师总是循循善诱，使我茅塞顿开、豁然开朗。段师不经意间提出的问题，让我思考良久。我有点滴进步，他总是热情鼓励，充分肯定。正是老师的理解、宽容和期待，才激发起我对学术的追求，我会终身铭记！

由衷感谢我的博士后导师张谊生先生对我的精心指导、关心和培育！三年上师大博后生涯，使我的学术视野得到了拓展，学术品格得到了提升。先生对语言研究的赤诚之心成就了他在语法学上的高深造诣。

先生学养丰厚，虽建树颇丰仍笔耕不辍，令我敬佩不已！先生为人宽厚，乐于指点迷津，每每帮我修改论文尽心尽力、细致入微。先生孜孜不倦的求索精神和诲人不倦的高贵品质时时激励着我，震撼着我，并令我受益终身！

十分感谢我的硕士生导师刘大为先生一直以来对我的关怀、帮助和指引！是先生将我领进了语言学的学术殿堂。先生始终关注着我的学术成长。先生的博学多识、融会贯通与诚恳的为人品格令我深深敬佩。先生的勤勉善思、言传身教以及对学术的执着热爱给我无尽的教益，让我难以忘怀！

非常感谢我的硕士老师胡范铸先生长期以来对我的关心、支持和热情帮助！胡师乐善而不失严正，精深而不失广博。三言两语间，总能给我鼓舞与启发。他谈吐睿智，思维敏捷，知识渊博，视野开阔，总能在成说中发现新问题、提出新见解，令我惊叹不已，获益良多！

真诚感谢为我传道授业解惑的肖奚强教授、李葆嘉教授和钱玉莲教授！他们的课堂充满着智慧、幽默和哲理。他们的精彩授课、渊博的学识、儒雅的学者风范，给我留下很深的印象，使我受益匪浅！在我论文写作感到迷茫时，他们给了我很多学术上的指引和启迪。

诚挚感谢杨亦鸣教授、陈小荷教授、王政红教授、邵敬敏教授、马清华教授、肖奚强教授、李葆嘉教授、潘文教授、刘顺教授、钱玉莲教授和朱敏教授！他们在我开题和预答辩、答辩过程中，对我论文提出了许多中肯而富有建设性的意见和建议，使我对论文有了更进一步的认识。

非常感谢徐时仪教授、潘悟云教授、齐沪扬教授、陈昌来教授！他们在我博士后进站、开题、中期考核及出站时给我提出了很多宝贵意见及建议，他们高屋建瓴的点拨使我深受启迪，对我助益颇大。

真挚感谢邵敬敏先生多年来对我的关爱、帮助和提携！先生在语法学上的卓越贡献、创新开放的思维品质与恢弘的学术气魄，让我叹服不已！先生平易近人、亲切温和的长者风范，给了我莫大的支持和鼓励。

温暖永记心中，感恩腑内。

衷心感谢董志翘教授、王珏教授、施春宏教授、曹秀玲教授、董秀芳教授、刘红妮博士对我的关爱、鼓励和指点！他们在学术上毫无保留地给予了我无私的帮助和热情的指导，激发了我写作的灵感。

特别感谢宗守云教授对我的热心帮助与切中要害的学术指导！感谢宗老师把我带入上海师范大学这个大家庭，使我有幸陶醉在浓郁的学术氛围中，让我结识了许多专家学者，在学术上有了进一步的提高。

特别感谢陆俭明先生、沈阳先生、刘丹青先生、吴福祥先生、张伯江先生和方梅先生！他们宏阔精深的理论、精彩纷呈的演讲、博采众长的大师风度使我深受启发，景仰不已。

感谢杨素娣老师、李斌老师帮助设计了计算机检索程序，使得大规模语料检索成为可能。

感谢中国社会科学出版社杨晓芳副编审和各位编辑老师为本书的顺利出版所付出的辛勤劳动。他们耐心细致、专业高效的工作使拙作增色许多。

感谢各位同学和朋友多年来对我的关心、帮助和支持！感谢南师同门杨娟、张怡春、范淑云、梁世红、邱雪玫、王世群、刘姮、刘树晟、史晓懿、方向、徐欢、何丹与我一起分享痛并快乐着的生活，感谢同学黄自然、李尧、陈秀利带给我芬芳的友情，感谢上师同门刘春卉、尹相熙、鲁成发、刘娅琼、张斌、胡承佼、刘丞、王长武带给我美好温馨的回忆，他们使我的求学路上充满了阳光和欢乐。

最后，还要感谢我的家人多年来给予我的关爱、理解和支持。他们使我在这样的年龄依然还能奢侈地读书，享受校园的山水和诗情。感谢我的母亲毫无怨言的付出。感谢我的爱人韩同友先生对我的包容、理解和支持。还要感谢我的儿子。在我求学的这些年，他已由一个可爱孩童成长为一名阳光少年。为了学业，我放弃了很多本该给他的教育和关爱，但也希望他能在耳濡目染中，从母亲身上学得上进、执着和坚持的品格！

　　从丽娃河畔到随园到学思湖，在华东师大及南师大、上师大这三座东方最美丽的校园，我度过了近十年的求学时光。我知道，今生今世，无论何时何地，梦里都会有丽娃的波光、随园的灯影和学思湖畔的杨柳……这一切都已嵌入了我的生命中，流淌进我的血液里，成为我今生永恒的记忆。感谢上苍给了我这段难得的生命体验，让我探寻"山重水复"之奇，感受"柳暗花明"之妙。

　　搁笔刊行之际，我忐忑地奉上这部稚拙的小书，越发觉得诚惶诚恐。我深知自己学识的浅薄和水平的有限，因此，作为对过去十年汉语研究的一个总结，这本书的完成是结束，也是另一个开始吧。

　　最后，谨以此书献给我早已在天堂的父亲。29 年来，女儿始终记得您临终前的嘱托，女儿一直在努力！我知道，您在天国中的目光始终注视着我，带给我前进的勇气和不竭动力，并引领激励着我在语言的世界里继续前行。

皇甫素飞

2015 年 8 月于淮安富春花园